盐都红十字事业

江苏省盐城市盐都区红十字会　编

吴玉林　主编

合肥工业大学出版社

图书在版编目(CIP)数据

盐都红十字事业/吴玉林主编 . —合肥：合肥工业大学出版社，2016.5
（红十字文化丛书）
ISBN 978 - 7 - 5650 - 2734 - 5

Ⅰ.①盐… Ⅱ.①吴… Ⅲ.①红十字会—历史—盐城市—文集 Ⅳ.①D632.1 - 53

中国版本图书馆 CIP 数据核字（2016）第 094992 号

盐都红十字事业

吴玉林　主编

责任编辑	章　建　张　燕	
出版发行	合肥工业大学出版社	
地　　址	（230009）合肥市屯溪路 193 号	
网　　址	www. hfutpress. com. cn	
电　　话	总　编　室：0551 - 62903038	
	市场营销部：0551 - 62903198	
开　　本	710 毫米×1010 毫米　1/16	
印　　张	17	
字　　数	254 千字	
版　　次	2016 年 5 月第 1 版	
印　　次	2016 年 5 月第 1 次印刷	
印　　刷	合肥星光印务有限责任公司	
书　　号	ISBN 978 - 7 - 5650 - 2734 - 5	
定　　价	46.00 元	

《盐都红十字事业》编委会

总　序

150 年前，高举人道主义旗帜，旨在促进人类持久和平的红十字运动在欧洲兴起并迅速走向世界。100 多年来，红十字会为世界和平与发展做出的巨大贡献有目共睹，因而日益受到世界各国、各地区的欢迎，已发展成为与联合国、奥委会并称的世界三大国际组织之一。究其原因，乃其所奉行的七项基本原则——也是红十字文化的内核——涵盖了世界上各种不同文化的共同点，能为文化和制度不同的国家所接受，故而具有强大的生命力。

100 年前，红十字运动东渐登陆中国。在其中国化的发展过程中，红十字会不断吸取中国传统文化的精髓，茁壮成长，逐步形成了"人道、博爱、奉献"的文化内涵，并成为中华文化的瑰宝之一。

百余年来，红十字运动在波澜壮阔的实践中积累了丰富的经验，也留下了许多教训。经验与教训需要上升为理论，也只有理论才能更好地指导红十字事业持续、健康发展。学界、业界对此都进行了持续的关注。

2005 年 12 月 7 日，苏州大学社会学院与苏州市红十字会携手合作，成立全国首家红十字运动研究中心，旨在通过学界和业界的联合，推动和加强红十字运动的理论研究，探究红十字运动中国化的过程与特色，凝练红十字文化价值，探求红十字运动在构建国家软实力和促进中华民族伟大复兴中的地位与作用。同年 12 月 9 日，中国红十字会总会也提出，"确定一批研究课题，组织专家学者开展对国际红十字运动及中国红十字运动的深入研究"①。由此，学界、业界共同开展了对红十字运动的学术研究与理论探讨。

---

① 中国红十字会总会：《关于加强和改进宣传工作的意见》，红总字〔2005〕19 号。

多年来，红十字运动研究中心除通过专业网站（http：//www.hszyj.net）发布和交流学界、业界动态外，已出版研究成果数十部；帮助一些地方红十字会建立与高校的合作，搭建平台，共同开展研究；举办了首届红十字运动与慈善文化国际学术研讨会；培养了一批专门研究红十字运动的生力军；积累了大量的学术资料。中心主要研究人员还借助在各地讲学的机会，传播重视红十字运动研究的理念。正是在红十字运动研究中心的引领之下，红十字运动研究在中华大地上呈现出生机勃勃的发展态势，并取得了丰硕的成果，"新红学"① 呼之欲出。仅以2011年为例，各地以纪念辛亥革命100周年为契机，纷纷整理、编辑出版了地方红会百年史；有的红会还与高校合作组建相关研究中心；等等②。通过这些方式，有力地推动了红十字运动研究向更深更广的方向发展。

当今世界正处于大发展大变革大调整时期，多极化、经济全球化深入发展，科学技术日新月异，各种思想文化交流交融交锋更加频繁，文化在综合国力竞争中的地位和作用更加凸显。2011年10月18日，党的十七届六中全会通过的《中共中央关于深化文化体制改革　推动社会主义文化大发展大繁荣若干重大问题的决定》，提出要推动社会主义文化大发展大繁荣。11月7日，教育部发布了《高等学校哲学社会科学繁荣计划（2011—2020年）》，大力提升高等学校人才培养、科学研究、社会服务、文化传承创新的能力和水平。12月7日，全国人大常委会副委员长、中国红十字会会长华建敏在中国红十字会九届三次理事会上提出，"要深化理论研究，充分挖掘红十字文化内涵，推进红十字文化中国化，广泛传播人道理念，在全社会推动形成良好的道德风尚"③。红十

---

① 在2009年4月于苏州大学召开的"红十字运动与慈善文化"国际学术研讨会上，红十字运动研究中心主任、江苏红十字运动研究基地负责人、苏州大学教授池子华指出，经过100多年波澜壮阔的实践发展和学术界呕心沥血的开拓性研究，在人文社科领域构建一门"新红学"——红十字学，条件已经具备，时机已经成熟。见池子华：《创建"红十字学"刍议》，《中国红十字报》2009年4月17日。

② 池子华、郝如一：《2011年红十字理论研究之回顾》，《中国红十字报》2012年1月3日。

③ 《中国红十字会九届三次理事会召开》，《中国红十字报》2011年12月9日。

字"文化工程"已然成为红十字会总体建设目标之一①。进一步加强与拓展红十字运动理论研究，尤其是对红十字文化中国化的研究，已成为历史与现实的呼唤。

有鉴于此，红十字运动研究中心继续发挥高等学校与业界合作的优势，汇聚研究队伍，科学选题，出版一套《红十字文化丛书》，弘扬有利于国家富强、民族振兴、人民幸福、社会和谐的思想和精神，凸显红十字文化在中国文化园地中的地位，使红十字文化在神州大地上更加枝繁叶茂，促进中国红十字事业可持续发展，推动红十字文化的国际交流。

《红十字文化丛书》的出版，得到了中国红十字基金会、江苏省红十字会、苏州大学社会学院、上海市嘉定区红十字会、浙江省嘉兴市红十字会、江苏省盐城市盐都区红十字会等单位的鼎力支持，也得到红十字国际委员会东亚代表处及中国红十字会总会的关心和指导，在此谨致衷心感谢。

池子华

2012 年 6 月于苏州大学

① 池子华:《"文化工程"应成为红十字会总体建设目标之一》,《中国红十字报》2009
年 12 月 11 日。

序

《盐都红十字事业》集稿成书，邀我作序，欣慰之余，欣然运笔。

盐都区红十字会于2005年5月理顺管理体制，是我市较早理顺管理体制的县级红会。10多年来，盐都区红十字人弘扬"人道、博爱、奉献"的红十字精神，积极履行法定职责，动员社会力量，致力于改善"最易受损害人群"境况，各项工作成绩斐然：连续10年位居全市目标管理考核第一；准确把握基层组织发展目标，扎实推进标准化建设，因势利导扩大基层组织覆盖面，涌现出了一批示范典型，潘黄街道红十字会被中国红十字会总会表彰为"全国优秀乡镇（街道）红十字会"；积极开展社区红十字服务示范区创建活动，建立红十字服务站，打造红十字便民服务点，组织防灾减灾和群众性志愿服务活动，被中国红十字会总会和民政部表彰为"全国社区红十字服务示范区（县）"；6个村被市红会命名为"盐城市红十字示范村"；组织形式多样、丰富多彩的红十字青少年主题活动，在全市率先开设"生命安全教育"课程，建立了学校红十字工作新的机制和平台，盐城市第二小学被中国红十字会总会和教育部表彰为"全国红十字模范校"；募捐筹资一直处于全市前列，为开展灾害救援、人道救助提供了有力支撑；助学、助医、助老、助残、助困等博爱系列活动深入开展，普遍建立"博爱超市"，探索了红十字会社会救助工作常态化、制度化的新路子；群众性应急救护培训、无偿献血、造血干细胞捐献、灾害救援与重建等工作，获得区域内干群的广泛认同和参与，已形成了良性发展的机制；共享阳光工作站、镇红十字服务中心、旧衣物接收站、"存本用息"冠名基金、企业博爱救助金制度，不仅搭建了红十字工作新的平台，也在全市带了个好头；建立红十字运动研究基地，借助中国红十字运动研究最新成果、最优团队，总结新经验、研究新问题、适应新形势、把握新趋势，为红十字事业发展注入了新的源泉和动力。盐都的实践证明，红十字会作为党和政府在人道领域的助手，已经成为和谐社会建设、精神文明建设中不可或缺的力量。

《盐都红十字事业》是盐都红十字人对红十字精神的认知、人道理念的感悟和工作实践的总结。她的结集出版，是盐都红十字人理性思考与务实作为的结晶，是区域红十字事业发展的阶段性标志，可喜可贺，令人骄傲。

厚积而薄发，一页一页翻开的是历史与时光，记述的是精神与希望。期望盐都红十字人以此为新的起点，朝向红十字事业的明天，创造更加光辉灿烂的未来。

衷心祝愿盐都红十字事业一路高歌、再创佳绩。

盐城市红十字会会长　谷宪先

2016 年 5 月

目　　录

【红十字青少年与校园文化】

目
录

003

红十字事业与红十字文化

县（区）红十字事业发展的思考

张云云

一、问题的提出

红十字事业是一项伟大而崇高的事业。国际红十字运动 150 多年的历程，证明了红十字事业在人类历史进程中发挥了并将继续发挥着重要作用；百余年来持续的人道主义历史见证了并将继续见证红十字事业的不断发展壮大。

首先，人类历史的发展因冲突、战争、灾害等因素而变得曲折，但和平、文明、进步的方向和趋势始终没有变。红十字运动以弘扬人道精神、促进人类的和平、文明和进步为宗旨，符合人类前进的方向和历史发展的趋势，她的作用和地位必将得到更多的认同、更大的提高，也必将因之有更快更持续的发展。

其次，我国改革开放 30 多年来，经济社会发展取得了巨大的成绩，这个过程中，乃至面向未来的很长时间内，更好地促进社会公平正义，更多地关注民生，使经济发展的成果惠及全体国民，既是经济发展的题中之意，也是我们党执政为民理念的体现。红十字会作为政府在"人道主义领域"的助手，既面临着新的发展机遇，又面临着加快发展的压力。

再次，县及县以上红十字会逐步理顺管理体制后，发展的动力和压力空前地摆在面前。加快发展，切实履行法定职责，并以此证明自身存在的价值，必将成为各级红十字组织自觉或不自觉的追求。

本文结合盐都区红十字会工作的实践，就县（区）红十字事业发展的若干问题，进行探索。

二、发展的途径

红十字事业发展的路径，主要体现在四个方面。

1. 红十字事业的发展必须围绕中心，注重民生，在服务大局中履行自身的法定职责

《中华人民共和国红十字会法》明确规定：各级红十字会是同级政府在"人道主义领域的助手"，这是法律赋予红十字会的职责，同时也明确了红十字会的法定地位，明确了红十字会在党委、政府工作中的作用。这一方面要求红十字组织自觉地找准在党委、政府全局工作中的位置，主动服从、服务于党委、政府工作的全局，在服务中心、服务大局上有所作为，以此来赢得党委、政府的认可和支持，谋求并不断扩大社会各界的认知和认同；另一方面，"人道主义领域的助手"的界定，又要求我们不论在工作的思路上，还是工作的具体举措上，都要围绕"人道主义"这个基准点，把关注民生、改善民生、改善"最易受损害人群的境况"始终放在红十字工作的核心位置和中心环节。以盐都区红十字会为例，这5年来，在区委、区政府勾画的"双新"愿景引领下，红十字会紧紧围绕构建"慈善盐都、博爱之区"的目标，从促和谐、惠民生的高度，进一步增强发展红十字事业的责任感和使命感，自觉服务中心、服务大局、服务民生，为建设"双新"（创业宜居水绿特色的现代化新城区，富庶文明田园秀美的城镇化新农村）盐都贡献力量、创造佳绩。5年的实践证明：红十字会要有所作为，必须要找准自身的定位，要认识到党委、政府推动区域内社会经济不断发展和进步，是更高层次的人道、更符合人性发展的博爱、更宏观地实践着红十字精神，从而增强服务中心、服务大局的自觉性、主动性和责任感、使命感，找准自身在构建和谐社会中的位置、发挥应有的作用、体现存在的价值，能动并创造性地履行红十字会的法定职责，以此来推动红十字事业顺利地、可持续地向前发展。

2. 红十字事业的发展必须坚持解放思想，不断开拓创新，保持自身的生机与活力

我国红十字运动已有100多年的历史，作为全国历史最悠久、组织体系最健全、影响力最广泛的社会救助团体，是反映社会公正的晴雨表、体现社会公平的温度计，在化解社会矛盾、推动公平正义、构建和谐社会中有着不可替代的地位，起着不可或缺的作用；加之由历史形成并赋予红十字组织在战争、自然灾害、突发事件应急救援等方面的职能和任务，要求红十字组织必须要有完善的组织体系、畅通的信息渠道、快捷的应急反应，而要做到这一点，就必须坚持解放思想，用思想的解放来适应外部世界和环境的变化，提高把握事物发展的能力和对事物变化迅速反应的敏感度；必须坚持开拓创新，建立并形成适应党委、政府要求的新的工作机制，采取适应区域内易受损害群体需要的新的工作内容和工作方法；必须保持自身的生机和活力，提高应对突发事件和灾害救援能力。保守的思路思维、僵化的运行机制、迟钝软散的队伍在构建和谐社会、发展人道事业的进程中不是被淘汰，就是被替代。5 年来，我们要坚持思路决定出路，有为才能有位的思想，认真研究区域工作特点，准确把握事业发展方向，在强化基础、强势推进、跨越提升、完善红十字会组织网络工作中走出一条具有特色的博爱之路，在红十字进机关、社区、学校、军营、企业、农村全部实现后，着力从组织上、机制上和思想上提升镇一级红会组织的工作能力，在全省红会系统率先开展基层组织标准化建设，在硬件设施、会务管理、常态事务、质量控制、台账资料等 5 大项、29 个子项方面落实了基层组织的工作规范，明确了工作质量要求，强化了事业发展的基础。目前，全区三级红十字组织思路明确、工作规范、反应敏捷、上下联动，保持了良好的发展势头。5 年的实践表明：以解放思想来理清工作思路，以开拓创新来完善工作机制，以生机活力来提高并保持队伍战斗力，是推动红十字事业发展的必由之路。

3. 红十字事业的发展必须坚持志愿服务，加强资源整合，凝聚全社会的人道力量共同参与

红十字会以"人道、博爱、奉献"为精神，以"改善最易受损害群体境况"为宗旨，以"推进人类文明、和平和进步"为目标。这就需要动员尽可能多的资源、凝聚尽可能大的力量共同参与，才能推动红十字事业尽可能顺利、尽可能快地向前发展。而要做到这一点，不仅仅要靠舆论的宣传引导，通过打造博爱文化来实现价值认同，以价值认同来取

得社会共同的博爱行动，更要靠红十字运动自身积淀下来的公信力，并以此在坚持自愿的前提下，招募尽可能多的志愿者开展志愿服务、开展红十字关爱行动，才能不断为红十字事业注入新鲜的血液和动力，才能使有无限需求的红十字社会化服务持续持久、形成优势，这也正是红十字会不同于其他社会团体的优势和特色。5年来，我们坚持用文化推动价值认同，并以此为引领，积极整合有效资源，形成发展优势；我们结合普法宣传、借助专业队伍、针对重点人群，积极广泛推进博爱文化建设，特别是将公务员队伍、青少年群体、企业界成功人士吸引为博爱文化推进和传承的主体，吸引了更多的爱心人士参与到公益活动中来，构筑事业发展共同体；我们坚持整合优势资源，广泛凝聚人道力量参与红十字事业，在红十字旗帜下开展志愿服务行动，不断壮大红十字救援力量，完善备灾救灾、救援抢险体系，不断扩大关爱生命、关爱健康受益覆盖面，促进了红十字事业跨越发展。

4. 红十字事业的发展必须坚持公平公正，强化自身管理，用自身公信力争取更大范围内的社会认同

红十字会是人道救助团体，所开展的各类人道救援行动，必须要有资金物资等物质基础为后盾，而资金物资的来源主要靠爱心人士的捐赠捐助。这就要求我们必须始终坚持公平公正原则，以公平公正来提高公信力，把公信力当成红十字事业发展的号召力、凝聚力、生命力，要将打造并维护公信力当作推动红十字事业发展的重要前提。在工作实践中，我们始终将维护红十字会的公信力贯穿于救灾备灾、救助救援的全过程中，始终坚持不懈地加强自身管理，严格按照国家捐赠管理条例、公益事业捐赠法运作管理资金，按照《博爱救助金管理使用办法》使用资金，严格按照职级权限审批资金，建立完善的管理制度、公开透明的运行机制和一系列实现捐赠者意愿的配套措施。

三、主要举措

要实现红十字事业健康发展，应该以下几个方面为抓手，加以推动。

1. **健全组织体系，为事业发展奠定基础**

一是按照行政区划，健全红十字组织；二是区分不同行业，健全红十字组织；三是针对具体单位，发展团体会员；四是明确组织建设目标，做到"全方位覆盖，全天候运行，全过程高效"。

2. **争取各方支持，为事业发展赢得更多社会资源**

坚持"循序渐进、潜移默化、以理服人、有为有位"的原则争取各方支持。一是争取各级党政领导的支持；二是争取"强力部门"的支持；三是争取区域内成功人士的支持；四是争取服务对象的支持。要充分认识到红十字是以"改善最易受损害人群境况"为目标的，最易受损害人群是"民生"的主要发音者，也是我们工作的主要受益者，他们对红十字组织和工作的感受不仅事关红十字的形象、事关红十字会的社会印象，也直接或间接地影响着红十字事业能够取得多大程度的社会支持。

3. **推进博爱文化，为事业发展创造文化环境**

一是运用立体手段，推进博爱文化。协调报社电台，办好网站微信，充分利用平面媒体和音频、视频手段，结合红十字运动常识和红会职能进行宣传。二是针对重点人群，推进博爱文化。突出公务员队伍、青少年群体和企业界成功人士，构筑事业发展共同体。三是结合普法宣传，推进博爱文化。举办普法培训班，将《红十字会法》纳入普法计划，并组织执法检查。四是借助专业队伍，推进博爱文化。发挥红十字新闻与传播志愿者和负责宣传工作的同志发挥岗位优势，加强宣传，不断提升博爱文化建设水平。

4. **发挥志愿者作用，为事业发展聚集人力智力**

志愿服务是红十字运动的七项基本原则之一，也是红十字事业发展的魅力和活力源泉。红十字会社会团体的属性和政府"人道主义领域助手"的定位，决定了其专职工作人员一定是有限的，而其所承担的人道救助、救援的任务又是面广量大的。解决这一矛盾的最佳和最有效的途径就是发展志愿者，并充分发挥他们的作用。因此，我们一是在"文明进步、团结互助、慈善友爱、自愿奉献"的旗帜下，定期招募红十字志愿者。二是加强对志愿者的培训，不仅培训志愿者的志愿服务技能，也培训红十字运动的业务知识，提升志愿者对红十字的认知，加深理解，提高价值认同。同时还要注重志愿者精神层面的升华，坚定他们的信念，稳定、巩固并通过他们发展新的志愿者队伍。三是对志愿者进行分类指导，根据专业、爱好、年龄、居住地点、服务区域和服务时间等不同，采取不同的方式。四是积极为志愿者搭建平台，有组织地推动志愿者之间的交流，使志愿者能够有机会谈服务感受、谈服务过程、谈服务设想等等，在交流中得到快乐、得到提升。五是注重对志愿者的志愿服务行为适时、适度地肯定、宣传、表彰，使他们感受到付出的劳动得到尊重和承认。

5. 加强能力建设，为事业发展提供业务保证

各级红十字组织的专（兼）职人员，是红十字事业的规划、组织、实施、控制、评估的主要策划者和推动者。他们的业务水平和工作能力，在很大程度上影响并决定着红十字事业的发展水平，因此，必须加强专（兼）职人员的培训，提高其工作能力：一是明确能力建设的内容。各级红十字组织虽然所处的地域和环境有所不同，但就实际运作而言，能力建设有共通之处。总体来说，主要是统筹能力、执行能力、协调能力、公关能力和创新能力。二是明确能力建设的途径和方法。主要是岗位培训、自身学习、实践磨炼、交流提高。三是将能力建设贯穿于工作的全过程、个人成长的全过程，既有阶段性又有连续性，注重持之以恒，避免时抓时放、忽冷忽热、短抓长放。

（作者系盐城市盐都区人民政府副区长）

以价值认同为核心加强博爱文化建设

武进甲

国际红十字运动跨越国界、超越宗教信仰而取得历久弥新的稳健发展，其本质的原因是它所倡导的博爱精神体现了人类最基本、最质朴的道德情感和道德良知。伴随着一个半世纪以来的运动实践，基于人道理念的博爱精神在全球范围内不断发扬光大，并且与世界各种地域文化碰撞交融，形成了独特的博爱文化。同时，博爱文化的广泛传播又向红十字运动的发展注入了不竭的动力。

红十字运动在中国的 100 余年里，尽管不同时期的红十字组织在人道主义领域也都发挥了一些作用，然而从总体上看，博爱文化建设的最好时期是在 1993 年《中华人民共和国红十字会法》颁布实施以后。当前，在全面建成小康社会的大背景下，以价值认同为核心加强博爱文化建设，我们红十字人任重道远。

一、以人道、博爱、奉献为内蕴的博爱文化是人类共同的精神财富，加强博爱文化建设首先要从文化认同中获取价值认同

红十字运动虽然起源于 19 世纪中期欧洲的战场救护，但是它能够遍及全世界，为不同种族、民族，不同意识形态、政治制度、伦理道德，不同时代、地域的国家和民众接受并推行、发展，究其根源，就是因其本身蕴涵的文化精髓，与世界各国的主流文化有着密不可分又相通相融的渊源。

红十字运动创始人亨利·杜南乃至他的父母都是虔诚的基督徒，终

其一生为之奋斗的红十字事业，也浸透了杜南的宗教信仰。他所提倡的对人的价值、生命和生存高度尊重与保护的善良理念，对众生特别是易受损害或陷入困境的人深切同情、关心、爱护的包容思想，在人道、博爱情操下出于内心自愿帮助他人和服务社会而无私付出的奉献行为等，与最古老的犹太教、基督教、伊斯兰教等不同教派的文化能够有机契合，也能与支撑欧洲文艺复兴运动的人本思想保持一致，因而红十字运动在兴起后很快得到欧美众多国家的一致响应。

从 1904 年中国红十字会成立起，红十字运动落户中国已有百余年历史。红十字会虽然是舶来品，但它给中国人带来了新的人道理念，带来了新的慈善文化和内容，带来了新式的医疗卫生技术和设施，以致使红十字会发展成为中国最大的慈善团体。但我们应该注意到，如果没有中国自古以来形成的积德行善的社会传统与慈善文化，就没有红十字运动在中国的发展。从这个角度看，无论是儒家的"仁爱"思想，还是墨家的"兼爱"精神；不管是道家的"济世利人""慈爱和同"教义，还是佛教"慈悲为怀""普度众生"情怀，都与红十字运动所倡导的"人道、博爱、奉献"精神即价值取向是完全一致的。更值得一提的是，我国由古及今的人道慈善实践，如古代历史上苏东坡开办的"安济坊"、范仲淹设立的"义田"、朱熹从事的"社仓"，以及近现代战乱、饥荒、天灾中大户人家设点赈灾济民的行为，都与亨利·杜南发起红十字运动的动机有着共通之处。

可以这样说，古今中外文化中的"向善"价值取向、价值认同，是以人道、博爱、奉献为精髓的博爱文化的丰富思想来源；而博爱文化伴随红十字运动诞生起就拒绝私利与诱惑，体现了人类对美好生活的追求和向往。这既是人类应坚守的最基本的道德良知，又是人类社会共同的道德高地和精神财富。

不可否认的是，由于体制以及其他的原因，在新中国成立后的相当长的一段时间内，我国的民政部门成了唯一的赈灾济民的机构，慈善事业的社会性被割舍。"文革"期间又将"博爱"当成"资产阶级的遮羞布"而横加批判，这就阻断了人道慈善文化的发扬光大，以至于人道慈善事业发展中的许多工作还不得不借力于行政推动。就红十字会工作而言，各地行政推动力度不同，工作成效也就大相径庭。因此，加强博爱文化建设，一方面要在中华民族伟大复兴中找准位置，开展深入的、多层次的、全方位的理论研究工作，着力寻找中华传统文化与博爱文化的结合点和切入点，使中华传统文化与博爱文化交相辉映；另一方面要以中国特色社会主义理论为指导，在全面建成小康社会中找准位置，着力构建社会文明与传播博爱文化的新形式和新平台，使全社会从文化认同中获取价值认同。

二、以人道、博爱、奉献为内蕴的博爱文化有特定的表现形式，加强博爱文化建设必须用价值认同支配行为认同

博爱文化不仅有着穿越古今、包容中西的精神内蕴，而且还有着特定的表现形式。其至少包括以下 7 个方面。

1. 有与时俱进的宗旨意识

红十字运动所坚持的"保护人的生命和健康，促进文明、和平、进步事业"的宗旨，已经成为各国红十字组织开展工作的出发点和归宿。正是这个宗旨本身的与时俱进，使得红十字运动跳出了当初战场救护的局限，开辟了人道主义的新境界，登上了人类社会道德的制高点。博爱文化与世界各国、各民族向善文化的相融共通，带来了红十字运动与人类文明、和平、进步事业发展的相互促进。

2. 有特色鲜明的工作原则

"人道、公正、中立、独立、志愿服务、统一、普遍"的七项原则，明确界定了各国红十字组织既要遵守本国法律并主动协助政府开展有关人道工作，又必须按照红十字运动宗旨和原则独立开展活动，使红十字博爱文化始终能够保持国际性与地域性的兼容。

3. 有国际通行的法律支撑

"国际人道法"明确界定，红十字国际委员会、红十字会与红新月会国际联合会，以及各国红十字会在国际社会开展的人道救援救助工作受法律保护。各国结合自身国情制定和实施的《红十字会法》和章程也都明确指出，传播国际人道法是红十字组织的重要职责。

4. 有红十字文化符号的组织标志

成熟的、成功的文化传播，都会有为人熟识且易于记住的显著标

红十字事业与红十字文化

志。红十字会有全世界认可、有国际法效力的红十字标志。《日内瓦公约》及其附加议定书也明确规定了红十字标志（部分伊斯兰教国家使用红新月，以色列使用红水晶）具有保护性和标明性两种用途，神圣不可侵犯，这就为红十字会传播文化、开展工作做了最好的全球普及。

5. 有各界认同的工作方针

和红十字国际委员会及国际联合会一样，各国红十字会成立之初，只为协助军队医务人员在战时救护伤病者。但随着历史的发展、时间的推移，无论战争时期还是和平时期，红十字组织的工作对象和范围都得到扩展。虽然由于各国的国情不一，红十字组织所履行的职责有所差异，但是作为"人道、博爱、奉献"的博爱文化结晶，各国都有各界认同的工作方针。例如，我国的"扶危济困、救死扶伤、敬老助残、助人为乐"十六字方针，成为在灾难来临之际凝聚人道力量抗灾排难，以及平时帮助"最易受损害的人群"时整合资源的定向标。

6. 有共同遵循的工作规范

在公开透明、尊重捐赠者意愿、接受社会监督等原则指导下，红十字组织有一整套接受捐赠、善款善物管理、机构工作人员及志愿者队伍管理、体制内外监督的规章制度。这些制度以及《红十字会章程》中的其他各项规定共同构成了依法建会、廉洁立会的红十字文化。这是确保红十字组织工作规范运行、提高红十字会的公信力、保持其旺盛生命力的制度文化，亦是博爱文化的重要组成部分。

7. 有不断创新的工作载体

红十字运动与时俱进，其工作载体也不断创新。从我国看，红十字运动传入初期和战争年代，以赈灾恤难、救护伤兵为主要工作载体。新中国成立后特别是改革开放以来，各级红十字会形成并重点开展的"救援"（备灾救灾、应急救援等）、"生命"（保护生命和健康的各项工作）、"爱心"（社会救助、便民利民、志愿服务等）三个系列的红十字博爱工程，已成为和平建设时期红十字工作载体的范式。在凡人善举诠释人间大爱，以人道博爱涵养悲悯情怀的画卷中，博爱文化闪烁着耀眼的光芒。

内容决定形式，理念支配行动。博爱文化作为全世界人民的精神财富，无论用什么形式表现出来，都是始于"人道"这个红十字核心理念，终于对工作对象无私奉献的实际行动。而这两方面的结合，就是红十字组织和红会人的价值认同与行为认同。因此，加强博爱文化建设，就必须在红十字系统中固化价值认同，并用其支配行为认同。要通过研究国际红十字运动的发展史，特别是红十字运动的文化渊源，坚信人道事业是人类最崇高的事业；要掌握和坚持红十字运动的七项基本原则，并理解它们的内在关系，充分发挥红十字运动所具有的优势和活力；要认真研究"涉红"的国际国内法律和红十字会章程，切实承担起法律章程赋予的权利与义务，推动红十字运动健康持续发展；要把握中国红十字会新时期的发展战略和主要任务，为建设有中国特色的红十字事业竭忠尽智。要从思想理论、组织人事、业务管理和物资筹措等方面加强自身建设；以增强独立自主开展工作的实际水平。

三、以人道、博爱、奉献为内蕴的博爱文化建设需要广泛的社会基础，加强博爱文化建设的着力点在于促进社会认同

博爱的博大与广泛性，决定了博爱文化建设需要广泛的社会基础。因此，把加强博爱文化建设融入当前的全面建成小康社会建设的宏伟事业中，充分发挥红十字组织的独特优势，着力促进对于博爱文化的社会认同，是我们的神圣职责。

我们将要建成的小康社会，应该而且必须是全体社会成员均享有小康生活水准的社会。动员人道力量，改善最易受损害人群的境况，是国际红十字会运动的使命，也是中国红十字会在工作实践中一贯坚持的原则。在全面建设小康社会的进程中，我们开展救灾备灾工作，适时地解决困难群体生活问题；我们开展社区服务工作和医疗救助工作，提高因病致贫、因病返贫人群的生活水平和质量；我们开展无偿献血、造血干细胞以及遗体捐献工作，让许多患者得到康复、获得新生，从而有尊严地活着。所有这些，都是为建成小康社会添砖加瓦，让那些"最易受损害的人群"少一些人掉队。

我们将要建成的小康社会，应该而且必须是人的物质、精神生活均达小康水准的社会。建设"一个更加友爱、包容、安全的社会，人们相

互尊重、团结协作，共同致力于维护人的希望、尊严、和平等。特别是在处理危机的时刻"。这是国际红十字会运动提出的愿景，其内涵是更加注重人的精神生活层面。中国红十字会是以发扬人道、博爱、奉献的红十字精神，保护人的生命和健康，促进人类和平进步事业为宗旨的社会救助团体。作为政府在人道救助领域的助手，是党和政府联系人民群众的桥梁与纽带，其宗旨和性质与全面建成小康社会的总体要求完全一致。因此，在全面建成小康社会的进程中，红会组织应该也能够发挥独特的博爱文化优势，着力于促进社会认同，广泛调动一切积极因素，发挥社会各阶层的力量，让每一个社会成员既能增强主人翁意识，爱岗敬业，奋发拼搏，又能富有强烈的社会责任感，为创造一个既和国际红十字会的愿景吻合，又跟小康社会建设总体要求相一致的社会环境而贡献自身的力量。

促进社会认同，就是努力使博爱文化的精髓为全社会更多的人理解与接受。

首先，要面向基层，面向大众，让更多的社会公众参与到人道救助领域中来。中国红十字会是一个拥有 2000 余万会员的社会团体，人数不可谓不多。但较之于 13 亿多的国民总数，力量还是非常有限的。我们只有高举博爱文化大旗，把更多的民众聚集到人道领域，加入红十字组织，做乐于奉献的志愿者，履行一个普通社会成员所应当担负的社会责任。要切实按照总会要求，把工作重点下移，到社区去，到农村去，到各行各业中去，将红十字会的触角伸向更广泛的领域，从而使红十字事业的发展更加充满生机和活力。

其次，博爱文化的传播要与精神文明建设、践行社会主义核心价值观相互融合，相互激荡，在提高公民素质上下工夫。实践证明，博爱文化所提倡的理念，亦即"人道、博爱、奉献"精神和红十字宗旨，丰富了精神文明建设的内涵，与社会主义核心价值观完全合拍，三者共同作用的直接成果是公民素质的提高。红十字会开展的救灾备灾、救护培训、救助贫困群体等工作，对"团结互助、扶贫济困"良好社会风尚的形成，对"平等友爱、融洽和谐"的人际关系的构成，以及对整体提高公民素质都将产生巨大的作用。同时，对消除贫困、促进社会公平和稳定的作用也是显而易见的。我们要把博爱文化传播和文明城市、文明社区、文明村居、文明行业、文明单位的创建有机结合起来，通过实实在在的活动，播种爱心，传递文明，为公民素质的提高贡献我们的力量。

再次，要更好地整合社会资源，创新工作机制，开创博爱文化建设新局面。任何一种文化建设，都需要先进的理论作引领、丰富的实践为基础、合适的载体为途径，博爱文化建设也不例外。因此，我们要整合社会资源，创新工作机制，努力开创博爱文化建设新局面：

一要加强红十字理论研究。要依托红十字理论研究机构和高校文史类学科，系统地研究红十字运动产生的历史渊源和文化关联。重点研究红十字运动在中国的百余年实践及其经验教训，从文化的视角探求成败得失的原因。县及县以上红十字组织都要把红十字理论研究工作摆上位置，有专人负责、专项经费、专项考核。要办好更多的红十字理论研究基地，通过专家学者与基层红十字工作者的互动，及时地总结基层红十字运动所创造的经验并做好理论提升。要加强学术交流，将研究的最新动态、最新成果共用共享。

二要重视红十字信息工作。在"互联网+"时代，要利用多种媒体、多种途径，把红十字信息工作提高到一个新台阶。广大基层红十字工作者以及志愿者中蕴藏着无限的想象力和创造力，他们在人道领域默默耕耘，以自己的无私奉献诠释了人性的美好，演绎了道德的高尚，为国民点亮了心灵之灯。向公众传播他们的事迹，讴歌他们的善行，是最能感召大众加入人道事业的博爱文化传播。而红十字信息工作的另一个着力点就是为基层红十字组织建立一个横向的交流平台，让正能量加倍地放大。

三要发挥新闻传媒志愿者的作用。要在主流媒体和新兴媒体从业人员中物色、培养更多的热心博爱文化传播的新闻传媒志愿者，充实新闻传媒志愿者工作队伍。要加强这支队伍的组织协调和业务培训工作，以更好地发挥这支队伍在博爱文化传播中的独特作用。要给新闻传媒工作者创造良好的工作环境，提供必要的工作条件。

四要培植新兴力量。青少年是社会的希望、事业的未来，做好青少年群体的工作，让他们从小投身到博爱文化的传播之中，不仅能提高他们对红十字精神的理解和对红十字文化的认可，还能促进他们健康成长，而且为人道事业后继有人做了最好的准备。公务员尤其是新入职的公务员，其为人民服务的工作性质，与红十字组织的性质及工作对象高度一致，做好这个群体的工作，能收到党政机关树立勤政为民、人道博爱形象的双赢效果。企业界成功人士肩负着促进经济发展和社会进步双重责任，争取他们参与到红十字事业中来，既能帮助他们提升企业社会形象，又能开辟人道事业发展的源头活水。各类困难帮扶对象在得到物质上资助的同时，更能得到纯净的红十字博爱文化和精神的感染，今日在他们心灵上播撒的爱的种子，必将生根发芽、开花结果，成为未来人道事业的生力军。发挥好上述这些人群在博爱文化建设中的作用，我们就把握了大局。

博爱，是一种大爱，是非常宽泛的爱，是一种人间互爱，是特别深沉的爱。博爱文化建设，是人文精神的接力，是凝聚价值认同、为社会建设做贡献的举措。同时，也只有以价值认同为核心，博爱文化建设才能取得预期的成效。

（作者系盐城市盐都区红十字会会长）

红十字文化传播的可贵探索

王迎春

当代中国，由改革开放激发的活力推动着经济的快速发展和社会的全面进步，大多数中国人基本解决了生活问题，但同时不能不清醒地看到，中国红十字事业的发展并未与经济社会的发展很好地协同起来。虽然造成红十字事业发展不能更上一个台阶的原因是多方面的，但其中红十字文化传播的短板不可忽视。

自20世纪80年代我国进入社会转型期后，在利益的驱动下，一些人的价值观念出现紊乱、错位和失范的现象。中国传统美德中以"仁"为核心的"慈""爱""和"的慈善意识，乐善好施、扶贫济困、尊老爱幼、苦乐共享的博爱精神被逐渐遗忘。财富观、价值观的扭曲和畸变，人文精神的匮乏，使一些人对红十字精神的认识带有事不关己、麻木不仁的态度，特别令人担心的是对红十字事业的漠视已经逐渐成为当今中国社会的一种"集体无意识"。

在主流价值倡导越来越准确化、越来越密集化的今天，笔者欣喜地看到慈善文化和红十字精神的相融共通，看到社会主义核心价值观和红十字精神的高度契合。这些正能量的文化传播都有利于人们树立正确的世界观和人生观，也有利于红十字工作的有效开展。

作为宣传战线的一名工作者，笔者长期致力于宣传角度、载体、形式、效应等方面的研究；而作为一名区级红十字会兼职副会长和新闻与传播志愿者工作委员会的主任委员，我也常常思考如何更好地将宣传工作与红十字精神结合起来，以期取得广泛而深远的社会影响。在多年来的工作实践中，笔者认为，2011年2月举办的"武进甲博爱文化书法作品展"，是红十字精神传播中社会反响较好的一次可贵探索，值得肯定和借鉴。

武进甲先生是盐城市盐都区红十字会会长，盐都区人大常委会原副主任。几十年来，他一直身体力行地弘扬人道主义、传播博爱文化、发展红十字事业。而博爱文化书法作品展，则是武进甲先生把个人书法爱好与本职工作结合起来的一次有益尝试。

作品展的开幕式简朴隆重，吸引了众多的书法爱好者和广大市民前来参观。"武进甲博爱文化书法作品展"上展出的90多幅作品，包括横幅、条幅、长卷、扇面等形式，是武进甲先生利用工作闲暇创作积累起来的。这些作品立足博爱精神，以古今中外与"人道、博爱、奉献"相关的名言、格言、文章为主题，运用楷、草、隶、篆等书体，多角度、多侧面地诠释了一个书者对于"红十字精神"内涵的理解，使人们在欣赏书法艺术的同时受到教育和启迪。与展览同时，还结集发行了《武进甲博爱文化书法作品选》，时任盐都区委书记、区人大常委会主任的李纯涛为该书撰写了题为《一笔一画总关情》的序言。

"武进甲博爱文化书法作品展"既是弘扬传统艺术、展示书法魅力、促进"文化盐都"建设的一件艺术盛事，更是传播人道思想、倡导博爱精神、构建"慈善盐都"的一项公益活动，半个月的书法展共募集到红十字事业发展经费近150万元。这次书法展对于引领更多胸怀博爱之士，做有心人、干向善事、参与爱心接力、倾情扶危济困、把温暖送给最易受损和亟须帮助的人群，起到了春风化雨般的效果；在书法界和红十字工作两个原本并无太多交集的领域中，成为一个值得称道、令人眼前一亮的事件。

武进甲先生是盐都区红十字会会长，多年来他一直致力于红十字会工作，尤其重视用自身的实际行动把慈善、博爱的思想不断传播：从当初教书育人的教师，到如今的区红十字会领导人；从公众意义上的传播，到倾注于笔墨之间的"一笔一画总关情"，武进甲先生以源远流长的书法艺术"嫁接"博爱这个载体，既是自身修养的不断完善，更是博爱传播事业上的突破，可以说走出了宣传红十字精神的一条新路子。

举办博爱专题书法展这种方式，武进甲先生以自己的知识积累、生活阅历和对红十字精神的独特感受与理解，来传播博爱思想，抒写博爱情怀，在致力于推进"美丽盐都"建设实践的今天，是与我们倡导的

"把文化的理念，植入每一项工作之中"的文化自觉一脉相承的，其意义已超出了书法艺术本身。

有人说，书法乃心画，功到自然成。笔者觉得，书者的乾坤应该是大爱情怀。这种仁爱的心境不是固有的，它来源于内心的修为，来源于耐得住寂寞的磨炼，来源于"物我两忘"的纯真境界，更来源于对中国传统文化的执著追求。

红十字精神是百余年来人类追求和平进步、走向文明社会的一朵奇葩，是先进文化的重要元素。如何尽自己的能力来建筑平台，以便更久远、更广泛地传播红十字精神，武进甲先生做出了很好的示范。各位有志于红十字精神传播的同人，可以加以学习、借鉴，以丰富多彩的载体和积极有效的措施投入红十字精神的宣传中去。

中国书法历史悠久，通过不同的风貌反映出不同时代的精神，浏览历代书法，"晋人尚韵，唐人尚法，宋人尚意，元、明尚态"。追寻3000年书法艺术发展的轨迹，可以清晰地看到它与中国社会发展同步，强烈地反映出每个时代的精神风貌。书法艺术是世界上独一无二的瑰宝，是中华文化的灿烂之花。书法艺术最典型地体现了东方艺术之美和东方文化的博大，并具有其他艺术形式所无法比拟的深厚的群众基础。而武进甲先生以曾经长期从事社会工作的公务人员和长期担任红十字会领导的双重身份，用书法这种青春常在的古老艺术形式来展现红十字精神，使人们在欣赏书法艺术的同时受到教育和启迪。

书法是一门学问，一种艺术，其美感来自于大自然，更来源于社会生活实践，与其他事物有着密切的互为表里的联系。书法的理论、表达意境极其广泛，"胸中有书，下笔不俗"。这么多年来，武进甲先生如果没有良好的心理状态、旺盛的学习热情、积极的进取精神、艺术的思维方式、诚恳的态度潜心研习，如果没有勤奋不息、孜孜不倦、热爱生活、善于思考和爱的实践，如果没有较宽泛的学识、较深厚的学养和较长时间的书法艺术积累，就不可能成功地举办这样的展览。

"博"谓之超越一切的宽广无限之心境，"爱"谓之爱己、爱世人之善举。一时一事的善举比较容易，而一生一世的善举则很难，为此首先要有思想、道德与修养的基础，有"俯首甘为孺子牛"的品质，有"先天下之忧而忧，后天下之乐而乐"的精神。红十字事业是一项需要动员社会资源、动员广大民众积极参与的、造福人类的伟大事业，其宣传仅靠红十字会本身是远远不够的，必须建立和完善社会化的宣传机制，借助社会力量开展全方位的立体宣传。而在新形势下，如何使广大民众和社会各界人士更好地了解红十字会、更加清楚红十字会存在的重要意义，就必须在红十字宣传工作上动脑筋、做文章，不断创新宣传工作的内容与形式，按照"贴近生活、贴近实际、贴近群众"原则，不断提高红十字宣传工作的针对性、时效性和吸引力、感召力，形成充满生机和活力的红十字宣传新格局。在这方面，武进甲先生做出了很好的榜样。

（作者为盐城市盐都区委宣传部常务副部长）

发挥宣传部门主导作用
力推博爱文化广泛传播

王业先

习近平总书记在中国红十字会第十次全国会员代表大会的讲话中指出："各级党委和政府要加强对红十字工作的领导和支持，热情帮助解决红十字事业发展中遇到的困难和问题。要结合培育和践行社会主义核心价值观，在全社会弘扬人道、博爱、奉献精神，弘扬正能量，引领新风尚。"总书记的讲话既高屋建瓴又立足实际，为推动以博爱文化传播为核心的红十字宣传舆论工作指明了方向。作为基层党委宣传部门，要充分发挥宣传工作优势，支持和配合当地红十字工作，扎实开展红十字博爱文化传播。

近几年来，我们积极协调各级新闻资源，加大盐都区红十字工作的宣传力度，使博爱文化深入人心，红十字会知晓率和美誉度不断提高。当前，媒体发展日趋多元，舆论形势日益复杂，必须用新兴的理念、扎实的举措不断提升博爱文化传播的能力和水平。下面结合近几年的工作实践，就宣传部门如何发挥主导作用做好博爱文化的广泛传播，浅谈几点体会和想法。

一、健全志愿组织网络，加强宣传载体建设

盐都区红十字会自1987年恢复建会以来，特别是2005年理顺管理体制之后，经过10多年的发展，基层组织建设实现了"进机关、进企业、进军营、进学校、进社区、进村居"的目标，建立起了相对完善的工作网络。目前有红十字基层组织340个，团体会员单位84个，会员61428人，志愿者5866人。其中，为充分发挥好志愿者的作用，专设了

学校工作委员会、卫生工作委员会、新闻与传播工作委员会、法律援助工作委员会、工商企业工作委员会、博爱救助金使用管理监督工作委员会等6个专业工作委员会，在做好相关业务工作的同时，合力进行博爱文化传播。

一是引导红十字各类志愿者成为博爱文化传播者。健全的红会组织体系、强大的志愿力量，为博爱文化宣传提供了强大的载体支撑。如果让所有的志愿者都成为博爱文化的传播者，这将是一支何等规模的力量！所以，我们加强对红十字志愿者"人道、博爱、奉献"精神的宣传培训，让志愿者在做好志愿服务的同时热衷于博爱文化的传播，从而不断壮大传播志愿者队伍，让志愿之花在盐都大地盛开。

二是牵头履行好专业委员会职能。盐都区红十字会新闻与传播志愿者工作委员会成立以来，不断充实新闻与传播志愿者队伍。目前，志愿者覆盖市区广播电视台、报社、政府网站、地方知名论坛、官方微博微信等媒体机构，以及教育、卫生、住建、交运等行业部门单位。近几年来，工作委员会组织志愿者重温红十字运动史，考察学习外地的做法和经验，进一步增强了志愿服务的理念，扩大了新闻与传播效应，提升了工作委员会的影响力。

三是充分运用媒体资源开展宣传。盐都电视台、《双新盐都报》、中国盐都网、盐都发布官方微信等媒体，开辟了《红十字在盐都》《博爱盐都》《爱心捐助》《好人直击》《爱心妈妈的故事》等专题专栏，阵地建设常抓不懈，为博爱文化传播提供了强有力的保障。

二、完善宣传策划机制，增强新闻传播效应

新闻信息刊播后能否有影响力，关键在于策划和创意。为此，我们建立专委会共商、宣传部门协调、记者经常性联络等机制，加强统筹和策划。

一是专委会定期开会研究。新闻与传播志愿者工作委员会定期召开工作会议，研究部署阶段性宣传工作重点，挖掘新闻线索，策划报道选题。

二是宣传部门统筹策划。区委宣传部把红会宣传工作纳入全年主题

宣传计划，结合"5·8"世界红十字日、无偿献血者日、世界急救日、世界艾滋病日等重要纪念日及每年"博爱一日捐"活动主题，集中组织开展采访活动，营造浓厚的红会工作氛围。

三是形成红会记者经常性联络机制。宣传部门一发现有价值的新闻线索，即刻组织研究策划，及时促成采访成行和用稿到位。《盐城晚报》的报道《做志愿者成为流行时尚》，讲述了盐都母子志愿者、夫妻志愿者、团体志愿者的精彩故事，被江苏文明网、新浪网、凤凰网等多个主流门户网站转载。《新华日报》记者林培采写的《红会拒收旧衣服有苦衷，只因处理运输成本高，看志愿者们如何化解捐衣难》的通讯，报道了盐都红会创新举措，组织红十字志愿者、物流行业志愿者有效化解捐衣整理和运输难的问题，引起了社会热议和好评，多地红会纷纷来盐都取经学习。《双新盐都报》的报道《七岁男孩身患白血病　四面八方捐赠救命钱》刊发之后社会反响强烈，各界人士纷纷伸出援助之手，并通过"轻松筹"平台，成功募集20多万元善款。

三、发挥宣传部门职能，强化红会活动协调

党委宣传部门的志愿者服务工作、社会宣传教育、精神文明创建等职能工作，将人道、博爱、奉献的红十字精神，与社会主义核心价值观目标的宣传相契合。

一是将红会志愿服务纳入全区文明志愿服务体系。红十字应急救助、无偿献血、关爱帮扶等类型志愿服务活动，是全区文明志愿服务工作体系的重要组织部分，区精神文明创建委员会加强统领和协调，提高红十字各类志愿活动的组织化水平，增强红会志愿工作的合力。

二是支持红会参加"三下乡"活动。宣传部每年组织开展的文化、科技、卫生"三下乡"活动，已经成为广大农民得实惠的"民心工程"和公益性社会活动的品牌，越来越多的部门、机关、企事业单位主动参与"三下乡"活动。支持红会加入"三下乡"队伍，注重发挥红十字会的自身优势，在广大农民中传播红十字知识和"人道、博爱、奉献"的红十字精神，积极开展人道主义救助，广泛开展红十字社会服务活动。

三是把博爱人道工作纳入文明考核指标体系。文明家庭、文明单

位、文明行业、文明村、文明镇等各类文明创建的考核内容中都包含红十字精神，力推红十字工作在全区面上的展开，致力于形成全社会崇德向善的良好风气。

四、注重网络舆情引导，塑造红会良好形象

众所周知，"郭美美事件"对红会的负面影响深远，红会在社会公众中良好形象的重树任重道远。我们必须重视舆情应对，及时回应社会关切。

一是加强相关舆情监测。区委宣传部网信办对社会救助、突发灾难事件、无偿献血、遗体捐赠等网上舆情，加强研判，及时组织网上引导和网下处置。

二是强化政民互动。用好政府网站公众监督和在线访谈平台，加强红会与群众线上互动，及时做好与红会相关的各种咨询、建议、投诉的回复。

三是积极开展网评。2014 年 10 月，区委宣传部牵头组织成立盐都区红十字网评队伍，由宣传、红十字、卫生、司法、公安等单位人员组成，就工伤维权、交通事故、非正常死亡、医疗纠纷等舆情进行引导、疏导，为弱势群体维权，宣传依法维权，营造健康向上的网络舆论环境。就网络热点事件、热门话题，主动设置议题，澄清事实真相，引导社会舆论。每年的"博爱一日捐"活动日，在网上宣传捐赠典型，降低和消除"社会杂音"，力促募捐目标的及时超额完成。

红十字事业是一项推动人类文明、和平、进步的伟大事业，在建设高水平小康社会和实现现代化进程中具有不可或缺的地位。博爱文化的传播任重道远，我们要高举人道旗帜，胸怀博爱大义，发扬奉献精神，在博爱文化传播上持续发力，久久为功，奋力谱写红十字宣传工作新的篇章。

（作者为盐城市盐都区委宣传部副部长）

组织建设与红十字工作

加强制度建设　推进依法治会

吴玉林　张广英

1993 年 10 月 31 日《中华人民共和国红十字会法》颁布实施后，依法治会、依法兴会、依法管会就成为红十字系统的热门话题之一。多年以来，各级各类红十字组织和红十字人，对此进行了许多有益的探索和实践，积累了丰富的经验和成果。本文结合盐都区推进依法治会的做法，就这个话题进行探讨。

一、问题的由来

盐都区红十字会成立于 1915 年，1987 年恢复建会，2005 年理顺管理体制。理顺管理体制之初，新一届理事会根据《红十字会法》《中国红十字会章程》的规定和省、市的要求，确定了从建立基层组织、健全工作体系入手，推动红十字事业发展的思路，在有关方面的支持下，很快就建立起了覆盖城乡、遍布行业的基层组织网络。在建立基层组织的过程中和组织网络化形成以后，如何推动各级各类红十字组织常态、有效地运转，从而促进红十字事业发展，就成了摆在我们面前不可回避的课题。对此，我们进行了专门的调研分析，有两类现象引起了我们的思考。

一类是教育系统红十字工作的开展状况。盐都区教育系统红十字工作开展得比较早，从三年级集体入会、急救伤害知识的普及和预防、会员互助与困难学生救助、每学期主题班会、红十字校创建、志愿者和校外辅导员，到成人会员无偿献血、博爱文化与素质教育的融合等各项工作按部就班、运行良好，社会认可度也比较高，而与我们处在同一区域但不属于我区的部分学校红十字工作当时几乎是空白。

另一类是县（市）红十字工作阶段性特征十分明显，与常务副会长或执委会的关联度比较高，大多存有"人存政举、人亡政息"的现象。

分析这两类现象就会发现，其发生的主要原因是制度缺失或执行不力、工作机制不健全、依法治会缺乏有效举措。在同一区域，红十字工作的政策法规是明确的，总体任务目标也是明确的，要想减少和化解工作中横向不平衡、纵向不持续状况，只能在依法治国的大环境中，全面推进依法治会，在增强自主意识的基础上，加强制度建设，形成刚性机制，减少随意性、随机性。不断提高依法治会水平，才能推动红十字事业持续向前发展。

二、实现的路径

1. 建立运行制度，推进依法治会

首先，建立基层组织建设制度。针对红十字工作具有重复性和同质化的特点，我们建立并推行了基层组织建设"标准化+特色化"制度，明确了基层组织"阵地建设、会务管理、业务运行、基础资料"4 大类82 小项的标准，并在此基础上提出了"办公信息化、资料档案化、运转规范化、救助数字化、发展地方化"的"特色化"要求。

其次，增加工作中的"制度化安排"。每年年初把全年工作大体安排到月；每月都有当月的"工作要点"和上月"工作完成情况"，这一做法已坚持了 10 年；明确救助标准、程序、主要对象和类型、时间安排、信息发布渠道和范围；按"红会牵头、商家参与、部门监管、社会监督、群众受益"的模式，建立"博爱超市"，这一做法也已经运行了8 年；连续 9 年举行"点燃生命新希望、爱心相髓百人行"——造血干细胞采样志愿者招募活动；按"企业确定标准、资金专户存储、红会全程监管、指定受益范围"的模式，推进企业博爱救助金制度；实施高中生《初级救护员证》和《毕业证书》双证合格制；在小学五年级和初中一年级开设 24 课时的生命安全教育课程；实行博爱助医、助学和其他博爱工程向政府报备制度等。通过"制度化安排"，区内实现了工作的良性运转，提高了依法、依章程履行职责的能力和水平。

再次，探索并建立筹资制度。这方面主要坚持走行政化和社会化相结合的路子，形成了"政府政策引导、红会主体担责、镇区部门协同、社会共同担责"的筹资机制。

2. 建立监督制度，推进依法治会

"网络事件"以后，建立监督机制、打造公开透明红会成了红十字系统和社会的热门话题。红会被质疑，形象受到了很大损害，这反映了"应对失当"和监督制度建设"欠账"较多的现实。对于监督制度，《审计法》《会计法》以及有关财经、募捐等方面的政策和纪律已经相当健全了，问题是在工作运行中要认真严肃地执行到位。

盐都区红会2006年起开始对募捐进行财政单独预算；从2007年起，就每年请审计局审计捐赠款物使用管理情况，请财政局检查监督财政资金支出情况，分别出具《审计报告》和《财政监督检查书》，并将报告和检查书分送分管领导和理事会成员；2008年起，建立向捐赠1000元以上的个人、2000元以上的企业、1万元以上的镇（区）和部门反馈资金使用情况的制度，并尽可能附上接受者的个人信息、受助原因和金额（涉及个人隐私除外）；建立捐赠款物查询制度，明确查询条件、程序、方法和查询结果使用的范围；建立救助金层级审批制度，按行政职级确定常务副会长、会长、分管区长、常务区长的审定权限，既减少救助时人为因素带来的麻烦，又便于相互制约、公开透明；所有采购均向政府招标部门报备和由招标部门按程序处理；所有救助金支出都有会长、常务副会长、财务人员审核和经办人签字，较大的支出以文件形式请示政府由常务区长签字确认后执行。

由于我们监督制度比较健全，执行也持之以恒，因而"网络事件"对我区冲击并不大，当年我区的筹资不仅未减，反而大幅增加，达到550万元，创历史最高纪录。2012年，我们又成立博爱救助金使用管理监督委员会，由审计局局长任主任委员，财政局、安监局、公安局、司法局、企业家代表、基层红会代表、群众代表参加，每年两次检查救助金管理使用情况、"诊断"全区募捐筹资的现状与趋势、提出相关意见和建议（我们没有成立社会监督委员会，因就社会调查来看，社监委的社会认可度不高），并听取救助金使用管理情况、审计结果报告和负责《救助金管理使用办法》的初审。同时，我们还根据《献血法》和《遗体、器官捐赠条例》等法律法规，建立了相应的监督制度。

3. 建立保障制度，推进依法治会

我们主要抓了舆论保障制度和法律保障制度的建设。由于价值观的多元、拜金主义的盛行、反体制者的幕后推动、网络监督缺失等因素，建立舆论保障制度的重要性是显而易见的。在这方面，我们于2006年年初就成立了红十字运动新闻与传播志愿者工作委员会，由宣传部常务副部长和分管新闻的副部长分别担任正、副主任委员，文广新局、电视台、报社、各大门户网站、文联等的负责人，以及记者、书法、摄影、绘画、群众文化工作者等方面人员组成，每年举行一次博爱文化采风活动，红会每项工作均邀请其中部分人员参加。新闻与传播志愿者工作委员会，不仅及时提供和化解了负面信息，更主要的是其提供了具有强大正能量的舆论环境，起到了巨大的社会引导作用。

在法律保障制度上，"网络事件"后，红会组织的无奈、无助给我们留下了很深的印象。2012年，我们在建立救助金使用管理监督工作委员会的同时，成立了法律援助志愿者工作委员会，由司法局牵头，律师、公证员、基层法律工作者，法院、检察院从事审判、检察的工作人员，高校法学教育与研究的人员参加，为红十字工作和红十字事业发展提供法律咨询、法理研究和法律保障，为红十字志愿者、会员、工作人员提供无偿法律援助，探索在法律框架下和遵守公序良俗的前提下，推进红十字事业发展的新渠道、新保障，保障红十字组织和人员的合法权益，普及红十字会法律法规。法律援助志愿者工作委员会成立后，开展普法服务30场次，发放资料1.5万余份，办理法律援助案件18件，提供建议意见20多条，其中解决部分志愿者服务成本、为抢险志愿者购买意外保险并确定假期与待遇等政策、向参加造血干细胞采样志愿者提供交通费补助等，均得到区政府的同意并付诸实施。

三、遵循的原则

1. 要坚持中国共产党的领导

在加强制度建设、推进依法治会的过程中，我们曾经碰到过一些过分强调红十字会"独立性"而模糊、淡化党的领导的言论，因而有必要强调坚持党的领导的原则。党的领导是中国特色社会主义最本质的特

征，是社会主义法治最根本的保证。我们推行依法治会，必须要坚持党的领导，这是毫无疑问、不容置疑的。通过建立制度，推进依法治会，必须要体现党的方针、政策和国家的法律法规，体现党的执政理念和宗旨，体现服务大局、服务中心、服务社会、服务民生的内在逻辑。

2. 要坚持一切从实际出发

（1）要符合国家的法律法规、规范性文件和程序，不能断章取义、为我所用；

（2）要切实可行，具有可操作性；

（3）要符合本地实际，条件不成熟时，可先做些准备工作，创造条件，以待时机成熟；

（4）要及时调整、补充、完善。

3. 要坚持促进事业发展

具体说，应该按"五个牢记、五个坚持"来推进依法治会。

（1）始终牢记红十字运动的宗旨，坚持围绕"文明、和平、进步"这个主题；

（2）始终牢记红十字的工作方针，坚持突出"孤、弱、残、老、困"这个服务主体；

（3）始终牢记博爱文化这个灵魂，坚持以价值认同积蓄发展力量；

（4）始终牢记壮大实力这个核心，坚持发展是硬道理的伟大实践；

（5）始终牢记有效的创新才能引领发展这个理念，坚持推动事业发展的手段与方法与时俱进。

（作者为盐城市盐都区红十字会常务副会长和副会长）

组织建设与红十字工作

盐都红十字基层组织概况
及其职能演变

吴玉林

盐城市盐都区位于江苏省中部偏东，地处江淮之间、里下河腹地，面积 1044 平方公里，人口 64 万，辖 8 个镇、10 个街道、1 个国家级经济技术开发区和 1 个农村经济开发区（台创园）。2014 年，地区生产总值 380 亿元，一般公共预算收入 31 亿元，城镇职工人均可支配收入 27814 元，农村居民人均可支配收入 15787 元。

盐都区红十字会自 2005 年 5 月理顺管理体制以来，在区委、区政府的正确领导和省、市红十字会的精心指导下，认真贯彻《中华人民共和国红十字会法》和《中国红十字会章程》，以弘扬红十字精神、传播博爱文化为先导，逐步建立起覆盖城乡、遍布行业、充满生机和活力的基层红十字组织网络体系，有效地推动了全区红十字事业又好又快发展。区红会连续 9 年位列全市综合考评第一，先后 4 次获区委、区政府综合考核先进，建成"全国社区红十字服务示范区"，先后 20 多次获总会表彰，10 多次获省红十字会表彰。

一、全区红十字基层组织的现状

盐都区现有红十字基层组织 340 个，团队会员单位 84 个，会员 61428 人，志愿者 5866 人，其中注册志愿者 508 人。具体架构如下。

1. 区红十字会

区红会始建于 1915 年，1987 年复会，2005 年理顺管理体制，2010 年理顺到位。区红会聘请党政主要负责人为名誉会长，理事会设理事 43 人，常务理事 17 人。红会机关现有 10 人，设"一室三部二中心"，即办公室、事业发展部、志愿服务部、宣传筹资部、备灾救灾中心、卫生救护培训中心。

2. 镇（区、街道）红十字会

20 个镇（区、街道）建立了 19 个镇（区、街道）红十字会（盐龙街道红会与经济技术开发区红会合署办公），均聘请党委主要负责人为名誉会长。镇（区、街道）红十字会设理事 7 至 25 人，3 个镇（街道）由行政主要负责人担任会长，其他均由分管负责人担任会长，秘书长由社会事业办公室主任兼任，负责日常工作。

3. 专业工作委员会

区红会现有 6 个专业工作委员会：学校工作委员会、卫生工作委员会、新闻与传播工作委员会、法律援助工作委员会、工商企业工作委员会、博爱救助金使用管理监督工作委员会。

4. 志愿服务队

区红会现有志愿服务队 9 支：无偿献血志愿服务队、造血干细胞采样与捐献志愿服务队、募捐筹资志愿服务队、社区红十字服务志愿服务队、月光妈妈志愿服务队、爱心暖巢志愿服务队、抢险救援志愿服务队、应急救护志愿服务队、阳光天使志愿服务队。

5. 行业红十字会

现有 7 个行业红会：教育红十字会、卫生红十字会、城市工业红十字会、商贸红十字会、物流行业红十字会、食品与加工行业红十字会、制鞋机械行业红十字会。

6. 村居红十字组织

共有会员小组 113 个，志愿服务基地 19 个，红十字示范村 8 个。

二、基层组织建设的阶段与职能演变

自 2005 年理顺管理体制以来，全区基层组织建设大体分为三个阶段，职能也随之演变。

1. 第一阶段：2006—2009 年，为健全体系阶段

（1）明确基层组织建设的规划和实施计划。2006 年年初，新一届常务理事会按照"调查借鉴、试点先行、分类指导、整体推进"的思

路，确定红十字组织"进机关、进学校、进街镇、进社区、进企业、进军营"的"六进"目标，并提出了"先大后小、先主后从"的组织建设路线图，优先建立镇（区、街道）一级红十字会，然后向村居、企业发展。

（2）明确建会的步骤。以镇级红十字会为例，明确了7个不可或缺的步骤：①学习《红十字会法》和《中国红十字会章程》；②提出理事会、常务理事会人选；③党委、政府联席会议讨论通过；④以党政办名义向区红十字会提出申请；⑤区红十字会批复；⑥召开成立大会并由区红十字会授旗、授牌、授印、授徽；⑦聘请名誉会长。企业、机关红十字会参照办理。

（3）明确基本要求和基本任务。提出镇（区、街道）红十字会6项基本要求和8大工作任务。6项基本要求：①有固定的工作场所和必要的工作设施；②有相对固定的兼职干部并配备必要的工作人员；③有切合实际的工作制度；④有经费保障（从2007年起，由区财政局和区红十字会联合发文，要求镇〔区、街道〕财政安排红十字会工作经费2万至5万元）；⑤有稳固的志愿者和会员队伍；⑥有会牌、会旗、会徽、会印（区红十字会统一制作），会牌和制度必须上墙。

8大工作任务：①建立健全台账资料；②传播红十字运动知识；③募捐和救助；④组织无偿献血和招募造血干细胞采样志愿者；⑤开展志愿服务；⑥卫生救护培训；⑦发展村居、企业红十字组织；⑧创建工作特色。

与此同时，积极发展村居、企业红十字组织，先后建立村居红十字会132个、企业红十字会87个；创建40个红十字示范村；并在发挥好原有学校、卫生工作委员会作用的基础上，组建新闻与传播工作委员会和募捐筹资工作委员会。

2. 第二阶段：2010—2012年，为发展壮大阶段

以总会《关于加强红十字会基层组织建设工作的指导意见》为指导，主要做了以下几方面工作。

（1）开展基层组织标准化建设。针对基层组织所在镇（区、街道）、行业、系统经济发展水平存在差距、业务掌握程度不同、工作开展不平衡的状况，从2010年1月起，开展基层组织标准化建设，提出了阵地建

设、会务管理、业务工作、基础资料 4 个大项 82 个小项的标准化建设要求，制定了验收标准；设计制作了 20 种表格、6 种记录簿、15 种资料夹，并明确它们之间的对应关系；为所有基层组织统一配制了资料柜、血压计、轮椅、募捐箱、急救箱、报刊架，并统一重新制作了会牌，使基层组织建设水平有了极大的提升。

（2）加强基层组织运行管理和工作质量监控。提出了"正常工作固态化、会务管理规范化、热点事项程序化、探索工作项目化、分类指导特色化"的要求，强调 8 项重点工作和质量要求，即："组织建设重运行、应急反应重迅捷、志愿服务重结对、台账资料重归档、救护培训重普及、宣传活动重传播、社会筹资重透明、生命工程重阳光"，并对每项工作出台了具体考核标准，考核结果纳入区政府对镇（区、街道）社会事业考核实绩。

（3）整合村居、企业红十字组织。针对村居和企业红十字会数量较多、相对分散、工作节点不够得力的状况，按照"重在切合实际、重在发挥作用、重在群众认同"的原则，把 132 个村居红十字会、40 个红十字示范村撤并为 113 个会员小组、19 个志愿服务基地、8 个红十字示范村；把 87 个企业红十字会整合为商贸系统、城市工业系统红十字会和物流行业、食品与加工行业、制鞋机械行业红十字会。同时，明确了村居、行业（系统）红十字会的 5 项基本任务：传播博爱文化、发展会员和志愿者、安全和应急救护知识普及、募捐筹资和救助、发挥特色，使村居、企业红十字组织形态更加合理、定位更加准确、管理更加便利、作用发挥更加有效。

3. 第三阶段：2013 年至目前，为全面提升阶段

我们把这个阶段定性为"智慧红会"阶段或叫"互联网+"阶段。

（1）确定组织建设提升的目标和实现途径。按照"分类指导、严格标准、优化结构、规范运转"的思路，提出了以镇（区、街道）、行业、系统红十字会为主体的组织建设"五化"目标，即办公信息化、资料档案化、运转规范化、救助数字化、发展特色化。目前，已实现 OA 系统办公、资料纸质档和电子档双重备份、工作运转电子和影像记录、系统内各类组织互联互通；"博爱盐都"微信公众号正式上线；建立了应急救护网上报名、学习、训练、考试系统；正在筹备红十字救助中心网络

平台。

（2）开展基层组织能力建设。把提高基层组织"决策、执行、协调、公关"四大能力作为能力建设的核心内容。

在决策能力也就是领导能力建设上，要求基层红十字组织围绕履行好"五大员"的职责来进行：做好"领航员"，把握事业发展和工作开展的方向；做好"指挥员"，组织区域内红十字工作的开展；做好"教练员"，训练区域内红十字工作人员、会员和志愿者，带好团队；做好"裁判员"，制定工作标准，实施工作监督与评价；做好"服务员"，为区域内各级红十字组织、会员、志愿者及社会群体开展红十字工作提供服务和保障。

在执行能力建设上，要求承担执行职能的组织和个人准确理解领导的意图和工作要求、全面把握工作开展的基础、选择正确合适的工作方法、采取认真负责的工作态度，保证各项决策和工作执行到位。

在协调能力的建设上，要求基层组织在实际工作中要注意聚集4个方面的力量：一是领导与"强力部门"；二是秉承人道理念的志愿工作者；三是有助于提高红十字公信力的审计监督部门和社会监督员；四是有志于红十字事业发展的成功人士和工商企业。在实际工作中，通过这4方面人群的参与和配合，提高协调效果，打造影响力。

在公关能力的建设上，主要是加强危机管理、做好应急公关；加强媒体宣传、做好形象公关；联系"强力部门"，做好法制公关；发挥组织优势，做好群体公关。

（3）强调依法治会和打造公信力。在推进依法治会上，要求各级各类基层组织坚持以法律和章程为依据开展工作，坚持理事会制度，坚持做到工作程序合法、环节合理。同时，成立法律援助志愿者工作委员会，探索在法律框架内和遵守公序良俗的前提下，推进红十字事业发展的有效途径与方法，提高红十字组织在应对危机时采取法律行动的能力，对会员、志愿者提供法律援助和法律保障。

在公信力的打造上，一是通过政务信息公开程序和渠道发布募捐、招募、救助程序和标准等信息，并在区红十字会网站和微信平台发布；二是建立与捐款企业和爱心人士的沟通反馈制度，通报捐款用途（含受益人的基本信息）；三是成立以审计、财政、监察为主体，基层红十字会代表、企业家代表和群众代表组成的博爱救助金使用管理监督工作委员会；四是坚持每年请审计部门审计募捐和资金使用情况，并向有关方面通报。

（4）推动特色创新。按照"彰显盐都特色、引领区域发展"的要求，积极探索推动事业发展新的形式和新的渠道。

① 成立旧衣物接收中心。对接收的旧衣物，由志愿者进行清洗、消毒、整理、熨烫、分类、包装后，再由物流行业红十字会送至有需求的困难地区。

② 建立共享阳光工作站，对特定人群实行就医咨询、康复指导、心理疏导、困难帮扶、就业培训的系统服务。

③ 建立救护培训的长效机制。在对公务员、工厂安全员、有毒有害工种从业人员、乡村医生、保健和体育老师实行全员培训的基础上，将高一新生纳入初级救护员培训范围，实行高中生《毕业证书》和《初级救护员证书》双证合格制。同时，将小学五年级、初中一年级学生纳入救护知识普及范围，以总会编写的中小学生"生命安全"读本为基础教材，纳入正常教学内容。

④ 按照"标准自定、专户管理、指定用途、红会监管"的原则推行企业博爱救助金制度，目前已有华鸥实业等4家企业建立了这一制度。同时，按"约定本金、约定利息、约定期限、存本用息、项目运作"的思路，建立企业冠名基金，江苏永宁实业投资集团率先建立了5年期的冠名基金。⑤ 与红十字运动研究中心协作，设立盐都研究基地，注重吸纳红十字理论的最新成果指导工作，并依托红十字研究的最优团队，总结全区红十字事业发展中的做法经验，反过来指导工作实践。

三、几点体会

1. 要做好总体规划

（1）要按照《红十字会法》和《红十字会章程》的有关规定，推行基层组织建设，保证其合法性；

（2）要严格程序和步骤，保证其权威性；

（3）要设置好基层组织与所在系统、区域其他部门、社会组织的关系和相对应的职级，便于其开展工作；

（4）要解决好工作经费，保证其正常运转；

（5）要从制度上协调好各级各类红十字组织间的关系，做到互联互通互助。

2. 要有地方特色

（1）要与地方经济、社会发展相适应；

（2）要与地方文化传承特征相适应；

（3）要与地方其他部门、社会组织的构成相适应；

（4）要适应并融入地方总体发展规划。

3. 要确定基层组织工作的指导原则

具体来说，应该以"五个牢记、五个坚持"为指导原则：

（1）始终牢记红十字运动的宗旨，坚持围绕"文明、和平、进步"这个主题；

（2）始终牢记红十字的工作方针，坚持突出"孤、弱、残、老、困"这个服务主体；

（3）始终牢记博爱文化这个灵魂，坚持以价值认同积蓄发展力量；

（4）始终牢记壮大实力这个核心，坚持发展是硬道理的伟大实践；

（5）始终牢记有效的创新才能引领发展这个理念，坚持推动事业发展的手段与方法与时俱进。

（作者系盐城市盐都区红十字会常务副会长）

实施"三大工程"是推动
红十字工作的有效途径

吴玉林

盐都区红十字会自 2005 年 5 月理顺管理体制以来，在区委、区政府和市红十字会的领导与支持之下，基层组织建设、募捐筹资、社区示范服务、红十字示范村创建、博爱工程、公益事业跨部门合作、博爱文化传播、志愿服务等各项红十字工作都取得了前所未有的发展。如何在新的基础上实现事业新的跨越，是摆在我们面前的一个重要课题。2010 年年初，盐都区红十字会从提升基层组织建设质量和水平入手，通过实施"强基、健体、创新"三大工程，为事业发展注入新的动力，红十字各项工作又取得了新的进展。

一、以基层组织标准化建设为杠杆，实施"强基工程"，不断夯实事业发展的基础

健全的组织体系对开展红十字工作、推动红十字事业发展有着至关重要的作用。基于这样的认识，我会从理顺管理体制之初就把加强基层组织建设、健全工作网络作为一项首要任务提上议事日程，先后建立了17 个镇（区、街道）红十字会，调整了学校、卫生红十字工作委员会，组建了博爱文化传播、红十字志愿服务、区直机关、社区红十字示范服务工作委员会和区直工业系统红十字会；各镇（区、街道）红十字会还结合自身实际，成立了 132 个村（居）红十字会、85 家骨干企业红十字会，使全区红十字组织实现了行政区域、行业、系统全覆盖，形成了相互配合协调、反应灵敏迅捷、资源整合共享、工作节点有力的网络。但

组织建设与红十字工作

是由于全区红十字基层组织成立时间长短不一、业务掌握程度不同、所在镇（区、街道）经济发展水平存在差距等因素，基层组织间无论是办公条件，还是业务工作的开展方面，不平衡性较大，全国"百优乡镇红十字会"和没有独立办公场所的镇红十字会同时存在，严重影响了全区红十字事业发展的均衡性和整体水平。

为了改变这一现状，我们对基层组织建设状况进行专题调研，研究进一步加强基层组织建设、实施"强基工程"的途径和方法。经过探讨论证，区、镇红十字会的同志一致认为，红十字基层组织建设应该有一个起码的建设标准，而红十字工作同质化和重复性的特点，也为标准化建设提供了可能。思路确定后，我们召集有关方面讨论、制定了标准化建设的初步方案，并分别选择镇、村、企业、行业红十字会进行试点。2010年10月，组织力量对试点工作进行分析评估，修改和完善标准化建设方案，确定将基层组织标准化建设分为阵地建设、会务管理、业务工作、基础资料4个大项、82个小项，并分别明确要求、落实责任：在阵地建设上强化镇（区、街道）政府和行业主管部门的责任，要求各镇（区、街道）为区域内红十字组织提供必要的办公条件，并保证工作经费；在会务管理上明确秘书长为第一责任人；在业务工作上，要求镇（区、街道）和行业红十字会至少要开展应急反应、志愿服务、救护培训、人道传播、博爱救助、示范创建、生命工程、共享阳光等8个方面的工作，并提出了相应的标准和质量监督控制措施；在基础台账资料方面，由区红会为各基层红十字会统一配置资料盒、文件夹等，并设计了20种用于标准化建设的基本表格。同时，考虑到红十字示范村、社区红十字服务站的经济实力，区红会还为40个红十字示范村、8个社区红十字服务站统一配备资料柜、轮椅、血压计、报夹、募捐箱等硬件，以保证标准化建设的质量和进度。

2010年12月下旬，区人民政府在大冈镇召开了由各镇（区、街道）主要领导、红十字会常务副会长和秘书长，以及行业红十字会负责同志参加的基层组织标准化建设工作会议，全面启动基层组织标准化建设工作。目前，除部分村（居）、企业外，其他基层组织的标准化建设工作已经全部实施到位，为事业的进一步发展奠定了坚实的基础。

二、以能力建设为突破口，实施"健体工程"，不断积蓄事业发展的后劲

基层组织建设标准化仅仅是奠定了红十字工作开展的基础，对于推动事业又好又快发展显然是不够的。因此，在标准化建设的同时，我们根据总会开展"能力建设年"活动的通知精神，在市红十字会的指导和支持下，适时加强能力建设，实施"健体工程"，以提高人员的能力来提升红十字事业的发展水平和发展后劲。

1. 明确能力建设的重要性，提高对能力建设的认识

能力无论对于个人还是组织而言都是重要的，直接影响着个人和组织的发展，这个道理是显而易见的，大家都能理解。问题是基层红十字组织，尤其是常务理事会成员和从事实际工作的同志，要把能力建设放在一个应有的位置上，并贯穿于工作的始终。为此，我们一方面组织大家分析讨论我区红十字组织和红十字事业发展的现状，使大家清醒地看到，自2005年理顺管理体制以来，我区广大红会会员、专（兼）职工作人员、志愿者和社会各界为红十字事业的发展做了大量的工作，红十字事业取得了前所未有的成绩，但总体水平仍然不高、层次依然偏低，稍有松懈就必然滑坡，已取得的优势也有丧失的危险。而且，随着党和政府对服务民生、保障民生更加关注，作为政府"人道领域助手"的红十字会，必然要担负更大的责任，不加强能力建设，就不能肩负起历史的使命。另一方面，向大家介绍先进地区的事业发展状况，使大家知道理顺管理体制后，各地红十字事业发展的热情空前高涨、发展的动力空前释放，呈现了竞相发展的态势，各地红十字事业的发展进入了快速发展的时期，在这种状况下，要保持优势地位，贯彻落实区委、区政府确立的"全市率先、苏北领先、全省争先"的要求，就必须加强自身建设，以"强健的体魄"迎接新的挑战，否则，在历史和机遇面前，在千帆竞发中就必然会落伍，甚至会被淘汰。因此，加强能力建设，并以此推动事业发展、履行自身职责是我们的必然选择。

2. 明确能力建设的内容，提高能力建设的水准

在能力建设中，我们根据全区基层组织的现状和今后一段时期事业

发展的要求，确定将"决策能力、执行能力、协调能力、公关能力"作为能力建设的核心内容，并提出了具体要求。

在决策能力，也就是领导能力建设上，要求基层红十字组织围绕履行好"五大员"的职责来进行：做好"领航员"，把握事业发展和工作开展的方向；做好"指挥员"，组织区域内红十字工作的开展；做好"教练员"，训练区域内红十字工作人员、会员和志愿者，带好团队；做好"裁判员"，制定工作标准，实施工作监督与评价；做好"服务员"，为红十字工作开展提供基本条件和服务。

在执行能力建设上，要求承担执行职能的组织和个人要准确理解领导的意图和工作要求、全面把握工作开展的基础、选择正确合适的工作方法、采取认真负责的工作态度，保证各项决策和工作执行到位。

在协调能力的建设上，考虑协调能力的成效取决于影响力，就我们红十字会而言，绝对影响力是十分有限的，因而努力打造相对影响力就是我们唯一的选择。在这方面，我们要求基层组织在实际工作中要注意聚集4个方面的力量：一是领导与"强力部门"；二是秉承人道理念的志愿工作者；三是有助于提高红十字公信力的审计监督部门和社会监督员；四是有志于红十字事业发展的成功人士和工商企业。在实际工作中，这4方面人群的充分参与和配合，可提高协调效果。

在公关能力的建设上，我们侧重于提高区红十字会机关的公关能力建设，主要从加强危机管理，做好应急公关；加强媒体宣传，做好形象公关；联系"强力部门"，做好法制公关；发挥组织优势，做好群体公关等方面来强化，并以此来提高组织的信誉度、美誉度，以及会员、志愿者、工作人员和爱心人士对红十字组织的忠诚度。

3. 明确能力建设的途径和方法，提高能力建设的效果

一是组织专题培训。我们坚持每年举办镇（区、街道）负责日常工作的同志、部分常务理事和行业红会从业人员培训班，就红十字基本知识、人道理念、博爱文化、法律法规、经济发展与民生责任、红十字相关业务以及在实际工作中需要注意的事项进行培训。

二是建立松散型讲座制度。由红十字志愿者工作部牵头，定期不定期举行能力建设讲座，红十字专（兼）职工作者、会员和志愿者，以及其他方面感兴趣的人员自愿参加，主要讲授形式与辩证逻辑、社会管

理、危机管理、非政府组织的运转程序与方法等方面的内容。

三是向有关人员推荐阅读书目和学习课程。向全区红十字系统专（兼）职工作人员和志愿者推荐了《肢体语言学》《语言与沟通技巧》《社会心理学》《社会工作与社会管理》《形式逻辑》《生活小常识》等书目，使他们通过自我充电来掌握知识，提高能力。

三、以创建工作特色为目标，实施"创新工程"，推动事业持续健康发展

红十字运动百余年的发展历史就是不断创新发展的历史，也是与不同的国度、民族、文化融合而形成发展特色的历史。这个历史过程证明，组织建设是发展的基础，能力建设是发展的倍增器，而创新才是保证发展与时俱进的核心要素。因此，我们把实施"创新工程"作为"强基工程、健体工程"的最终落脚点和目标。这方面的工作将贯穿于我们当前及今后相当长时期的工作始终。

1. 坚持三项原则推动创新

在调研和分析区内外红十字会工作状况的基础上，确定了"一个坚持""两个围绕""三个有利于"的创新工作原则。

"一个坚持"就是坚持所有的创新必须在人道的旗帜下展开，符合人道法和人道主义，符合促进人类文明和平进步的宗旨，符合自愿志愿的意愿。

"两个围绕"就是要围绕服务大局、服务中心、服务民生、服务社会这个前提；围绕改善最易受损害人群境况的目标。

"三个有利于"就是有利于传播博爱文化、推动价值认同；有利于汇聚人道力量、推动事业发展；有利于提高公信力、塑造良好自身形象。

2. 发挥组织优势推动创新

发挥自身优势既是实施创新的有效途径，也是创新的目的之一。在实际工作中，我们按照"立足实际、彰显特色、强化优势、塑创品牌"的要求，对各基层红十字组织的创新工作实行分类指导，引导和促使各基层红十字会挖掘和放大自身优势，塑创工作特色。潘黄街道红十字会

利用地处市、区中心地带，房地产和效益较好的工商企业多的优势，创新筹资方式，无论是区域外重大灾害的募捐，还是正常的博爱救助金的募集总是走在全区的前列，并且已经得到了企业和爱心人士的认同；大冈镇、学富镇红十字会发挥志愿者众多的优势，积极开展对80岁以上老人"一对一"志愿服务和家居帮扶结对服务，区域内80岁以上老人结对服务率达到70％以上；红十字卫生工作委员会尝试"博爱助医"的新方法与新途径，将以往为困难群众减免医药费、检查费和免费手术改为针对特定对象的免费体检和医药、检查、手术费减免，并逐渐形成制度，以提高"博爱助医"工作的规范性、连续性和群众认可度。

3. 面向未来发展推动创新

"创"是"创造"，"新"是"革新"，实施创新就必然要求我们面向未来，在坚持原则下进行积极的探索，只有这样，才能更好地推动事业的发展。

一是建立镇红十字服务中心，以中心为平台，整合区域内的人道资源，形成集约优势，并以此来争取党委、政府和社会各界对红十字工作和人道事业的认同，打造博爱品牌。

二是建立共享阳光工作站，对区域内残障人士、单亲家庭儿童和孤儿、精神病患者、特定人群（如烈军属、吸毒人员、艾滋病毒携带者）、重特大疾病患者、80岁以上的孤寡老人等实施定期定额救助、特殊困难帮扶和家居结对服务，以及对新生儿进行残障筛查，并落实跟踪矫治服务和费用资助。

三是尝试建立捐薪志愿者招募制度。2010年1月份开始，我们在全区在职在岗人员中试行建立捐薪志愿者招募制度，有意愿成为捐薪志愿者的，或每月捐出实发工资的0.5％，或每月定额捐出10元人民币，成为捐薪志愿者起点年限不低于3年，至年底报名人数就达1059人。这项制度的实施，不仅增加了救助金的收入，更重要的是传播了博爱文化、推动了价值认同，为事业发展聚集了更多的人力资源和社会资源。

（作者系盐城市盐都区红十字会常务副会长）

发挥乡镇红会作用 增强救助实力的实践与思考

宋全生

习近平总书记在接见中国红十字会第十次全国会员代表大会全体代表时强调，我国红十字事业是中国特色社会主义事业的重要组成部分，中国红十字会是党和政府在人道领域联系群众的桥梁与纽带。作为最基层的乡镇红十字会，要在上级红会组织的指导下，大力弘扬"人道、博爱、奉献"精神，扎实有效地开展人道救助活动，补足民生短板，增强社会公信力和感召力。为社会和谐稳定多做贡献。

一、充分认识发挥乡镇红十字会作用的重要性

大家都知道红十字事业是一项造福人类的崇高事业，在保证人的生命与健康、促进世界和平与发展等方面发挥着积极的作用。作为最基层的组织，乡镇红十字会是红十字运动的基础，当前进一步加强红十字会基层组织建设，对于巩固和扩大红十字会的社会基础，推进新时期红十字会自身建设，充分发挥红十字会在政府人道工作领域的助手作用，更好地服务于改革、发展、稳定的大局具有重要意义。

一是从红十字组织体系来看。乡镇红十字会是县、市红十字会组织的延展，是依靠广大会员、志愿者传播红十字精神的最前沿阵地，是开展人道主义救助工作的具体组织者和实施者，是植根基层、直接联系和服务群众的平台。

二是从红十字组织功能定位来看。有三方面的作用：第一，乡镇红十字会能了解最基本的情况，比如能以村（居）为单位，准确统计出三大疾病和患重病人员及变化情况，在每次洪水、台风、地震等突发性灾

害发生后，能第一时间统计汇总灾情；第二，乡镇红十字会能开展最广泛的宣传，乡镇尤其是村（居）的群众对于红十字的精神、文化知之甚少，乡镇红十字会可以借助于每年送温暖、资助困难户等方式大力传播博爱文化，填补空白、消除盲点，增强红十字的影响力和感召力；第三，乡镇红十字会可以实施最直接的人道救助活动，乡镇红十字会面对的是最基层、最困难、最易受损害的人群，在市、区红会的指导和帮助下，可以有效地组织开展"三救""三献"活动。

三是从社会发展趋势来看。如今，政府直接面向群众、服务群众的功能愈来愈明显，职能机构都在"下移"，如人力资源和社会保障、司法、卫生监督、技术监督等都在乡镇设立服务办事机构，通过增设基层公共服务公益性岗位的办法，设立专职人员，真正做到组织建设纵向到边，人员配备也纵向到边。作为党和政府在开展人道主义救助和经济社会发展等方面起桥梁和纽带作用的红十字会，更要在乡镇发挥应有的作用。

二、客观分析乡镇红十字会开展工作存在的问题及困难

概括而言五句话：人员不专职、业务不专业、工作不主动、活动不正常、特色不明显。

1. 人员不专职

目前，全区所有镇（街）红十字会工作人员分别兼任民政、教育、体育、卫生、文化、调解等职，最多的身兼六至七职，从而牵制了许多精力。

2. 业务不专业

基层红十字会工作人员都是兼职，他们对红十字会工作的职能职责以及工作方式方法等的认识还处于一个起步阶段，业务能力还不能适应红十字工作的需要。虽然区红十字会在平时的工作中注重加强培训和指导，但因为起点较低，整体业务水平还上不了台阶。

3. 工作不主动

虽然区红十字会布置给基层的任务都能保质保量地完成，但是由于

所兼职务的限制，难分主次，使得工作常常处于被动应付的局面。

4. 活动不正常

往往是到什么时间节点就做什么事情，如"5·8"红十字宣传，组织无偿献血，春节前送温暖等，其余活动开展得就较少。

5. 特色不明显

乡镇红会工作人员工作的创造性、创新性不够，有"三多三少"现象：接受任务多，自选动作少；大众化活动多，个性化活动少；泛泛的活动多，有影响的活动少。这些在很大程度上制约了红十字会在群众中的影响力和凝聚力。

三、有效发挥乡镇红十字会在政府人道工作领域的助手作用

红十字要发挥在加强和改善民生领域的重要作用，就必须广泛动员社会力量，积极拓展人道服务领域，不断加大对红十字事业的投入。

1. 领导重视是前提

实践证明，当地的党、政主要领导和分管领导对红会工作的肯定和对其作用的认同，直接影响着红十字工作的开展。因此，在工作中通过各种方法，我们要不断吸引领导重视红十字会工作。领导重视红会工作了，就会落实队伍专职化、人员专业化，从而使得经费有保障、阵地有保证，红十字的社会影响力就会不断扩大，红十字会各项工作的广泛性、社会性和参与性也会相应提升。

2. 社会支持是基础

一个地方如果民众尤其是热心的企业家回报社会的意识强烈、乐善好施的社会氛围浓烈，红十字会的筹资工作就能较好开展，救助能力就大为增强。如果红会的公众支持和参与度不够，红十字事业则将成为无源之水、无本之木。因此，基层组织要结合实际，设计出群众欢迎的人道服务项目，以增强透明度、提高公信力，几年来红十字会的影响力越来越大。

3. 自身努力是关键

一要强化"想干"意识，解决一个态度问题。如果没有对红十字会

良好的感情基础，再好的条件、再多的支持，也难以为继。只有热爱红十字事业、热心红十字会工作，才能一如既往地投身这项服务社会、造福群众的事业。

二要强化"能干"意识，解决一个方法的问题。能力不是天生的，工作中要吃透上级精神，了解工作流程，勤于实践，善于总结，不断提高红会工作水平。

三要强化"干好"意识，解决一个效果的问题。我们红十字会工作者要把做好事、善事作为努力的方向，多做"雪中送炭"的事情，多做老百姓需求的事情，帮助群众解决实际困难。

四、富有成效地开展红十字特色活动

结合乡镇的实际，积极组织特色活动，扩大红十字的社会影响力。

1. 推进志愿服务，坚持常态化活动

志愿服务是红十字奉献精神的具体体现，具有深刻的社会意义和社会价值。我们一方面加强志愿者队伍建设，从全镇教育、文化、卫生、广电、运输等行业招募红十字志愿者，并组建镇红十字会志愿服务队。我镇现有登记红十字志愿者196人，其中注册红十字志愿者68人。另一方面，我们组织红十字志愿服务活动，优化志愿服务项目。如教师志愿者为留守儿童提供义务家教服务；学生志愿者到镇敬老院帮助打扫卫生、整理内务；医护志愿者走上街头为居民量血压、义诊服务；机关志愿者为龙小培智班学生讲故事、送图书；广电志愿者为敬老院老人免费安装有线电视；文体志愿者义务培训市民健身操；等等。

2. 实施救护培训，提升应急救护能力

积极落实红十字会救护培训"五进"行动，分层面开展应急救护培训。分别组织对社区居民、村医生、初高中学生、幼儿教师、机关干部等救护培训近2000人次，效果较好；结合防灾减灾宣传，在全镇中小学、幼儿园开展地震、火灾逃生演练和救护知识比赛活动，从而提高了学生的安全教育意识。

3. 开展募捐救助，建立长效捐助机制

镇红会创新募捐方式，拓宽募捐渠道，增强救助实力。雅安、鲁甸等地发生地震后，镇红会组织捐款计 65 万元。积极响应盐都区红十字会"博爱万人捐"号召，发动和鼓励干部、职工、企业家和爱心人士带头捐助，每年捐款都在 20 万元。连续 4 年在春节前，镇红十字会利用党员干部冬训班为困难群众捐款，开展"红十字博爱送万家"活动，救助了 500 多个困难户，红十字会的公信力和影响力大大提升。

4. 完善博爱超市，打造救助服务平台

龙冈镇红十字会 2012 年创办了"博爱超市"，困难群众从中最能感受到红十字会的温暖。镇红会每年对资助对象实行"申请、审核、公示、更换"的工作流程。"博爱超市"细化服务项目、优化服务内容、践行服务承诺，秉承"货真、价实、新鲜、健康、便利"的服务理念，践行"让群众得实惠、为红会增光彩"服务承诺，坚持"开设红十字博爱专柜，接受群众电话预约，限时送货上门"等活动。博爱超市志愿服务站红十字志愿者为行动不便老人送货上门，努力放大红十字会博爱救助品牌效应。

（作者系盐城市盐都区龙冈镇红十字会秘书长）

加强村居红十字组织建设的
做法和体会

商弘侨

2006 年起，潘黄街道红十字会按照盐都区红十字会"城乡互动、特色创新、强镇延村、整体推进"的工作要求，着力将红十字会的工作向村（居）延伸，逐步实现了村（居）红十字工作的全覆盖。2013 年年底，所有村居全部建成合格的红十字会，红十字基层组织建设得到强化，整体工作扎实推进，"人道、博爱、奉献"的红十字精神在社会主义新农村建设中的作用进一步彰显。潘黄街道红十字会在 2008 年被中国红十字会总会表彰为"全国优秀乡镇（街道）红十字会"。现将潘黄街道开展村居红十字会组织建设的做法与体会介绍如下。

一、分类指导，发展村居组织

1. 典型引路，抓好红十字示范村建设

近年来，潘黄街道党委、办事处高度重视红十字工作，充分认识到红十字会是经济社会发展到一定阶段的产物，是社会文明进步的表现，从而把红十字工作作为促进社会公平、稳定、和谐、文明的大事、要事来抓，在政策、投入、人员配备等方面给予大力支持。街道党委、办事处一班人认为：红十字工作不能仅仅停留在街道层面，只有调动广大群众参与的积极性，才能更好地发挥红会的作用。为此，下发了《关于加强红十字基层组织建设的通知》，并于 2006 年在仰徐村成立首家红十字会员小组。

2009 年年初，根据上级红会精神，原潘黄镇红十字会又将仰徐村作为"红十字示范村"进行创建，为此专门成立"红十字示范村"创建工

作领导小组，落实专人负责指导、协助仰徐红十字示范村创建工作，制定了翔实的创建方案，并在人、财、物等方面给予大力支持。仰徐村也成立相应领导小组，村主任亲自挂帅，设置专门办公场所，安排专门人员具体负责示范村创建的台账资料，负责各项具体工作的开展。在区、镇红会的业务指导和人、财、物的大力支持下，仰徐村红十字服务站设施齐全，红十字会员人数占村民总数的40%以上，活动正常，管理规范。2009年年底，仰徐村顺利通过区、市红十字示范村创建验收。2011年，按照区红十字会基层组织标准化建设要求，扎实开展红会组织标准化建设工作，多次作为示范样本接待外县、市红十字会组织的参观学习。其中2011年5月，为镇江市红十字代表团提供了示范村现场；7月，江苏省红十字会年中工作会议在盐城召开，仰徐村又提供了红十字会组织标准化建设工作现场。

2. 逐步推广，实现红十字工作全覆盖

2011年，街道红十字会根据潘黄街道党委《关于加强红十字基层组织建设的通知》，配套出台了《潘黄街道红十字会基层组织建设指导方案》，确立"典型引路，全面发动，重点突破，规范建设"工作思路，制定了基层红十字会工作职责和规章制度，指导面上工作的开展。同时，将仰徐村的工作经验向全街道推广，并通过宣传引导、调研督导、个别指导等形式，扎实推进村居红十字组织建设。各村居坚持抬高定位，扎实起步，规范建设，所有村居都建立了红十字会组织，并做到有班子、有牌子、有印章、有办公地点、有工作职责、有会员台账、有活动经费及开展活动记录。不仅如此，由街道红十字会牵头，还积极推进高标准的村居红十字卫生服务站建设，全街道14个村居红十字卫生服务站全部达省标，达到墙面白化，地面硬化，实行了药房、诊断室、观察室、治疗室"四室"分开，从业人员、卫生技术准入率达100%，计划免疫、疾病控制、消毒监测、医疗文书管理、健康教育、社区卫生服务、红十字会应急救护培训多位一体。

截至2014年年底，全街道14个村居全部成立村居红十字会，发展会员8680人，建有志愿者服务队、应急救援志愿者服务队，招募志愿者659人，注册志愿者21人。

二、人道博爱，温暖弱势群体

村居红十字会建立后，发挥了积极的作用。

1. 为残疾群体点亮了一盏心灯

近年来，以街道、村居两级红十字会为载体为辖区内的残疾人做了大量的工作，例如为肢残人安上假肢，为盲人配备盲杖、盲表，让他们感到有了依靠，眼前有了永不熄灭的明灯。2007年春节前夕开展的"千人帮千家"活动，确定残疾人为重点帮困对象，街道、村居两级红会对13个村居40户残疾人家庭进行慰问走访；2012年开展"博爱复明行动"，为8名患白内障眼病的贫困老人进行免费复明手术。

2. 为贫困学子送去了一片温馨

对贫困学子，各村居红十字会采取"一帮一"或"二助一"活动，帮助贫困学子完成学业，分别圆了他们的高中梦乃至梦寐以求的大学梦。2006年起，街道红会和各村居会员小组成功结对资助20户贫困高中生完成学业；2008年通过与企业联系，全年资助困难大学生3人，人均资助现金5000元；2009年结队资助特困学生45名，资助金额年人均400元；2010年结队资助特困学生50名，资助金额人均400元；2011年，联合西城逸品开发商资助5名贫困大学生，人均2000元；2012年，结对资助特困学生38名。

3. 为孤寡老人捧上一颗孝心

在红十字会会员捐赠的基础上，街道红会通过多种途径争取、筹集善款，在仰徐村建起了一流的老年幸福公寓，开辟"红十字博爱助老服务基地"，使该村五保老人和无人护理老人得到了集中供养。逢年过节，发放慰问品，有病住院，派专人护送，让他们感到社会主义大家庭的温暖。2008年春节前夕，街道红十字会工作人员先后深入村居看望慰问高龄老人和残疾户，送去大米、食用油等价值4000余元的慰问品；2009年起，连年配合区红十字会组织开展"真情系农户，博爱慰百家"暨"博爱送万家"慰问活动，每年均优先考虑这些老人。

4. 为困难群众献上了一份真情

2011年年初，街道红会积极宣传、认真选择，确定了与雅家乐超市的战略合作关系，成为盐都区首批设立固定"博爱超市"的街道之一。以发放资助卡限额购物方式补助困难群众生活日用，并实行资助对象动态跟踪，真正将资助送到困难群众的手中，当年惠及49户，2012年惠及50户，此后稳定在每年52户。2012年，街道党委书记、红十字会名誉会长彭向洪等一行对10名老军人、老革命、老党员进行慰问，发放慰问金和慰问品5000余元，资助金额15200元；走访慰问特困人群22人次，送上慰问金6600元。另外，街道各级红十字组织还积极参加国际国内人道主义救援工作，2006—2012年先后为汶川、玉树、雅安地震灾区和受"莫拉克"台风侵袭的台湾，以及海地地震灾区募集善款或筹集博爱救助金累计达103.79万元，位居全区各镇（街道）之首。

三、强化培训，提升自救能力

潘黄街道红十字会认真制定、积极实施全街道群众性应急救护培训规划，普及卫生防病知识；参与艾滋病防治及吸毒危害的宣传教育工作，提高民众自我防护意识和能力。

2007年，组织红十字会会员和红十字志愿者，为居民开办各类红十字普法教育、红十字知识及健康知识讲座22期527人次，开展健康咨询服务330人次。2008年，邀请市、区专业培训师进行初级救护员培训，原镇红十字会与镇医院在杨坝村等6个村居点开展以人工呼吸、止血、包扎、固定、搬运等为内容的现场救护培训活动，共有1000余人接受培训。2009年，原镇红十字会在建筑等行业全面开始初级救护员培训，有效减少意外伤害。2011年9月9日，由街道红十字会牵头组织各村居居民代表66人，现场进行急救表演，传播急救知识，并开展急救演练。红十字会工作人员现场讲演日常生活急救的意义和作用，通过讲演、表演、演练，提高居民对紧急救护知识必要性的认识。2012年5月，安排专人到市红十字会参加江苏省应急救护培训初级师资培训班学习，学习结业后，根据上级红十字会要求和街道应急救护培训工作方案，于7月21日、22日先后对街道110名村医生进行初级救护员培训，并通过他们对全街道900名群众进行普及性救护培训。2013年4月，安排潘黄卫生院徐静参加为期5天的师资培训，其合格后于当年9月运用所学到的知识抢救因心脏病突发昏厥的市民，被江苏省评为"最美救护员"，并获"江苏好人"荣誉称号。

四、志愿服务，共建美好家园

1. 实行助医服务，开展"四送一免"

为有效化解"看病难""看病贵"问题，潘黄街道红十字会从2007年5月开始，依托村居红十字服务站点，每年组织志愿者，以"关爱农民、医疗服务"为主题，深入村居开展送医上门、送药到户、送医疗设备、送健康教育宣传等活动，免费为老百姓进行健康普查的"四送一免"义诊服务，受到社会好评。

2. 实行助农服务，开展家园保洁

从2009年起，各村居红会会员和志愿者利用周末，走上街头，清扫垃圾，打扫卫生，护树浇花，开展义务测量血压、义务维修家电等公益活动，累计1500多人次。组织红十字志愿者，对村居内道路分段包干，清扫保洁，狠抓村居脏乱差治理，使村容村貌焕然一新。

3. 实行助困服务，开展志愿帮助

目前，街道各村居红十字志愿者达659人，其中注册志愿者21人。他们多次到敬老院，为老人理发、洗衣服、剪指甲，给他们带去衣服、药品、洗衣粉、大米、面粉等物品，为老人们送去了红十字组织的温暖，赢得了社会各界的一致赞誉。元旦、春节、中秋、重阳等节日，会员和志愿者主动到敬老院以及军烈属、五保户家中帮助整理环境，打扫卫生，帮老人洗头、剪指甲，读报讲故事。

4. 发扬大爱精神，开展无偿献血

潘黄街道红会每年组织会员无偿献血达100人次以上，部分志愿者还捐献造血干细胞。2012年8月25日的无偿献血活动，全街道村居积极响应，经初筛化验，最终成功献血48人，累计献全血12300毫升。

多年的工作实践使街道红会深深认识到，红十字基层组织建设是红十字工作的基础工程。村居红十字会面临着起步迟、救助能力弱、自身实力差，以及工作领域不宽、经费投入不足的现实，需要各级党委、政府的高度重视，更需要从事基层红会工作的同志正确面对。只有这样，才能更好地开展村居红十字工作。为此,我们认为:一是要赢得重视。在开展红十字基层组织建设工作中,要主动向地方党政领导汇报工作,积极争取村居两委的支持和有关部门的配合,力争把红十字工作引入地方经济社会发展总体规划,形成工作合力。二是要强化基础。村居红十字会工作要以村居为依托,以红十字志愿者队伍为核心,以"博爱系列工程"为活动内容。在抓好基础建设的同时,重点抓好制度建设,建立保障机制,为弱势群体提供服务和帮助。三是要落实职责。村居红十字会要明确自己的定位和职能,坚持横向到边、纵向到底。一方面,要在巩固现有的组织网络和基本队伍的同时,继续分领域加强组织建设;另一方面,要积极建立和巩固红十字志愿者队伍,形成红十字会工作稳固的社会补充力量。

(作者为盐城市盐都区潘黄街道红十字会秘书长)

健全组织抓筹资　壮大实力促发展

吴玉林

　　"人道、博爱、奉献"的红十字精神体现了人类的共同理想，也是当今社会发展的精神需求。秉持这一精神理念，盐都区红十字会积极凝聚人道力量，创新募捐筹资方式，推动以公平为原则的第三次分配，提高了人道救助工作水平，不断满足困难群众人道救助需求，帮助改善困难群众的生活境况，逐步形成筹资社会参与度高、募捐活动影响力大、社会救助效果良好、受助对象赞许满意的、具有盐都特色的红十字工作品牌。我们的主要做法包括以下几个方面。

一、建立健全组织，推动价值认同，积极营造并不断增厚筹资的社会基础

　　红十字会的宗旨是"发扬人道主义精神，保护人的生命和健康，促进人类和平进步事业"；红十字会的目标是"改善最易受损害人群的境况"，这就要求我们要始终重视募捐筹资工作，不断壮大自身实力，如此方能更好、更有效地体现红十字会的宗旨、实现红十字会的工作目标。2005年5月理顺管理体制之初，适逢盐城市红十字会联合6部门发出在机关、事业单位开展"博爱一日捐"的通知，我们借助这个机会，组织力量，历时3个多月，募集博爱救助资金28万多元，虽较理顺管理体制前每年一两万元的资金募集数有较大增加，但与我们预想的目标还相去甚远。究其原因，除工作经验和方法不足、社会认可度不高外，主要是红十字会基层组织建设先天不足，局限于教育、卫生两大系统，镇（区、街道）、行业、部门红十字组织一片空白，不仅制约了红十字会的

筹资工作，也限制了其他工作的开展和红十字精神的传播。针对这一状况，2006年年初，我们提出了红十字会"进农村、进军营、进机关、进企业、进社区、进学校"的要求，先后建立了11个镇（区、街道）、7个中心社区（园区）红十字会，成立了区直机关、学校、卫生、城市工业系统红十字工作委员会，在118个入库税收100万元以上的企业建立了红十字组织，并加强业务培训、指导和考核，强调红十字基层组织必须常态开展包括筹资在内的8项重点工作，初步形成了较为健全的基层组织体系和筹资工作网络。2006年当年募集资金就突破100万元；2008年以后，每年筹资都在200万元以上。目前，各镇（区、街道）、行业红十字会都已自觉将筹资摆上重要位置。大冈、潘黄等镇（街道）红十字会从2009年起每年筹资超过10万元，2010年开始突破20万元；全区筹资超10万元的镇（街道、中心社区）红十字会现已达6家。"5·12"汶川大地震期间，大冈镇红十字会发挥组织网络健全的优势，仅用一周时间就募集资金130多万元（该镇民政办资金募集不足20万元），受到了党委、政府的充分肯定和表彰。

在健全组织体系、完善筹资网络的同时，我们将打造博爱文化、推动价值认同、积极引导和促进各有关方面采取相同或相近的行动支持红十字组织募捐筹资，促进红十字事业发展，贯穿于工作的始终。众所周知，要做好筹资工作，一要靠党委、政府的支持，二要靠成功人士的资助，三要靠社会各界的参与。因而，在工作实践中，我们就突出这三方面的人群，采取针对性措施，传播博爱文化：对以政府、部门领导为主的公务员，我们除免费征订"两板一刊"、定期寄送资料外，每月至少发两至三条手机短信，宣传红十字知识、反馈红十字政策、传递区内外的工作动态、传播红十字理念，潜移默化地影响他们对红十字的认知，使他们了解到红十字组织是党和政府人道领域的助手，支持红会的工作对建立社会主义核心价值体系，推动全民族的繁荣复兴有着深远的历史意义；对以企业家队伍为主的成功人士，我们就积极宣传财富的意义、对待财富态度的不同体现不同的人生价值观、成功人士对社会的责任、境内外企业家捐赠的范例，以及社会求助信息、国家鼓励政策等，做到"晓之以理、动之以情、交之以友"，2015年，正常向红十字组织捐赠的企业从2006年时的4家发展到了142家；对以企业职工为主体的社会群众，我们则通过区红十字博爱文化传播志愿者工作委员会，以群众喜闻乐见的形式宣传"人道、博爱、奉献"的红十字精神，并通过他们在更大范围内扩大红十字文化的影响，这方面的宣传效果已逐步显现出来，参与"博爱万人捐"的职工人数逐年增多，今年已超过1100人次。

二、坚持难中求进，不断开拓创新，探索并固化筹资的方式和途径

1. 用足用活政策，建立常态长效的筹资主渠道

理顺管理体制之前，红十字救助金的募集在我区断断续续开展了近10年，但成效不明显，每年募集资金量一般就在一两万元，与县级红十字会所处的位置和所承担的职责相比很不相称。理顺管理体制之初，这种不相称十分突出。为此，我们抓住市政府、市红十字会开展"博爱一日捐"的契机，在全区组织"博爱万人捐"活动，先从公务员队伍开始，然后向所有财政供给人员扩展，2008年又纳入企业在职职工。考虑到我区的经济发展水平和对"易受损害人群"的资助标准，我们将财政供给人员捐款标准略作提高，一般按照月实发工资的十五分之一来测算，在强调自愿的前提下，按镇（区、街道）、部门为单位募集，镇（区、街道）红十字会集中上缴。2011年，"郭美美事件"发生后，我们及时与有关方面沟通，强调政府、红十字会及有关部门在募捐筹资等方面所肩负的责任，强调财政供给人员、先富起来的人群对社会弱势群体的帮扶义务，以及政府及政府职能部门在募捐筹资方面应该承担的引导、规范措施的义务和责任，以便更好地体现社会公平与正义。同时，发动区红十字新闻与传播志愿者工作委员会，采取多种形式、利用各种媒介展开宣传活动，强化红十字筹资工作的必要性和可信度，使我区博爱救助金募集的主渠道得以进一步确立。

2. 努力搭建平台，拓展多元化的筹资途径

在建立常态长效筹资主渠道的同时，我们坚持从实际出发，积极搭建平台，拓展多元化的筹资途径，每年均选择一两个项目开展主题募捐活动：2007年，组织发行"爱心公益卡"，募集资金40多万元；2008

年，开展"让爱心在家乡的田野上歌唱，让真情在家乡的时空中飞扬"活动，号召盐都籍在外成功人士关爱故土、回报家乡，共募集资金 60 多万元；2009 年，组织 30 余位知名书画家开展"倡导奉献精神、弘扬博爱文化"书画义卖活动，募集资金近 30 万元；2010 年，组织百名企业家帮扶百名白血病患者的"双百"结对资助活动，共为全区 132 名白血病患者解决医药费 86.5 万元；2011 年，借助"武进甲博爱文化书法作品展"，募集红十字事业发展经费近 150 万元；2012 年，借纪念"5·8"世界红十字日之机，开展"红十字博爱百日千里行活动"，组织对全区单亲（含孤儿）在校学生资助行动，截至 8 月底，已募集资金 21.9 万元。同时，我们还针对突发事件，主动开展应急募捐，无论是印度洋海啸、南方干旱，还是"5·12"汶川大地震、"8·8"台湾风灾、玉树地震、舟曲泥石流等自然灾害，都能在第一时间建立筹资渠道，积极开展募捐行动。此外，我们还借鉴外地的成功经验，组织常态化的项目筹资工作，目前已开展"一企一校"春蕾行动、行业冠名"避险减灾"教育行动、"厂助镇办"急救知识全民普及行动等。

3. 面向未来发展，积极探索新的筹资方式

红十字会要在党和政府强调加强与创新社会管理的契机下，更好地发挥开展人道救助、反映民生诉求、化解社会矛盾等方面的独特优势，就必须不断开拓创新，探索适应未来发展的筹资方式。为此，我们做了三个方面的探索。

一是建立区红十字会募捐筹资志愿者工作委员会，下设工商企业、个体工商户、在职职工 3 个筹资劝募小组，分别由青企业家协会、个协和工会中热心公益、热爱红十字事业的人士担纲组成。工作委员会建立运行 1 年多来，效果十分明显，不仅筹资的数额有较大幅度的增长，而且各有关方面对红十字事业的信任度、参与度也明显提高。

二是建立捐薪志愿者招募制度。从 2011 年 5 月份开始，我们尝试在在岗在职人员中建立捐薪志愿者招募制度，有意愿加入者，或每月捐出实发工资的 0.5%—1%，或每月额定捐出 10—20 元，截至 2011 年底，共有 1559 人加入。

三是建立企业博爱救助金制度。利用工商企业红十字组织较多的优势，在前两年试点的基础上，今年年初在入库税收 300 万元以上且建有

红十字组织的企业，推行建立红十字博爱救助金制度，建议相关企业拿出纯利润的2%—5%，建立主要面向本企业职工和企业所在地困难群众的红十字博爱救助金，由企业红十字会根据区红会统一制定的管理办法，按照"量入为出、操作规范、救急为主、不宜重复、略有积余"的原则管理使用。目前，已有中联电气、恒力机床、江苏华鸥、江苏闳业等8家企业建立了博爱救助金制度，总金额达460多万元。这一举措为博爱救助行动社会化、长期化、长效化做了有益的尝试，也为企业参与公益、回报社会、参与社会管理创新和企业文化建设提供了一个新的渠道和平台。

三、完善规章制度，加强资金监管，建立并不断强化筹资工作的公信力和美誉度

建立健全规章制度，切实加强资金的使用和管理，是红十字筹资工作公信力和美誉度的重要保证；而公信力和美誉度，又是红十字会开展筹资工作、建立广泛而有效筹资渠道的不可或缺的前提。因此，在实际工作中，我们将完善制度，加强监管，保障捐赠人及社会公众的知情权、监督权放在重要位置。

1. 制定并严格执行《盐都区博爱救助金使用管理办法》

2007年年初，我们按照市红十字会的统一要求，在调查研究的基础上，制定了《盐都区博爱救助金使用管理办法》，对救助金的使用范围、使用权限、监督和管理等做出了明确的规定。尤其在使用权限上，实行严格的分权使用原则：1000元以内（含1000元）由常务副会长审批；1000元至2000元报会长审批；2000元至5000元报区政府分管领导审批；5000元以上报政府分管财政的领导审批，从而保证博爱救助金严格、合理、有效、公正地使用。2009年，我们还取消了从募集资金中提取5%用于开展资金募集和实施项目支出的规定，将所有募集的资金全部用于救灾、救助和根据捐赠者意愿实施的定向援助项目，所有筹资和项目实施所产生的费用全部由区财政拨款，进一步提高了博爱救助金的公信力。

2. 建立并不断完善募集资金的监管体系

在实际操作过程中，我们从三个方面加强募集资金的监管。

一是建立捐赠人"三个一"的知情权监督制度，对捐赠3000元以上的个人、1万元以上的单位颁发一张捐赠证书、发放一份资金使用征询意见表、反馈一份资金使用及其结果的明细说明，这样做不仅使资金的使用明明白白，而且也和捐赠者之间建立了互信、增进了友谊，为今后的筹资奠定了基础。

二是加强博爱救助金的刚性监督。我们把博爱救助的监督分为刚性监督和柔性监督两种。刚性监督主要是指审计、财政部门的监督，具有严格、规范、合法的特点，因而也更具权威性；柔性监督是群体、舆论监督，具有情绪化、主观性的特点。在工作中，我们除主动适应柔性监督外，更加注重刚性监督。从2008年开始，确定将上年的3月到当年的2月底，作为一个财务年度，每年3月份请审计局、财政局共同对博爱救助金的管理、使用情况进行审计，对救助金使用方向、比例进行评估，并将结果向理事会报告，接受理事会的审议和质询。

三是根据省、市打造公开透明红十字会的要求，定期、不定期在网站和媒体上公布资金募集与使用情况，自觉接受社会监督。

3. 探索并不断完善适应形势变化的管理措施

一是成立区红十字法律援助志愿者工作委员会，为全区红十字组织开展募捐等工作提供无偿法律援助和法律保障；积极开展红十字工作的法理研究，探索在法律的框架内和符合公序良俗的前提下更好地开展筹资、救助等红十字工作。

二是筹备组建了红十字博爱救助金监督志愿者工作委员会，由审计局、财政局、监察局以及捐赠人、基层红会代表、行风监督员、媒体代表、群众代表等15人组成，定期、不定期检查博爱救助金的募集和使用情况，并根据制度规定，向有关方面通报情况，公开信息。

三是建立向区政府分管区长、常务区长报送财务报表制度和捐赠人（单位）随机检查捐赠资金使用情况制度，并根据捐赠人（单位）的意见和要求，在恰当范围内公开资金使用情况和结果，不断提升红十字筹资工作的公信力，推动筹资工作的开展，使红十字救助实力不断壮大，有力地促进了红十字事业的发展。

（作者系盐城市盐都区红十字会常务副会长）

建立企业"存本用息"冠名基金初探

张广英

一、基金源起

盐城市盐都区有 70 多万人口，大部分居住在农村和集镇，有相当一部分群众因种种原因生活仍然比较困难，需要社会各界特别是企业家们伸出援助之手，给予扶持与帮助。而盐都区的一些有识之士和企业家富有慈善情怀，他们愿意为区域内"最易受损害人群"提供可持续的帮助。早在 2012 年，按照"企业按利润或销售收入出资、红会提供政策指导和业务监管、指定受益范围和标准、纳入本地社会公益救助范围"的原则，部分企业在区红十字会引导下，在内部成功实行"博爱救助金"制度。为顺应企业捐赠热情，推动企业文化与红十字博爱文化有机融合，壮大救助实力，区红十字会鼓励更多骨干企业试点和推行"博爱救助金"制度，并探索在企业建立"存本用息"冠名基金，按照"一次承诺、存本用息、分年到位、冠名救助、共同实施"的原则，发动有意愿的企业参与。

多年来坚持"以人为本"的经营理念，积极投身慈善公益事业的江苏永宁实业投资集团有限公司，作为一家拥有 17 家子公司、500 多名员工、注册资本 7000 万元的综合性企业，于 2014 年率先和区红十字会签订了 30 万元本金、年利率不低于 6% 的"存本用息"冠名基金——"江苏永宁实业博爱救助基金"。这种由企业根据自身实力确定基金总额、按社会救助项目要求和企业救助意愿约定利率标准的冠名基金是企业和企业家乐意接受的捐赠形式。随着江苏永宁实业投资集团有限公司首个冠名基金的建立，华鸥实业、翔宇疏浚、神泰科技等几家爱心企业陆续效仿，先后建立了各自的冠名基金。这种采取"存本用息"冠名基金参与公益的形式是企业"反哺"社会的又一有效途径。

二、具体做法

"江苏永宁实业博爱救助基金"由盐都区红十字会和江苏永宁实业投资集团有限公司经友好协商，根据《中华人民共和国红十字会法》和中国红十字会关于募捐与接受捐赠工作的有关规定，遵循突出公益、保证利息、服务区内的原则，在基金运作方式、基金收益人群和使用范围等方面达成共识的基础上，由永宁实业一次性注入人民币30万元本金，设专门科目管理，并按不低于6%的年利率向区红十字会捐赠基金利息，用于盐都区博爱工程项目；区红十字会按照协议约定和使用方案，落实项目执行人制度，公开透明地由双方共同组织实施，并提供项目实施结果报告。基金的设立，不仅便于红十字博爱工程的深入推进，也为企业承担公民责任，实现社会效益、经济效益、人本效益的和谐统一提供了途径，对其他有"公益梦"的企业来说也具有相当的借鉴意义。

2014年5月5日，盐都区首例"存本用息"冠名基金正式签约上线，区领导、区红十字会和永宁实业集团相关人员出席了签约仪式。协议明确首期基金设立期限5年，从2014年5月1日起到2019年4月30日止。永宁实业每年不少于1.8万元的基金利息于当年7月份汇至区红十字会账户，区红十字会按照规定出具财政部门统一的捐赠票据、捐赠证书，并协调有关方面执行财政部、国家税务总局的捐赠免税规定。同时，区红十字会在8月底前，根据捐赠意愿和工作实际，提出捐赠使用方案并经永宁实业集团认可后组织实施，在项目完成后向永宁实业集团提供项目实施结果报告。

2014年是基金执行的第一年，永宁实业集团在规定时间内将1.8万元的基金利息汇至区红十字会账户。区红十字会结合多方实际，并根据企业意愿，将当年收益作为金秋助学活动的经费，全部用于永宁实业所在新区范围内的困难学生资助，并通过教育局对符合条件的学生进行筛选确定。新区红十字会秘书长作为基金执行人负责项目的前期准备和组织实施工作，区红会和永宁实业集团双方全程参与并监督，保证整个过程程序规范、措施实在、保障有力。2015年的基金利息亦已到账，经双方协商，在重阳节用于新区内困难老人的救助。新区管委会对区内符合条件的老人筛选报批后已组织实施，收到了良好的效果。

三、效果评价

1. 发展冠名基金是博爱救助金稳定增长的重要途径

"存本用息"冠名基金的本金仍存于企业内，由企业运作和管理，救助时只取用基金的利息部分，且按照企业意愿并组织企业参与救助项目的全过程，保证了企业家对捐款的知情权和实施权。在捐款方面，这种方式更容易被企业和企业家接受。通过项目实施宣传，其他的一些企业甚至个人或家庭会借鉴"存本用息"的捐款方式实施捐赠，这不失为行之有效的募捐方式和筹资的长效机制。

2. 发展冠名基金增加了对困难群体的救助渠道

"存本用息"冠名基金同博爱救助金一样使用于区内困难群体的救助。企业所在区域内困难群体接受冠名基金救助后，大大减轻了红十字会博爱救助金的救助压力，对一些博爱救助金覆盖不到的特殊群体或突发事件，可经捐赠者同意在冠名基金中救助，增加了救助的灵活性，提高了对区域内困难群体的救助实力。

3. 发展冠名基金有利于汇聚企业善能量

一是企业捐赠更加规范化、常态化。企业捐赠是常事，但以往捐赠往往是由于个人家庭困难上门求助、单位公益项目缺资金求助等，企业家大多碍于情面，根据情况给一点、支一点，随意性较大，没有准确记录，也没有发票，不利于企业家提高捐赠的积极性。而捐赠的冠名基金，红十字会出具捐赠票据、发放捐赠证书、落实优惠政策、公布捐赠数额与捐赠对象并记入史册，使企业的捐赠步入规范化，整个捐助过程公开、公正、透明，从而吸引了更多企业参与，使其捐赠常态化。

二是提高了企业的公益意识和社会责任意识。企业家在事业成功之后，首先想到的应是支持社会、回报社会，通过冠名基金捐赠救助的实践，对企业实施品牌战略，提高知名度、诚信度和美誉度，展示公益形象起了很大作用，企业家更愿意参与这种公益形式。

三是企业和红十字事业有机结合。在冠名基金的成功实践中，企业家成为慈善家、爱心人士，构筑起企业与公益、企业家与受助对象之间互动的桥梁。红十字人在和企业家交流沟通中、在服务企业的同时，将"人道、博爱、奉献"的红十字精神注入企业文化，使博爱文化和企业文化不断融合，从而实现企业和红十字事业的有机结合。

四、存在的问题与对策

1. 红十字会在社会上影响力和公信力不高

不可否认，"网络事件"在公众心目中的影响还没有完全消除，有些企业对和红十字会合作心有芥蒂。红十字会平时一定要注重自身形象，不断提高公信力，对冠名基金要制定相关管理与监督制度，坚持公开、公平、公正的原则，遵循红十字宗旨。项目实施时选择双方信任的社区干部担任项目实施人，按照企业的意愿，在双方意见统一的基础上规范、合理地实施项目，并邀请企业共同参与活动过程，使企业家对红十字会的活动有一个更直观、更正确的认识。

2. 企业设立冠名基金动机不纯

少数企业出资救助会带着明显的功利性，如意向救助一些不符合救助条件但有人情或利益关系的对象。对此，红十字会要明确与企业合作应坚守的原则，企业要本着善意爱心设立冠名基金，救助意愿要严格规范，不得利用冠名基金进行商业活动，红十字会与企业在合作项目实施中不得卖人情、牟私利。项目实施过程要聘请有资质的单位或有影响的个人参与监督，并及时在相关媒体公布信息，接受社会监督。

3. 冠名基金的设立在公众中的知晓率不高，覆盖范围小

要加强宣传，一是深入每个社区、企业登门宣传、劝募，增加公众知晓率。二是联系媒体参与活动，及时报道，扩大影响，在全区甚至更大范围内形成氛围，争取政府、部门、企业、社会的支持和参与。三是适当降低资金门槛，欢迎有爱心的单位、团体甚至公民个人或家庭设立冠名基金，拓宽救助金的募集渠道。

4. 部分企业家爱心思维守旧

一些企业家嫌冠名过程麻烦，思维仍然停留在过年过节送慰问上，或者只想借助一两次大型救助活动，利用慈善营销策略短时间内提升企业知名度、美誉度。为此，一要经常到企业调研，和企业家交朋友，多沟通交流，探索和企业合作的机制，实现合作共赢；向企业及时反馈社会民生热点、焦点、关注点，加强互动，根据企业意愿，强调专项救助的针对性和重要性，调动企业家的爱心潜力和捐赠热情。二要细化服务，协助企业落实捐赠政策，同时将灾害救援、应急救护等理念传播到企业中，积极为企业提供力所能及的服务，帮助企业解决实际困难。三要将博爱精神、理念注入企业文化，使两种文化相互交流融合，让博爱文化在与企业文化的碰撞和磨合中得到提升、传播。

（作者系盐城市盐都区红十字会副会长）

发挥志愿者作用　推进无偿献血工作

徐正洲

　　无偿献血是一项崇高的义务，是人道主义精神的体现，积极参加无偿献血是社会文明进步的标志，也是公民高素质的体现。自 1998 年 10 月 1 日《中华人民共和国献血法》颁布实施以来，盐城市盐都区毓龙路实验学校小学部积极响应上级号召，教师们用无偿献血的实际行动树立了为人师表的良好形象，展现了盐都教师大爱无疆的精神风貌，为社会奉献一片爱心，以自己的实际行动弘扬中华民族的传统美德，更为培养小学生的公民意识、奉献精神起到了积极的示范和推动作用。

完善机制——爱在这里萌芽

　　"一滴热血，一份关爱；捐我热血，呵护生命。"盐城市盐都区毓龙路实验学校小学部一直将无偿献血工作列入重要工作议程，学校成立了无偿献血工作领导小组，召开专项工作会议，徐正洲书记亲自部署落实无偿献血工作，以"推进无偿献血、构建和谐校园"为抓手，形成校领导当舵手、校红会做表率、处室共联动、老师齐参与的长效机制。

　　为了将以往定期、大型献血模式转变为常规、长期献血工作，我校由徐正洲书记牵头，建立了"爱心绿洲"无偿献血志愿者队伍，为每一位参加无偿献血的教职工发送献血注意事项的短信提示，合理安排献血教职工的工作时间和休息时间，主动为参加献血的教职工调整上班时间，让其得到良好的休息，从而能顺利地完成献血。我校还向献血教职工赠送献血纪念品。种种暖心的措施让每一位参与献血的教职工感受到自己献出的不仅是一袋热血，更是一颗高尚的爱心。同时，学校要求各处室切实履行职责，相互支持，广泛深入地开展经常性、多渠道、多层次、全方位的宣传活动，引导学校教职工自觉自愿参加无偿献血。

身先垂范——爱在这里启航

以前学校在组织无偿献血时也曾遇到过老师对无偿献血认识不够、报名献血不够踊跃等困难，面对这种情况，徐正洲书记带头参加无偿献血，他说："如果我们第一个参与献血，我们做了最好的样子，我们就是最好的证明！"徐正洲书记是这样说的，也是这样做的，他一共参加献血8次，共献血1600毫升，成为学校师生的榜样。在他的感召下，全校教职工纷纷响应，积极参加无偿献血工作。学校党支部宋斌书记、尤登芳主任、乐林主任、刘方明主任、张生主任等30余位同志都已无偿献血5年以上。

"既然献血无损身体健康，还可以拯救生命，又何必吝啬自己的血液呢！""如果可以，我想一直献下去。"朴实的言语道出了一颗善良的心，正是这朴实无华的爱心使得学校红会主席尤登芳同志一次次地走进市中心血站。今年53岁的她已是我校无偿献血的志愿者"明星"了。从最初的200毫升到现在的400毫升，这些年来尤登芳老师一共献血达2200毫升，我们暂且不去细究她的血救了谁，单就这个数字就足以震撼我们，我们按救一个人需要800毫升血液计算，那么到目前为止尤登芳老师已经救了将近3个人，她的爱延续了3条生命。她的血液不仅流淌出了自己的博爱精神，也延续出了他人的美好未来，更彰显了我校无偿献血志愿者朴实而崇高的情怀。

行动影响行动，人格感染人格。正是由于这些优秀志愿者的身先垂范，我校献血志愿者人数由最初的10余人已经发展到80余人。他们以志愿为乐、以志愿为荣，他们用自己的汩汩热血汇集成一条奔涌不息的生命之源，有效地促进了我校由"无偿献血与计划献血相结合"向"全部无偿献血"的转变。

宣传得力——爱在热土生长

为进一步提高我校广大教职员工对无偿献血工作重大意义的认识，加快推进全校无偿献血工作，学校认真研究符合教师职业的无偿献血宣传工作的新特点、新内容、新热点、新方式，发挥学校校园网、电视台、广播站、校报、宣传画廊等的作用，积极宣传无偿献血的法律、法规和无偿献血的相关知识。

为改变学校广大师生原有的思想观念，我校采取了先内后外、以点带面的宣传教育方式。

首先，学校在校内组织了无偿献血宣传周活动，举办了《献血法》专题讲座，开展了《献血法》知识竞赛，利用多媒体演示血液生成和循环更新过程。目前，我校无偿献血的宣传工作不再局限于"无偿献血日"，在"学习雷锋日"、教师节前夕、五四青年节等日子，宣传栏都会有无偿献血的内容出现。"献血对人体健康有利"的观念已被我校广大教职工所接受，自愿无偿献血人数已占全校教职工的绝大多数。学校先后投资 1 万余元，印制宣传材料 3000 多张、《献血法》单行本 200 余册、横幅 12 条，制作可移动式宣传板 20 余块，并运用校内"校园之声"广播站，"红领巾"校园电视台、移动展板、宣传栏、聘请血站专家讲座等形式宣传普及献血常识，提高了全校教职工无偿献血的自觉性。

其次，每当学校内组织采血时，都悬挂横幅、展出移动宣传板，以及向学生发放宣传材料，不失时机地向学生宣传，从而让我校的学生对家人、亲属、邻居进行无偿献血有关知识的宣传，起到了以小带大、从小推广的良好作用。如此一来，老师、学生人人成为无偿献血的志愿者、推广员，每个孩子的心中也播撒下了爱的种子。

各种形式的宣传教育激发了全校教职工对无偿献血工作的关注和参与热情。让每个师生知晓只要走到无偿献血的队伍中，就能在同一片蓝天下携手托起生命的绿洲；让我校广大师生意识到无偿献血不仅有益于身心健康，也是人与人之间爱心交流、相互扶助的文明体现，由此在全校范围内形成了无偿献血利己利人、神圣光荣的良好氛围。

志愿剪影——爱在这里流动

"涓涓热血，铺就生命之路；倾情奉献，成就精彩人生。"这是每个盐城市盐都区毓龙路实验学校小学部"爱心绿洲"无偿献血志愿者的标识，每年血站都涌动着他们的身影。

2008年5月，乐林主任像往常一样和"爱心绿洲"的其他志愿者到中心血站参加献血，就在滴滴热血流向献血袋的那一刻，乐林主任突然眼前一黑，身体感到了极度的不适。血站的工作人员见状赶紧拔下针头，搀扶着乐林主任躺到休息床上。半个小时过后，乐林主任感觉身体的不适感稍稍退去，便毅然起了身要求继续献血，学校一同前来的无偿献血志愿者纷纷劝他保重身体，他微微一笑："如果我的血能够帮到一名患者恢复健康，我又怎么能停下来呢！"说完，挽起袖子继续加入无偿献血的队列。多么朴实的回答呀！这听似朴实无华的话语中却闪烁着一颗至真至美的大爱之心。

说起毓龙路实验学校小学部"爱心绿洲"无偿献血志愿者，蔡秀春老师可谓是志愿者中的"老大姐"了。蔡老师参加无偿献血至今已有10个年头，要说岁月留给了她什么，除了生命的日臻成熟，那就是一条条献血记录了。记得2010年10月的一天，蔡大姐献完血，便到血站的车棚拿电动车，赶着去学校为孩子们上课。也许是电动车较重的缘故，就在拉车的一刹那，蔡大姐胳膊上刚刚愈合的出血点受到拉力又再一次洇出了鲜血，蔡大姐全然不顾地骑着车来到了学校。到了学校，同事惊呼，这时蔡大姐才发现洇出的鲜血已经将胳膊上的线衫和春秋衫两层衣服全部染透，面对这样的情况，蔡老师笑着说："没事，没事。"说着，褪下袖子将胳膊放在水龙头下简单地用冷水冲了冲，大家都劝她回家休息休息，好好补一补。她却急急忙忙拿书说道："我还要给孩子们上课，没事的。"话音未落，人却已走出了办公室。蔡老师大爱的举动仿若无声的呼唤，感召着更多的老师加入其中，在蔡老师的带动下，同办公室的老师都加入了无偿献血志愿者的队伍中来。

我们深深地坚信：毓龙路实验学校小学部每一个无偿献血志愿者都是英雄，他们用自己的无私与爱心美丽着这个社会，装点着这个校园，用实际行动在每个孩子心目中浇灌出一朵大写的人格之花。

大爱无言——爱在行动中升华

多年来，学校在徐正洲书记的率先垂范下，在各职能处室的齐抓共管下，无偿献血工作已经形成独具特色的品牌，2008 年就被授予省"红十字模范校"的光荣称号。学校无偿献血工作逐渐形成了由组织向自愿转变，由老师群体过渡到向学生宣传，继而转变家长观点，带动学校庞大的家长群体参加无偿献血。经过多年的努力，学校无偿献血工作已经走入人人自愿、人人自发、人人要献的良性轨道。"长江奔腾是因为有滔滔江水！生命运行不止是因为有浓浓鲜血！爱心育人和献血救人是神圣使命"的观念深入人心，目前"爱心绿洲"无偿献血志愿者队伍已达到了 80 余人，他们中有学校领导、处室负责人，有一线的老师、后勤教辅人员，甚至有部分家长也加入了其中。他们以志愿为乐、以志愿为荣，用自己的汩汩热血汇集成一条奔涌不息的生命之源，有效地促进了学校无偿献血工作的顺利实施。经过几年的科学宣传和广泛的组织动员，现如今只要校园内有无偿献血消息，符合条件的教职工都会自觉踊跃报名参加，献出自己的一份热血。

这是心的呼唤，这是爱的奉献，这是人间的春风，幸福之花处处开遍。……这是生命的源泉，再没有心的沙漠，再没有爱的荒原，死神也望而却步，幸福之花处处开遍！啊！只要人人都参与无偿献血，这世界将变成美好的人间！

这就是盐城市盐都区毓龙路实验学校无偿献血志愿者的心声。

这就是他们用实际行动展示出来的大爱情怀。

这就是他们无偿献血、不计得失的最好写照。

热血诉真情，大爱写华章。相信未来毓龙路实验学校小学部的献血志愿者们必将用一袋袋爱的输出、一次次新的超越、一句句生命的承诺，继续书写出教育战线上不朽的红色大爱。

（作者系盐城市毓龙路实验学校党组书记、盐都区红十字无偿献血志愿者工作委员会主任委员）

组织建设与红十字工作

"点燃生命新希望
爱心相髓百人行"的实践与思考

周　科　杨东峰

2001 年，在政府有关部门的支持下，中国红十字会重新启动了中国造血干细胞捐献者资料库（中华骨髓库）的建设工作，并由资料库管理中心统一管理和规范开展志愿捐献者的宣传、组织、动员，HLA（白细胞抗原）分型，为患者检索配型相合的捐献者及与移植相关的服务等。盐都区红十字会从 2004 年开启了这项工作，10 多年来没有 1 个捐献者反悔，也没有因为资金问题让捐献过程中断。5 例成功实施捐献的志愿者，用自己的生命有效体为他人的生命接力，创造了一个又一个奇迹。这一奇迹的产生，主要得益于盐都区红会的凝聚力、捐献者的号召力和志愿者的执行力三个方面的共同努力。下面就从这三个方面对盐都区的造血干细胞捐献工作进行分析。

一、盐都区红会的凝聚力

1. 自身的凝聚力影响着社会

习近平总书记说：打铁还需自身硬。盐都区红会理顺管理体制后，不因为人手少而推卸社会责任，坚信"只要想干事就能干成事"的理念，在只有两个工作人员的情况下，紧紧抓住工作重心，分解任务目标，用自身先进的理念、正确的发展思路、全新的运作模式、快节奏的工作效率和切切实实的工作业绩，赢得了社会的认可。广大群众欣喜地看到了盐都区红会的变化，志愿者也有了从事志愿服务的方向感和认同感。红会的声音亦能得到迅速传播，成为一种号召的力量。尽管捐献造血干细胞工作的难度很大，但经过大量的宣传发动，2004年盐都供电公司的王建文成功实施了捐献。当盐都红会的工作人员将造血干细胞送至广州南方医院患者的手中时，挽救了一个鲜活的生命，实现了盐都区造血干细胞捐献"零"的突破。

2. 对外的凝聚力影响着工作

红十字的工作是一项需要凝聚社会资源、动员广大民众、造福人类的伟大事业，红会作为公益机构，仅靠其本身对红十字事业重要性的宣传是远远不够的，必须建立和完善社会化宣传机制，借助社会力量开展全方位的立体宣传。为此，盐都区红会充分利用红十字品牌这一无形资产，积极主动地吸引社会力量参与红十字事业，借助外力、借用外脑来延伸红十字会宣传工作的手臂。在地方党政部门的支持与领导下，盐都区红会建立了"红十字新闻工作志愿者委员会"，聘请党和政府领导，以及宣传部门、媒体负责人和社会知名人士担任"红十字新闻工作志愿者委员会"委员，吸收热心公益的媒体记者参加委员会，建立起一支相对稳定的红十字宣传骨干队伍。不仅如此，盐都区各级红十字会的每一位工作人员都有着很强的宣传意识，人人都为红十字工作"鼓与呼"，内外结合、上下联动，真正形成了红十字大宣传格局，有效地提高了红十字会的社会知晓率、支持率和群众的参与率。

3. 对人的凝聚力影响着情感

2014年7月4日，国家主席习近平访问韩国期间在首尔大学发表演讲时说："2008年，中国骨髓捐献志愿者张宝与韩国患者配型成功后遭遇了车祸，但他住院治疗康复后，继续为这位韩国患者捐献了骨髓。迄今为止，中国志愿者共进行跨国捐献骨髓156例，其中为韩国患者捐献骨髓45例，远远超过其他国家。这样的生动事例不胜枚举，都是中韩两国人民友谊的真实写照。我们两国人民要共同努力，更多分享喜悦，更多分担困难，更好书写友谊地久天长的新诗篇。"捐献造血干细胞，成了两个国家友谊的纽带。同样，让志愿者主动凝聚到红会中来，需要有一定的情感因素。很难想象，一个连红会门在哪儿都不知道的志愿者会长久地为红会服务。这就要求各级红会主动出击，加强与志愿者的沟通了解，多开展活动、多介绍专业知识、多分享捐献体验，以此来取得志愿者的信任，如此捐献工作才能长期开展。由此可见，在制度的基础之上，依靠情感来凝聚人心，会发生"几何级数"的增长效应，从而使志愿者的队伍越来越庞大。

二、捐献者的号召力

1. 捐献者勇于现身说法

法国作家卢梭说过："榜样！榜样！没有榜样，你永远不能成功地教给儿童以任何东西。"罗曼·罗兰也说过："要撒播阳光到别人心中，总得自己心中有阳光。"俗话说："亲其师，则信其道；信其道，则循其步。"喊破嗓子不如做出样子，要通过各种媒体平台，让捐献者讲述自己从成功配型到最后捐献完成全过程的感受和经历，让更多的人知晓这是个无私奉献的过程，甚至还可以动员捐献者的家人为大家讲述他们骨髓移植背后的爱心故事。这种做法既直接又有效，能够让更多的人真正理解捐献、积极参与捐献。

2. 对捐献者要放大宣传

早期，人们对捐献造血干细胞的条件、捐献造血干细胞对个人身体的伤害，以及负责造血干细胞捐献的医院水平等各方面的认识有着这样和那样的误区，这就需要各级红会加大对已经成功进行骨髓移植的捐献者的宣传力度，放大宣传效应。盐都区红会在这方面做了大量的工作，例如，捐献造血干细胞的"爱心大使"王建文从家出发去医院、到住院后实施捐献、再到区红会运送造血干细胞的全过程，盐都电视台都全程跟踪拍摄，制作了5集系列报道，全方位、多角度地报道了王建文的爱心之举，在全区上下引起很好的反响。这种立体式的宣传给后来积极参与造血干细胞登记的志愿者留下了深刻的印象，起到了很好的宣传作用。

三、志愿者的执行力

1. 围绕主题，搭建平台，明确执行方向

红十字工作有相当大的一部分是由志愿者去完成的，这就需要一面"大旗"的指引，从而让志愿者聚集在这面旗帜下去工作、去奉献、去

实践"博爱"精神。盐都区红会适时地提出了"点燃生命新希望,爱心相髓百人行"的主题活动,在这一捐献造血干细胞的"品牌"主题下举办活动,使志愿者的工作有了方向和平台,让更多有意愿进行造血干细胞捐献的志愿者迅速地走到了一起。盐都区红会还及时成立了"造血干细胞志愿者工作委员会",委员会的主任由盐都区第一例造血干细胞捐献者担任,委员会的成员均为已经实施和配型成功人员。委员会定期召开志愿者会议,相互交流心得,研究捐献工作的方向,确定捐献工作的目标。同时,委员会还积极与准备登记的志愿者谈心,进行心理咨询,帮助他们打消顾虑,取得了较好的效果。造血干细胞捐献志愿者们在盐都区红会"点燃生命新希望,爱心相髓百人行"的大旗下积极传播红十字理念,让无私奉献的爱心故事在盐都大地上广为传颂。

2. 瞄准行业,发挥特长,提高执行能力

造血干细胞捐献志愿者来自社会各个阶层,每个志愿者的特长都不相同,如何发挥志愿者特长为红会服务、为社会服务,这就需要各级红会开动脑筋、积极引导。盐都区红十字会结合自身特点和工作需要,加大对社会公众进行有关造血干细胞捐献知识的宣传。志愿者中有许多人是医生,让他们走到宣传工作的第一线,面对面地对社会公众进行宣传,这样的效果是十分明显的。例如,盐都区北龙港街道卫生院的宋青松医生,在成功实施捐献后,区红会立即安排他在电视台、报纸、网络以及校园课堂、街头等地开展相关知识的宣传,引起了很大反响,许多医护工作者听了宣传后也纷纷登记加入造血干细胞捐献志愿者和宣传者队伍。盐都区第5例、盐城市第26例成功实施造血干细胞捐献的志愿者、盐城港汇国际酒店职工王兵,就是在街头听到这些宣传后登记成为捐献志愿者,并最终完成造血干细胞捐献的。

3. 政策保障,持续发展,维护执行者权益

在红会"人道、博爱、奉献"精神的感召下,造血干细胞捐献志愿者为社会无私奉献自己的爱心,对此红十字组织要在政策上给予他们支持和鼓励。造血干细胞捐献需要时间和精力,特别是私企的员工,在配型成功后是否能得到企业的同意,能不能享受相应的政策待遇?这就需要红会及时出面,为志愿者发声,在全社会营造尊重捐献者、爱护捐献者的氛围。在精神层面上,盐都区红会时刻保持和志愿者的沟通,有什

么新的思想动态及时掌握；同时通过"送一份红会报纸，订阅一份博爱杂志，建一个博爱微信群，每天推送一条博爱微信"等多种途径，把志愿者的心与红会紧紧连在一起，让志愿者有家的归属感、有奉献的荣誉感、有生存的价值感，从而带动一批人、影响一群人成为造血干细胞捐献志愿者，取得了令人瞩目的成绩。

盐都区红会造血干细胞捐献工作之所以能取得"在全省有影响、在全市有位置"的成绩，跟区红会的宏观设计、精心组织密不可分。通过对凝聚力、号召力、执行力的分析与研究，盐都区红会采取了一系列有效措施，不仅取得了"点燃生命新希望，爱心相髓百人行"主题活动的成功，更为今后更多的志愿者加入造血干细胞捐献的队伍搭建了平台。有理由相信，盐都区红十字会造血干细胞捐献工作可持续发展的明天会更好。

（作者系盐城市盐都区广播电视台总编室主任、区红十字会造血干细胞捐献志愿者工作委员会副主任委员）

附录：

温暖春天，我与生命有个约会
——盐都红十字造血干细胞志愿者宋青松赴宁捐献历程
王金海　徐群群

宋青松，男，42岁，盐都区北龙港卫生院普通职工，2012年4月10日下午在江苏省人民医院完成了造血干细胞捐献的使命，"生命种子"已经飞抵首都植入在医院无菌仓内的患者体内。宋青松成为盐都卫生系统首例、盐都区第2例、盐城市第15例、江苏省第240例、全国第2733例造血干细胞捐献志愿者。

出发前，宋青松告诉红十字会工作人员，他很想辟个谣。此前他看到网上有人说，医生很少献血、捐造血干细胞，事实上身边有相当一部分同事都是献血志愿者和捐造血干细胞志愿者。为呼吁大家放心大胆地参与到这个爱心队伍中来，他委托陪同的盐都区红十字会工作人员详细记录了在南京捐献造血干细胞7天的整个过程。

2012年4月5日 周四 晴

赴宁捐献，今日起程了！父亲专程从楼王凤池老家赶过来，陪我一起上南京。

妻子早晨6点就起床了，做了香喷喷的荷包蛋，让我把身体养好，能把最活力旺盛的造血干细胞捐献出去。

读高中的儿子还再三"央求"：好老宋，你是我的玫瑰你是我的花，你是亲爱的老宋我的好爸爸；你要把这次捐献的全程仔细告诉我啊，到时候说不定高考作文也能用上呢！

2009年4月29日，我响应区红十字会号召，与医院的几位同事一起去了设在管委会的点，集中参加了造血干细胞采样入库。2011年10月13日，区红十字会办公室的陈国庆主任电话向我传达了中华骨髓库初配型成功的消息，当时我特别激动，一口就答应了。

10:00，我、父亲和区红十字会秘书长陈国庆、办公室秘书王金海、朱正华院长5人踏上了南京爱心之程。

12:30，我到达位于南京市广州路的省人民医院，入住早已安排好的病房。宽敞舒适的套间，桌头的鲜花灿烂芬芳，送来的饭是营养专家配的餐。

父亲调侃地说："你这是享受熊猫级别待遇呀！"

2012年4月6日 周五 晴

今天是打动员剂的第一天，妻子早早就打来了电话，有担心的话，但更多的是鼓励。

6:30，护士采血化验。7:00左右，医院的护工送来了营养早餐。8:05，皮下注射第一支动员剂！护士朱玲温柔地挽起我的衣袖，慢慢注射了0.9毫升（225UG）的重组人粒细胞刺激因子，我感觉就像蚊子轻叮一下。听说有人注射后会有点瞌睡或感觉腰酸，我没感到任何异样。

午饭时间，我感觉精神非常好，没有任何不适，吃饭很香，陪护的同志也很放心。午饭后吃点碳酸钙 D3 片，舒舒服服睡了个午觉。

20∶00，年轻的护士小胡来帮我注射第二支动员剂，一切正常。看来，我的身体确实特别健康呢！

2012 年 4 月 7 日　周六　晴

今天早晚共注射了两针动员剂，我还是没有感到任何异常。护士朱玲告诉我身体检查数据一切正常。

今天最让我感动的是，我们盐都的第 1 例、2005 年 9 月就成功捐献造血干细胞的王建文专程从盐都赶到省人民医院看望我。我们同是盐都红十字造血干细胞捐献志愿者工作委员会的成员，大家早就约定，关键时刻我们都将义无反顾！

我们组织内的许多成员开始对捐献造血干细胞的过程不了解，曾经认为供者会被医生用器械从脊骨中抽取脊髓，"敲骨吸髓"的恐惧让许多人不敢做。

然而，王建文却告诉大家：造血干细胞提取有两种方式：一种是抽取骨髓造血干细胞，捐献者被麻醉后从髂骨中提取；第二种是采集外周血造血干细胞，给捐献者注射分离剂，将骨髓血中造血干细胞大量动员到外周血中后，直接从捐献者手臂静脉处采集，通过血细胞分离机提取 100 毫升造血干细胞，同时将其他血液成分输回捐献者体内。前一种方式志愿者需要麻醉和住院，后一种方式不需要麻醉和住院，痛苦也很少。王建文是通过第二种方式来捐献的，我也将采用这种方式。

2012 年 4 月 8 日　周日　晴到多云

今天是第三天注射动员剂了，身体依然没有任何不良反应。因为生活有规律，也因为营养的科学与完善，我的精神状态很好，只是想尽快捐献。

这些天来，我的手机上不断收到祝福和关心的话，熟悉或不熟悉的电话和短信，让我感受到生活的美好。我觉得，这次捐献的造血干细胞不光是盐城人民的爱心载体，更是承载着我们对生命的尊重、对社会的责任。

甘霖湿翠　生命爱长歌

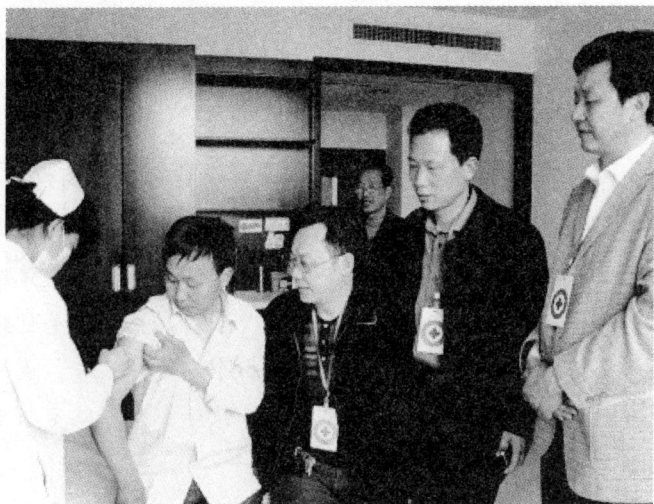

（宋青松接受了第八针动员剂注射。王金海摄）

4月9日　周一　阴有雷阵雨

无偿捐献造血干细胞，其实真的是一件很简单的事，但也是一件有意义的事，需要我们无私的爱心和勇气。

今天又注射了两针动员剂，时间依然是上午和晚上8:00，除了感觉脖子稍微有点酸，没有别的异常感觉，那可能是睡觉时候枕头垫高了的缘故。医生和护士说这很好，平时锻炼比较多、身体很健康的人就应该这样，这也是接受干细胞的那位患者的福音。听到这样的评价，我的心里不知道有多高兴！

红会的同志一直跟踪服务，在晚间还与资料库领导对接，详细汇报了我的身体状况和生活情况。我也知道明早还要注射最后一针动员剂，然后进行血常规检查并计算细胞量，正式的采集将从9:00开始，前后将持续4个小时。

终于等到这关键的时刻了，我一阵一阵的激动。可能到时候身体会有一点难受，但我已经不在乎也不会在乎了！我现在只觉得开心和温暖，更感到自己的责任。

今天下午开始下起了淅淅沥沥的春雨，南京城一片醒目的翠色，那是生命力极其旺盛的色彩。我在想，那个渴望生命的患者这几天一定很期待吧。

我忽然想到了儿子，此刻，他正在干什么？妻子、母亲她们又在干什么呢？明天就要捐献了，需要4小时的采集过程，我知道他们还是非常紧张的。今天，我往家里打了好几个电话，他们给我打了更多的电话。他们怕给我平添担忧，只把自己的紧张化作些嘘寒问暖的家常话，体贴、温暖却有力。

想到这里，内心满是幸福的感觉。父母健康，妻子温柔体贴，儿子茁壮成长，还有那么多朋友、那么多志同道合的志愿者兄弟姐妹，如今又有幸可以在自己力所能及的范围内挽救一个患者的生命。真希望，我的造血干细胞里能附带着这种幸福的感觉，让那个受尽病魔折磨的同胞感受到这种幸福温暖的味道。

又接到了家人、朋友和同事的许多问候，真的很谢谢大家了！其实我们更应该去关注和祝福那位患者，希望他坚强，我将很快与他血脉相通。

愿"生命种子"幸福开花

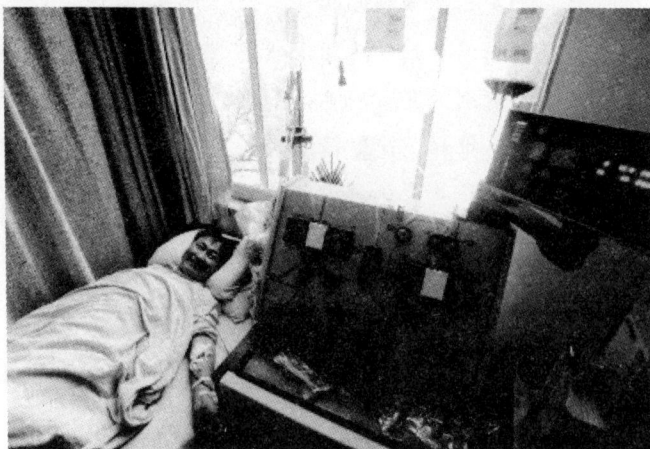

（宋青松在省人民医院接受造血干细采集。周晨阳摄）

4月10日　周二　阴转多云

清晨，打开窗，雨后的南京清新自然、舒适宜人，病房大楼后面的鲜花绽放，水珠轻动，草坪绿意盎然，生机勃发。我起身以后感觉非常舒服。

8:00，护士来为我左右胳膊的静脉植入留置针，注射第九针动员剂，还是丝毫没有酸胀感觉，我似乎能感觉到造血干细胞被动员到外周血中。医生将通过左臂静脉处采集全血，通过血细胞分离机提取造血干细胞，然后将其他血液成分通过右臂静脉回输到我的体内，整个过程等同于一次无偿献血。

8:50，我在大家的关切中进入造血干细胞采集室，省造血干细胞捐献者资料库管理中心的丁玉琴主任和缪扣荣博士已经做好了准备。我轻松地躺在床上，旁边是一台血细胞分离机，挂着4个袋子，丁玉琴主任从右到左依次介绍它们是造血干细胞溶液袋、血液废液溶液袋、生理盐水以及抗凝剂。缪扣荣医生将我的身高、体重数据输入到血细胞分离机中。根据这些数据，仪器可以自动计算出采集的剂量。

8:55分，缪扣荣医生用氯化钠预冲一下管路，护士熟练地为我检查左臂采血针管，用两根管子接通血细胞分离机，然后将血细胞分离机上的回流管接到右臂留置针上。

9:00，启动！血细胞分离机发出低低的"嗡嗡"声，像家里的全自动洗衣机旋转的声音。左手臂上连着的管路慢慢变成了红色，血液开始缓缓流入血细胞分离机！我心里陡然觉得暖洋洋的，似乎感觉到自己期待已久的爱的翅膀终于开始张开了！

丁主任介绍，利用离心机，把比重相似的造血干细胞提取出来，再泵入相应的血袋里。体内的血循环一次约可提取5mL造血干细胞，一般10mL就可以挽救白血病患者的生命，也就是说体内的血需要循环两次。我捐献的对象体重与我相当，约要分离出145mL造血干细胞，因此需要有1万mL血液经过血细胞分离机进行采集。按照成年人全身血液为4000～5000mL计算，这相当于全身血液要在分离机中循环两圈。

我的静脉比较细，开始血液流动不快，丁主任又指导我将手轻轻做握舒动作，逐渐使血流通畅了。10:00，血细胞分离机的屏幕上显示的数据：全血流速42mL/min，速度正常。

电视台、报社的记者也很关切我的感受，我实话实说，真的是感觉很轻松，没有任何腰酸腿疼的感觉。我微笑着向他们打出OK手势，大家笑了。

11:20，情况很稳定。医生将全血流速调整，总用时也相应减少。医生操作机器时，父亲细心地剥几片橘子，怜爱地喂我吃。

因为安静，也因为心里轻松，在大家温暖的关心中，我渐渐睡着了。朦胧中，红十字会工作人员拿了被子，轻轻帮我盖上。

13:50，我在甜美的睡梦中醒来，看到大家还在床边，个个喜形于色。丁主任高兴地告诉我，采集非常好，很快就要成功了！

14:30，血细胞分离机的屏幕上显示数据为145mL，采集完成！"没有什么不舒服的。感觉很OK！"我笑笑说。父亲长长地舒了口气，脸上露出满意与胜利的喜悦。

接下来，医生抽取了少量混悬液去化验，计算里面总共有多少造血干细胞，通过数据来判断是否还需要采集。

那边，省资料中心吴非迅速配合医生把造血干细胞混悬液袋子装入特制的密封冷藏箱内，直奔机场，因为要在16:00前送到在机场等待的北京307医院的专派医生手中，让他迅速飞抵首都将造血干细胞植入患者体内。

回病房的时候，我走得比大家都快，还一点都不累！

17:37，医院数据出来：细胞量符合要求，捐献一次成功！

我一下子蹦了起来！眼泪夺眶而出，那是为北京的患者而激动的泪！这一刻，我只感到幸福、幸福、幸福。远在北京的患者，我将很快与你血脉相通。我祈祷，健康的造血干细胞为你带来健康和幸福。

"但愿人长久，千里共婵娟"

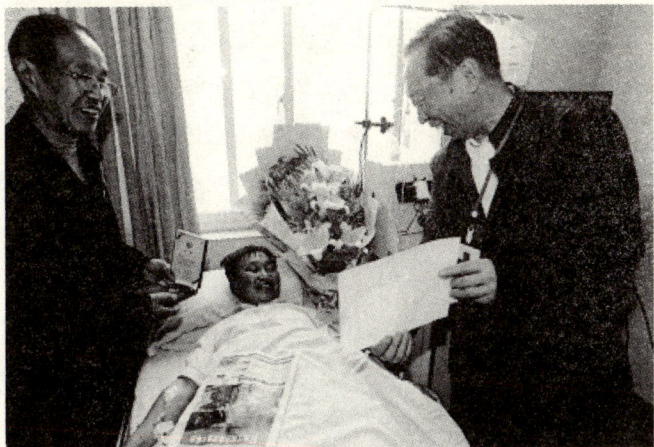

（4月10日，省红十字会常务副会长潘宗白〔右〕等来到采集现场看望宋青松，并为宋青松颁发了纪念奖章。周晨阳摄）

4月11日　周三　晴

"愿驰千里足，送儿还故乡。"我还非常清楚地记得《木兰辞》中的这句话！自己的心，在为患者祈祷的同时，也飞到了盐都回到了我的家！

5:30就起身，是因为急切，更是因为思念。这么多天来，父亲陪护我也辛苦，家里的老母亲也让我牵挂，自己的妻子和孩子，我更是好想他们。

南京很繁华，在这里的几天我觉得这个城市很亲切。我在这里贡献了我的爱心，这里也给了我莫大的启发，将给我留下永远的记忆。

7:20，营养早餐后，我和父亲收拾行李，郑重地把荣誉奖章放在自己靠心脏的口袋里，在盐都区红十字会两位专员和朱院长的"保护"下，轻轻挥一挥手，踏上回归之路。

区红十字会和院方一直坚持要我回来休息一段时间，可是我闲不下来，觉得自己还是早点回到工作单位北龙港卫生院。其实，在南京进行捐献的几天，我特别放心不下住院的几位腿脚不便的老人，他们需要我！

中午一起吃饭的时候，我把自己的想法告诉大家。父亲支持我，认为我应该这样。红会同志考虑了一下，还是建议我今天先休息，毕竟长途跋涉，也应该回家看看，让自己的家人放心。

我尊重大家的最终意见，在满眼春色中，回到裕新小区的住所。

妻子早已在家守候，准备了许多我喜欢吃的菜，一脸兴奋地说要好好"犒劳"大英雄。我跟她说那没有什么，我也不是英雄，但肯定是个敢做敢当的男子汉！

儿子放学回来，紧紧搂住我的脖子，好久好久都不肯松手，这孩子还真调皮。

我详细地告诉他们在南京的情况，他们听得非常入神。我告诉他们自己的感觉很舒服，还把在南京红会和医院住院时买的礼物送给妻子和孩子，他们更高兴了。

晚上，清爽的春风微拂，鼻子中有花香的味道，又接到区红会、社区管委会和医院领导的慰问电话，我感到内心相当充实。

一桌子的菜肴，我的亲人团聚，我以牛奶代酒，敬为我牵挂的家人，感谢照顾我的父亲，同时祝福所有关心我的同胞！

祈福北京的患者，"但愿人长久，千里共婵娟"，兄弟，早日康复，我为您加油！

（原载《盐城晚报》2012 年 4 月 7—12 日，作者分别为盐城市盐都区红十字会志愿服务部部长、《盐城晚报》民生部主任）

强化财务管理　助推红十字事业健康发展

王　红

当前，不少地方红十字会的财务管理工作在一定程度上存在一些问题，主要表现为：预算编制不全不实，预算执行存在偏差；缺乏规范的财务软件，科目不清；账务记载不规范、票据管理不到位，部分收支账面金额与决算报表不符；政府采购不规范等。在新常态的大背景中，尤其是相关"网络事件"引发公众对慈善公益事业信任危机的今天，需要切实加强财务监督管理，管好、用好饱含社会各界爱心的"钱袋子"，提高资金的使用效率，才能不断提高红十字会社会公信力，有效推进红十字会事业持续健康发展。为此，笔者结合工作实践，就加强基层红十字会财务管理工作提出如下5方面建议。

一、以预算为龙头依法理财

严格执行新预算法，按照各级财政部门关于预算编制要求，根据年度工作任务和工作计划于每年9月份左右编制下一年度的收支预算。按财政部门下达的支出控制数编制好各项基本支出及项目支出预算。根据日常公用经费定额和专项业务费数额对照具体支出项目进行分解，经常性的事业专项支出需列出具体项目、金额；对项目支出中设备购置、大型修缮等支出需列出具体的明细及金额。机关各项费用支出应严格按照预算确定的支出项目、范围，按进度安排各项开支，对超预算和无预算的支出，原则上一律不予列支。如确需列支，定要做上详细说明，并在下年度预算编制时注意适当增加，对事业专项经费支出严格按财政部门的要求办理。

二、以内控为基础精细理财

认真贯彻《会计法》《行政事业单位会计制度》等财经法律法规的要求，切实加强内控制度体系建设，提升财务监管精细化水平。

一是建立三级监督体系，即主要领导、主管会计和出纳员三级监督，印鉴由会计、出纳分别保管、盖章。

二是实行岗位制衡，将会计和出纳分开。

三是规范账务设置，红十字会必须单独设立会费、募赠及各界救灾款账目、账户，账目管理要做到整齐规范、清楚准确、手续完备、资料齐全。

四是加强票据管理，票据由财务管理人员统一管理，按照财政部门的要求设置台账，领用和核销时进行登记，及时检查单位内部票据使用情况，核对票据使用与收取资金情况，确保票款一致，并定期向财政部门办理票据结报手续。

五是严格会计基础工作，财会人员必须按时制作和上报财务报表，并按规定妥善保管票据、印章和现金。同时，重视档案管理，对各种会计资料存档保管、保密，如需提供会计资料时，必须由主管财务领导签字审批后方可提供，否则财务人员有权拒绝。

六是加强物资管理，对物资"进出"进行联网，通过网络实行实时监管，同时聘请社会中介机构对捐赠的物资进行价值评估，规范管理，半年或一年予以公示一次，接受社会公众监督。

三、以收支为核心规范理财

1. 规范捐赠收入

红十字会的捐赠收入应全部缴入红会专用账户，实行收支两条线。对于红会捐赠的收入按捐赠者意愿开立财政专用监制的捐赠票据，并注明用途，票据章印齐全。

2. 规范支出管理

捐赠支出应根据会员代表大会制定的捐赠资金使用办法执行。其他经费报支严格执行国家财经法规和财政部门有关开支范围、标准的规定。尤其要认真执行中央八项规定及厉行节约制度，包括各级政府的具体规定。一方面，重抓发票报销管理。原则上当月的票据当月报销，最迟不得超过一个月。经费报支实行"一支笔"审批。费用报销时，应按规定附上有关审批单和费用结算清单，以及相关通知、文件、发票必须由经办人、证明人、审核人签字后由财务管理员送驻会领导审批。另一方面，切实规范公务经费支出管理。严格执行各类财经纪律规定，包括区纪检、财政等部门联合印发的经费开支标准，严控"三公"经费，重抓办公费、会议费、车辆费、差旅费、接待费、修缮费和印刷费的报销管理。

四、以信息化为支撑优化理财

一是由中国红十字会总会牵头开发国家、省、市、县（区）的四级红会财务核算统一软件，实现上下联网，数据共享，适时监控。

二是建立健全红十字会筹资管理、项目管理、物资管理、组织与志愿服务电子信息化系统。

三是构建覆盖全行业的协同办公系统和决策支持系统。通过全方位、多渠道信息系统的建设，实现对预算、票据、筹资、财务、项目、物资、档案等所有工作的信息化管理。

五、以公开为途径促进理财

进一步赢得社会公众对红十字事业的信任与认可，做好以财务为重点内容的公开工作不失为一个重要的渠道；不仅如此，财务公开既加快了"阳光红会"建设的进程，也有效地助推了红会财务工作的科学化和精细化管理。经财政部门批复的年度预算、决算及报表，依法在规定时间内通过相应载体平台向社会公开，并对社会捐赠资金、物资运行及部门预算、决算中"三公"经费的安排、使用情况等重要事项做出说明，接受社会监督。这样做，既可以通过社会各方监督，包括反馈的意见和建议，推动红十字会工作及财务管理进一步改进和提升；同时也可以通过资金使用情况的公开，可以让社会公众更加科学地了解红十字会工作的重心和需着力的部位，从而更加有利于集中力量推动红十字事业又好又快发展。

（作者系盐城市盐都区红十字会筹资部副部长）

发挥志愿者作用　加强筹资募捐

商弘侨

红十字会是从事人道主义工作的救助团体，其实施救助的关键是人、财、物。红十字志愿者是红十字会开展工作、实施救助的主要力量。募捐筹资活动，是红十字会实施救助工作经费的重要来源，也是《红十字会法》赋予红十字人的神圣职责。加强募捐筹资工作、拓展募捐筹资渠道，是红十字会增强救助实力、实践宗旨、履行职责的基本前提和生存发展的物质保障。

盐都区潘黄街道红十字会，自成立以来就充分发挥来自机关、企事业单位和社会各界 600 多名红十字志愿者的作用，在全街道各行各业、各个领域传播"人道、博爱、奉献"的红十字精神，弘扬正能量，为潘黄街道红十字会完成各项募捐筹资任务、有效实施各类救助、推动红十字事业发展做出了积极贡献。2008 年，潘黄街道红十字会被中国红十字会总会授予"全国百强优秀乡镇（街道）红十字会"称号，并连年受到区级以上政府和红十字会的表彰。

一、开展志愿服务活动，夯实募捐筹资群众基础

近年来，潘黄街道红十字会坚持组织志愿者开展各类红十字志愿服务活动，帮助众多困难群众；同时影响带动了一批人走进红十字志愿服务行列，有效打通了红十字会与老百姓之间的"最后一公里"，为募捐筹资工作夯实了群众基础。具体做法如下：

以社区为依托，组织志愿者，结对帮扶困难家庭，为他们提供生活照料、心理抚慰、应急救助、健康保健、法律援助，为社区居民无偿提

供测量血压、家电维修、接送入学儿童、辅导孩子功课等服务，想方设法为他们排忧解难。

以敬老院、居家养老服务站为平台，组织志愿者定期入院、入站帮助整理环境，打扫卫生，帮老人洗头、剪指甲，给他们读报讲故事，陪他们下棋、聊天、表演节目，到室外溜达散心，尽量给他们晚年生活送去快乐。

以"爱心超市""博爱专柜"为窗口，打造"潘黄红十字志愿服务"品牌。2004年建成了盐城市第一家"爱心超市"，2010年联合雅家乐超市开设了盐都区首批"博爱专柜"。超市、专柜服务员都是红十字招募的志愿者，她们常年热忱服务前来购物的群众和领取日常生活必需品的特困群体，主动帮助年老体弱者送货上门，为红十字会赢得了较好的声誉。

以医护工作者和教师为主体，组成"月光妈妈"志愿者小分队，开展关爱留守儿童和智障、残疾儿童活动，倾心尽力为孩子们送去情感温暖、心理关怀，让每一个儿童都能在同一片蓝天下沐浴阳光雨露，在全社会浓浓关爱中健康快乐成长。

以"关爱生命、健康生活"为主题，组织志愿者深入村居小组和企业，开展义诊服务和应急救护培训活动。近年来，年均义诊300人次、发放应急药品价值1000余元、培训2000人次。

二、加大宣传发动力度，提升募捐筹资社会认同

近年来，红十字志愿者根据街道红十字会统一安排，坚持通过抓住重要时间窗口、瞄准重点目标人群、组建宣传小分队等措施，加大宣传发动力度，让更多的人深刻认识红十字会募捐筹资和赈灾救助工作的重要性，较好地提升了募捐筹资的社会认同度。

抓住"5·8"世界红十字日、"全国助残日"和"无偿献血日"这些特定日子，组织志愿者在集镇繁华地段设咨询台、布置展板、发放宣传资料，宣传《中华人民共和国红十字会法》《中华人民共和国公益事业捐赠法》《中国红十字会自然灾害和突发事件救助规则》等有关法律法规，让广大社区群众进一步认清红十字会是从事人道主义工作的社会

救助团体，募捐筹资和赈灾救助工作是红十字会的经常性工作，由此赢取群众对募捐筹资工作的认可和支持。

瞄准纳税大户、实力派企业家等特定目标对象，通过志愿者队伍中人脉关系好、公益事业心强、有一定社会影响力的同志主动与他们对接，在日常工作和业余交往中向他们传播"人道、博爱、奉献"的红十字精神，宣传国家法律法规关于企业捐赠的优惠政策，如"企业发生的公益性捐赠支出，在年度利润总额12%以内的部分，准予在计算应纳税所得额时扣除"等，激发他们乐于捐资的热情。江苏宝华电线电缆有限公司、盐城市家家爱家具广场等一批企业现已成为坚定的捐赠者。

挑选奉献精神强、有文艺特长的志愿者，组成宣传小分队，定期到村居、企业把募捐筹资工作的重要性及街道赈灾救助工作开展情况、急需救助对象的困难现状等以快板、小品、图片展示、视频播放等形式呈现给广大社区群众。宣传小分队年均巡回宣传10场次以上，在和谐、友善的氛围中引领了大众的公益理念，汇聚了人道爱心，营造了良好的募捐筹资和赈灾救助社会环境。

三、发挥表率引领作用，推动募捐筹资持续发展

在募捐筹资工作中，广大红十字志愿者积极响应街道红会的号召，不仅踊跃参与街道红十字会组织的各类无偿服务和宣传活动，而且还在每一次募捐筹资活动中率先捐赠，较好地发挥了表率作用。

2008年5月，街道红十字会积极响应、迅速组织汶川地震灾后捐赠活动，志愿者王洪亮第一时间送来捐款200元，成为捐赠第一人。在他的带动下，当日就有近100名志愿者参与捐赠并主动到村居、企业进行劝募。在这些志愿者的奉献精神和人格魅力的影响下，短短几天时间，全镇上下就为灾区恢复和灾后重建募捐了100余万元，位居盐都区各镇（街道）之首。

2012年，为有效扩大爱心募捐渠道，街道红十字会响应区红十字会倡议，在街道机关、单位、学校推行捐薪（捐出一天工资）行动。倡议之下，街道民政办王如斌、实验学校陈书兵等多名红十字志愿者迅速来到街道红十字会签下了捐薪协议，并积极配合做好宣传发动工作，短短

一周内就发动了近 200 名同志签订了捐薪协议,在全区遥遥领先。

多年来,在街道红十字会组织下,红十字志愿者充分发挥模范带头作用,先后为汶川地震灾区、青海玉树地震灾区、四川雅安地震灾区、"莫拉克"台风侵袭的台湾灾区,以及盐都区"博爱"文化书法作品展、迎接"十八大"博爱盐都行等活动募集善款或筹集博爱救助金,累计 300 余万元。捐赠过程中,还出现了曾经受过红十字会救助的外来务工人员、困难职工参加志愿者行列并带头捐款的感人情节。

随着社会关注度的日益提高,整个社会和社会弱势群体对红十字会的期望值与认同感大幅提升,仅潘黄街道辖区内,每年向街道红十字会提出大病求助的就不少于 30 人。红十字会的社会救助任务繁重,因此创新筹资方式,增强救助实力迫在眉睫。在今后的工作中,我们将与时俱进,进一步发挥志愿者的独特优势,探索更有效的募捐筹资工作新途径,把募捐筹资工作的触角深入社会的各个角落,从而更好地推动潘黄街道红十字事业持续健康发展。

(作者为盐城市盐都区潘黄街道红十字会秘书长)

建立企业博爱救助金的做法与经验

宋全生

盐城华鸥实业有限公司是我区一家较大的规模企业，该公司确立"为员工谋幸福、为企业添活力、为社会做贡献"的共同价值观，多年来一直与红十字会建立起人道领域良好的合作关系，通过爱心捐赠的方式支持红十字事业发展。早在2005年，该公司就建立了职工慈善互助基金的制度；2012年3月，在区红会的指导下，坚持公平、公正、公开、以收定支的原则，该企业又进一步完善和修订了《职工困难救助金鼓励制度》，出台了《盐城华鸥实业有限公司红十字救助金使用管理办法》，规范了该公司红十字救助金的使用管理，维护了捐赠人和受益人的合法权益，有力地促进了社会力量参与红十字事业。

一、救助金的用途与筹集

1. 用途

救助金的使用必须符合红十字会的宗旨，其中专项和定向捐款的使用应尊重捐赠者的意愿。主要使用范围：

（1）救助本公司因病、因灾造成生活困难的职工及家庭；

（2）资助本公司红十字志愿者结对帮扶对象；

（3）支持上级红十字会组织开展的公益项目；

（4）上级红十字会交办的有关事项。

2. 筹集

（1）公司一次性投入的10万元引导资金。

（2）每月工业企业按销售额的1%提取，商业企业按销售额的

组织建设与红十字工作

093

0.5% 提取。

（3）按职工当月工资总额的百分比分别提取：401 元至 600 元，提取比例为 0.5%；601 元至 1000 元，提取比例为 1%；1001 元至 1500 元，提取比例为 1.5%；1501 元至 2000 元，提取比例为 2%；2001 元至 2500 元，提取比例为 2.5%；2501 元至 3000 元，提取比例为 3%；3001 元至 4000 元，提取比例为 3.5%；4001 元以上，提取比例为 4%。

（4）上级红十字会的资助。

（5）爱心人士（企业）捐赠。

二、救助金的申请、审批和标准

1. 救助金申请程序

（1）救助对象申请救助时，须向公司红十字会提供就诊医院的疾病诊断证明、医药费发票和身份证复印件；

（2）救助对象或其亲属填写《盐城华鸥实业有限公司红十字救助金审批表》，经所在车间（部门或分公司）红十字小组核实后，报公司红十字会；

（3）遭受突发性意外灾害、伤害的救助对象申请救助时，由所在车间（部门或分公司）红十字小组向公司红十字会如实反映情况，经核实后给予救助。

2. 救助金审批

（1）突发性意外灾害、伤害的救助资金的审批：公司红十字会办公会根据灾害、伤害程度及家庭困难情况提交救助方案后，由公司红十字会常务副会长审批。

（2）大病救助资金的审批：救助金额 500 元（含）以内，由公司红十字会秘书长审核，公司红十字会常务副会长签批；救助金额 500 元以上，经公司红十字会办公会研究，常务副会长会审后由公司红十字会会长签批。

3. 救助金的标准

符合条件的救助对象，原则上每户每年只申请一次。具体为：

（1）遭受意外灾害、伤害救助标准：视遭受意外灾害、伤害程度及家庭困难程度进行救助，一般在 2000 元以内。

（2）大病救助标准：视申请人家庭经济收入状况、病情及个人住院自付医疗费用发票的额度，酌情给予救助。具体为：①个人自付医疗费用 10 万元以上，给予 3000 元的救助；②个人自付医疗费用 6 万元至 10 万元，给予 1500 元的救助；③个人自付医疗费用 3 万元至 6 万元，给予 1000 元的救助；④个人自付医疗费用 1 万元至 3 万元，给予 500 元的救助。

（3）符合下列条件的申请人，可视困难、伤病程度给予适度倾斜救助：①家庭成员多人失业或多人遭受意外灾害、伤害者；②参加抢险救灾或为救护他人遭致伤残者；③家庭成员中有积极参与红十字会志愿服务工作的志愿者或积极参与社会公益事业者。

三、救助金的管理与监督

（1）经公司红十字会审批给予救助者，其救助款的发放按照财务规定严格履行领款和签收手续，有关申请表由公司红十字会存档。

（2）公司红十字会工作人员和财务经办人员，必须遵循红十字运动的人道、公正、中立等七项基本原则，公正无私地对待所有求助人，对不属于本办法规定的或超越范围的求助者应予耐心说明情况，不得推诿或不予置理。

（3）公司红十字会应加强对救助金的收入和使用管理，建立救助金财务工作制度，每年定期向常务理事会汇报财务收支情况，公开救助金收入、使用和救助情况，自觉接受财务、审计部门的检查和职代会监督。

自"互助基金"和《盐城华鸥实业有限公司红十字救助金使用管理办法》实施以来，该公司一共发放救助金 120 多万元，资助困难学生 90人，救助困难职工 360 人次，兴办公益实事 20 余件，切实履行了企业的社会责任，也弘扬了红十字的"博爱"文化，为构建和谐社会做出了应有的贡献。

组织建设与红十字工作

095

（作者为盐城市盐都区龙冈镇红十字会秘书长）

盐都红十字救助工作的实践与思考

陈国庆

人道救助工作是社会保障制度的重要组成部分，是红十字会组织开展的常规工作，是政府关于社会救助工作的重要补充，也是红十字会在新时期参与社会管理的一项重要内容，在保障贫困群体基本生活、维护公众基本权益、确保社会安定稳定等方面发挥着重要作用。因此，建立广覆盖、全方位、多层次的社会救助体系，对于推动全区经济社会又好又快发展具有十分重大的意义。

一、取得的成效

1. 建立了长效的博爱救助金制度，为弱势群体提供普遍服务

盐都区红十字会着力于从根本上解决困难群众的需求，在开展好"博爱送万家、重阳敬老、金秋助学"等项目的同时，全年接受因各种疾病或各种原因导致生活困难的居民的求助；对于符合要求的按规定程序，在规定范围内给予救助。全年受益人群超过 1500 人，其中重症患者、特殊家庭人员已经每年都能得到"博爱救助金"的及时救助，区红十字会每年安排博爱助困资金 100 万元左右，得到社会各界的好评。

2. 建立了以镇级红十字会为主体的救助渠道

盐都区红十字会救助功能重新定位，解决了机制不灵活、形式单一的问题，实行重点下移、服务前沿。从 2010 年起，区红会以镇级红十字会为重点，企业、行业、村居红十字组织为参照，指导性地提出了硬件设施、会务管理、常态事务、工作质量控制、业务资料等 5 大项、29个子项的基层组织标准化建设意见。镇红十字会在辖区内向区红会汇报供需消息、招募志愿者、建立志愿者服务队，逐步形成连贯的工作网络。

3. 创新了救助模式

2009年，盐都区红会在全国建立了首家共享阳光工作站，到2013年，共对5400名精神病患者、艾滋病毒感染者、残障人士开展了结对帮扶、心理干预、康复指导、技能培训和经费资助的全程服务，共投入经费60多万元，协助单位配套100多万元。2011年元月起，在弱势群体较多的镇（区、街道），建立了红十字博爱超市，实现了由被动的"你助我受"到主动的"按需择助"的转变。到2012年，全区共发放资助卡2250份，每人每卡每年450元；创建了红十字会门诊，常年有计划有步骤地组织低保线以内的困难群众进行免费体检、免费咨询、优惠诊疗，建立健康档案。

二、存在的主要问题

1. 救助对象有偏移

科学准确地找出需要救助并且符合条件的对象，是实施救助的基础。然而，现阶段我们大多是依据个人申请，故有些困难家庭易被忽略。由于家庭收入难以核查准确，以及"人情保"的存在，因此在救助工作中存在着对象"瞄准"偏移的现象。

2. 核对工作难度大

在实际工作中，各部门间的配合还有一些不顺畅之处。特别是外来打工人员的经济收入难以核准，即使掌握了一定的消息，但仍存在失准现象。跟踪信息很难准确，若信息系统更新不及时，也可能造成信息失准。

3. 社会救助资源分散，难以形成合力

目前，社会救助机构各自为政，部门间缺乏协调、协作，未能形成统筹安排、协调配合、运转有序的社会救助体制和运行机制，存在多头管理、条块分割、救助力量分散、信息共享渠道不畅等现象，容易造成人力、物力、财力等救助资源的重复和浪费，影响社会救助的整体效应。一方面，救助主体多头，导致政出多门，标准各异。各部门分头实施社会救助工作，造成社会救助市场混乱，增大了救助成本，降低了救

助效率。另一方面，施救对象过于集中，容易造成新的不公平，由于多头救助，缺乏统筹，使少数贫困户多头受助，而另一些困难户难以得到救助。

4. 救助队伍建设滞后

从事救助工作的人员少，而救助对象多。救助工作人员还经常被安排从事其他工作，社区和村委会一级的人员更少，一人身兼数职，没有时间和精力去跟踪调查，很难完成救助对象的调查和核定，季度审核、半年审核、年度审核有时成了一种形式。随着社会救助工作的开展，救助工作量越来越大，规范管理要求越来越高，工作成本随之增加。

5. 救助政策与困难群众期盼存在差距

当前救助水平仍然偏低。随着经济的发展，物价上涨，一些救助金对于困难家庭来说只是杯水车薪。救助覆盖面仍有盲点，例如一些家庭因突发事件、意外事故而支出了巨额医疗费，如群众遇到车祸，交通事故肇事方逃逸，警方一时难以找到肇事方等等，造成生活困难，但由于变故的突发性，都不在新农合、城镇居民医疗保险、医疗救助的范围内，故得不到及时的救助。

6. 救助方式缺乏多元化视野

目前，社会救助主要采取直接救助的"一元化"方式，多以"输血式"的形式存在，缺乏"造血式"的救助。实施"输血式"的救助形式是保障社会广大弱势群体，特别是保障重病重残对象、五保对象等特困群体基本生活、基本医疗的必要措施，但是对于救助群体中生活技能低下、有劳动能力的那批人，不能从根本上解决他们的出路问题；对这部分群体，可辅以"授之以渔"的手段，纵深拓展救助内涵：通过组织劳动技能培训，让他们获得一技之长；提供合适的工作岗位，安排劳动就业等办法，让部分对象凭自己的劳动实现脱贫退保，取得了良好的社会效益，从而实现了深层次救助，提高了社会救助的效益和质量。

三、对策和建议

1. 强化政策法规宣传，提高群众知晓率

要通过各类媒体大力宣传，使更多的群众认识、理解和运用新方法来保障权益的实现。

2. 完善机制保障，推动救助工作再上台阶

为进一步完善全区统一的社会救助管理信息系统，应建立社会救助居民家庭经济状况核对机制，通过居民家庭经济状况核对平台，有效掌控救助对象的经济状况和生活现状，提高救助对象确认的准确性。应积极利用现代信息技术，大力推行信息化管理，构建一个统一的红会救助管理服务网络，真正实现救助资源信息共享，为社会救助工作实现完善配套、科学规范、高效运作提供保证。

3. 加大资金投入力度，扩大救助范围

对于经常性救助项目，财政应当确定一个相对合理的投入比例，实行刚性约束。此外，要充分挖掘社会力量，拓宽救助帮困资金的筹措渠道，建议对捐赠、资助社会救助事业的企事业单位、社会公益组织及个人，在税收上进一步给予优惠，多渠道、多层次壮大救助资金。

4. 加强综合救助能力建设

进一步整合社会救助资源，解决救助分散、重复、遗漏、迟缓等问题，提高综合救助能力。协调各个职能部门的作用，提高成员单位对救助工作的重视程度，确保各项救助措施落到实处。还需搭建平台，集约高效，完善"一门受理、协调办理"，建立救助综合服务中心，统一受理救助事务。同时，各乡镇在建立救助服务站的同时，村和社区要有明确的社会救助协理员，实现"一门受理，一表办理"，建立起规范有序、集约高效、顺畅便捷的救助运行机制。

5. 加强基层基础建设，提升队伍工作能力

一方面，要加强乡镇人员配备，充实社会救助工作力量；另一方面，要建立定期培训机制，不断提高救助工作队伍的整体思想业务素质。同时，建立和执行教育奖惩机制，真正做到权责明晰、功过分明、奖惩有据，充分调动基层工作者的积极性，不断提高救助工作的整体质量和水平。

（作者系盐城市盐都区红十字会副秘书长、事业发展部部长、办公室主任）

基层红十字博爱超市运行机制探微

张广英

　　早在 20 世纪末，集捐赠、救助为一体的红十字博爱超市，在红十字会系统逐步建立起来，在红十字会有效募捐、帮困活动中产生了积极作用和良好社会反响。但刚起步的时候，博爱超市大多集中在大中城市，启动资金大，管理复杂，红会要建成或租用超市，要有一支经营管理队伍，这在资金缺乏、人员缺少的县级甚至县级以下的基层红会无法实施。而县级以下的广大农村正是弱势群体相对较多的区域。能否在农村建立有农村特色的红十字博爱超市是摆在县级红十字会面前的重大课题。尽管红十字会每年都组织"博爱送万家"、博爱助医、博爱助学、博爱助农等救助、慰问活动，但是这些都有明显的临时性、季节性等局限，对一些生活特别困难，甚至因大病、重病、残疾不能自理的特殊困难人员，难以切实持久帮扶到位。

　　针对这些情况，经过深入调研，盐都区红十字会试点实施，探索出一条新型帮困模式：建起由区红会主办、镇（区、街道）红会承办、商家协办的红十字博爱超市，作为救助区域内困难群众的一个长效机制。全区博爱超市运营至今已发展到 10 余家，固定的有 8 家，救助困难群众 3000 余人次，在区域内实现了红十字会按需长期施救、困难群众就近常年受益的目标。

一、博爱超市基本运行状况

　　2010 年年初，经过充分调研，盐都区红十字会在弱势群体相对较多的镇（区、街道），选择有实力的专业店家，按要求建立红十字博爱超市。资金主要由区红会在博爱救助金中支付，所在镇（区、街道）政府配套一部分，超市老板让利打折一部分，建成由"政府引导、红会主办、商家参与、百姓受益"的新型红十字博爱超市。这一新型扶贫帮困模式在传播红会理念、扩大救助渠道、推进志愿服务、促进地区和谐等方面起到了积极作用。

1. 博爱超市的选择和内外设置特色鲜明

区红十字会在镇（区、街道）通过调查比对，选择地理位置适中、门店规模较大、商品品种齐全、价格公道合理、服务精到优良、社会信誉度好、群众认可度高的综合性超市具体协办，超市老板要有爱心和责任心。协办单位要按要求在超市门店设置和超市门牌相协调的博爱超市标识；室内提示牌、指示牌位置安排合理、引导醒目；要设立红十字博爱专柜，专柜设置醒目，通道宽敞、便捷，专柜物品包括粮油、百货、生鲜、副食、服装等生活必需品，专柜物品的价格低于同行，资助对象凭资助卡购物享受超市最高优惠。需明确专人对资助卡持有人提供周到的志愿服务。

2. 资助对象的审定和资助卡的发放程序规范

按照"公开、公平、公正"的原则确定资助对象。博爱超市的资助对象为辖区内困难群体，尤其是没有纳入"低保"而生活又确有困难的"低保边缘户"和因特殊情况导致生活困难的群众。资助对象每年申报一次，由各村（居）将辖区内弱势群体按照资助对象条件、资助名额，在公开、公平、公正的基础上进行筛选，并在其所在村居以及博爱超市公示栏张榜公示，时间不少于一周。公示后，填写《盐都区博爱超市资助卡申报呈批表》，上报镇（区、街道）红十字会；镇（区、街道）红十字会集中调查审核后由秘书长签字并报会长同意，再上报区红十字会审批。

博爱资助卡由各超市印制，资助额每人每月 30 元起，并逐年增加。年初各超市将资助卡充值后交由各镇（区、街道）红十字会统一发放，镇（区、街道）红十字会按确定的资助对象填写《盐都区博爱超市资助卡发放登记表》，由资助对象本人或直系亲属签领，登记表所有栏目均要逐项填写，不留空白。

3. 博爱超市的管理和服务到位

博爱超市的日常运行管理由超市方按红十字会要求全权负责，博爱专柜由专人管理和服务，所在镇（区、街道）红十字会负责全程动态管理。

一是镇（区、街道）红会确定专人为信息管理员，检查超市日常运行情况，收集登记相关资料。

二是建立博爱超市台账资料。其中包括：《盐都区红十字博爱救助金使用管理办法》；镇（区、街道）博爱超市资助对象条件、产生办法、名额分配的方案；《盐都区博爱超市资助卡申报呈批表》《盐都区博爱超市资助卡发放登记表》《盐都区博爱超市资助卡使用余额检查登记表》；向协办单位汇款记录；资助卡充值记录；志愿服务记录；镇（区、街道）博爱超市运行管理制度；常务理事会和博爱超市运行会议记录；等等。

三是推行信息化管理。博爱超市资助对象公示资料要同步在区红会网站公示；博爱超市的运行模式、程序、金额、相关制度要在区红会网站和中国盐都网上发布；建立与资助对象信息、微信互动机制，及时掌握资助对象的基本信息、服务需求、消费、博爱超市运行情况和建议；探索建立统一的、集博爱超市资助对象信息查询、资金注入记录、消费情况跟踪等运行过程实时交互于一体的电子服务平台，推动博爱超市健康、优质、高效、透明、规范运行。

博爱超市成立志愿服务队，将富有爱心和责任心的店员招募为红十字志愿者，经过专门培训，为资助对象做好购物服务。博爱专柜每天有红十字志愿者在班，除对进店购物的资助者做好服务外，对行动不便或有送货需求的特困对象，还提供免费上门服务，并做好登记。博爱专柜由超市内部统一安排，统一管理。

4. 强化督查监管机制

一是镇（区、街道）跟踪检查。超市方负责博爱超市的日常运行，所在镇（区、街道）红十字会安排专人负责跟踪检查超市的内外设置、物品价格和志愿服务等工作。对各村（居）资助对象名单、资助条件逐一核查到位，对资助对象公示情况进行抽查。及时将各种资料上报区红十字会存档备查。

二是区红十字会跟踪监管。区红十字会对博爱超市的设置、管理和服务、资助对象审定、资助卡发放等情况进行不定期巡查。建立资助对象和资助卡发放抽检制度，对各基层红十字会提供的资助对象名单不定期进行电话回访，或登门随访困难群众的基本生活状况，以及资助卡的领取和使用情况。及时将人员名单、服务流程等相关材料呈报纪检、审计等部门抽查。

　　三是审计、纪检等部门参与监督。审计部门每年对全区博爱超市资金使用、管理情况进行审计，对资助对象名单和超市运作流程等有选择地进行抽查，并出具审计报告。纪检部门每年随机抽取几个镇（区、街道），实地走访、调查博爱超市的运营管理情况，到资助对象家中调查了解其家庭经济状况、资助卡发放和使用情况等等。

二、对红十字博爱超市可行性的探索

　　1. 顺应社会和谐发展，为政府改善民生添砖加瓦

　　十八大报告提出，"社会和谐是中国特色社会主义的本质属性，要把保障和改善民生放在更加突出的位置"。政府在广大农村实施了大量惠民政策，如"参加新农合、最低生活保障、60岁以上老年人发放养老金"等，但在农村还有许多家庭因大病、重病或突发灾难，依然生活在贫困线以下，最低生活标准难以保障。农村"红十字博爱超市"正是立足于广大农村实际，在掌握村情民情的情况下对低生活状态下的群众采取的长效救助措施，是基层红十字会围绕中心、服务大局、服务民生的一个有效举措。这项举措既提高了广大弱势群体的生活保障标准，为推动社会公益事业发展，建立和完善农村社会救助机制进行了有益的补充，又为区委区政府打造"慈善盐都、博爱盐都"做出积极的贡献。

　　2. 体现红十字宗旨，利于建立救助长效机制

　　在农村建立"红十字博爱超市"，为政府分忧、为群众解难，是最基层的镇（区、街道）红十字会秉承红十字宗旨，围绕农村实际情况积极探索创新助农项目运作机制的重要体现。在基层红十字会人手少、资金缺的情况下，不失为最底层的困难群众提供常年人道救助的有效方式，拓宽了救助渠道，延伸了基层红十字会救助模式，形成了对弱势群体人文化、经

常化的救助方式，为社会救助提供了一个持续发展的平台。通过揭牌或启动仪式，大力传播"博爱"理念，鼓励超市工作人员和周围群众志愿加入红十字会，成为红十字会会员或志愿者，为弱势群体提供服务。增加了红十字会的感召力，扩大了影响力，提高了公信力。

3. 凝聚商界爱心力量，与商家实现互利共赢

"红十字博爱超市"由于商家的参与，由所在超市负责具体的经营、管理和服务，节省了红十字会大量人力，节约了资源。同时，"红十字博爱超市"增加了超市的消费人群，积聚了人气，增加了财气，特别是博爱超市对持卡人员提供低折扣商品和免费服务，增加了超市的知名度和美誉度，保障了超市方的整体收益，并可以进一步激发商家的爱心和责任心，为他们回报社会、回馈乡邻提供了好的平台。商家也可以将经营收益的一部分取出，参与红十字"博爱送万家"等活动，使得企业文化与博爱文化相融，两者有机结合。有条件的博爱超市，还定期出版内部刊物，开辟博爱文化专栏，图文并茂，也进一步弘扬了人道、博爱、奉献的红十字精神。

4. 符合特困人群的需求，为最易受损人群雪中送炭

考虑到弱势人群多集中在农村，居住分散，所以各村（居）筛选区域内鳏寡孤残，或家有大病、重病、无经济来源等特困人员，经公示上报，由红十字会审核后按季度发放"博爱资助卡"。持卡人可在博爱超市专柜购取所需物品，也可根据自身特殊情况，电话联系超市，由超市红十字志愿者按照需求代购物品并免费送货上门。根据各镇（区、街道）困难群众情况，每年对困难家庭审核上报一次，并逐年增加救助人数和救助金额。博爱超市不仅为困难群众提供了实实在在的物质上的帮助，更使他们能感受到精神上的温暖，符合农村广大群众的真实心理要求，是红十字关爱"进边远农村、进需要帮助家庭"的得力举措。

农村"红十字博爱超市"坚持以人为本的理念，更多地服务弱势群体，符合党和国家的惠农政策，凝聚了商家的爱心力量，有强大的群众基础和社会认同，真正地便民惠民，体现了红十字运动宗旨，具有可操作性和强大的生命力。

（作者系盐城市盐都区红十字会副会长）

加强博爱工程项目库建设势在必行

陆昆山

红十字会是历史最悠久、影响最广泛的国际性人道救助组织，以保护人的生命与健康、促进和平进步事业为宗旨，致力于动员社会力量，改善最易受损害人群境况。"人道、博爱、奉献"的红十字精神，与中华民族优秀传统文化一脉相承，与社会主义核心价值体系高度契合，是人类文明进步的重要体现。红十字会作为从事人道主义工作的救助团体，在开展人道救助、反映民生诉求、化解社会矛盾等方面具有独特优势。我国实行救助的部门和团体有很多，如民政、残联、妇联、团委等，同时随着社会的发展，各种各样名目繁多的募捐活动和公益组织也层出不穷。但这些部门、团体或组织都有其特定的救助对象，而红十字会的博爱工程包容性和覆盖面最广，包括助医、助学、助困、助老、助孤、助残等各项人道救助活动，同时还有博爱家园、博爱学校、博爱新村以及红十字会救护站等博爱项目。但红十字会与众多从事募捐和救济工作的部门、团体，基本上采用了相似的运作模式，没有真正发挥自身特点和优势，由此造成红十字会在公益项目中虽然涉足领域宽、覆盖范围广，但深入程度低的现状。独特的、有影响力的重点项目少，项目的发展方向不明确。因此，建设博爱工程项目库势在必行。

一、有利于整合各部门、各行业及全社会的公益资源，搭建救助信息平台

随着社会经济与文化的发展，越来越多的人愿意参与到公益活动中来，帮助那些弱势群体。目前，社会上进行各种各样募捐和救助的部

组织建设与红十字工作

105

门、基金组织有很多，但大多数部门或公益组织都是自说自话的小圈子，缺少完善的救助信息平台。这使本该公平均衡、一视同仁的救助出现了一种人为划分类型、无序竞争和自划范围的乱象，出现了重复救助、救助标准高低不一、救助模式随意等各种问题。

红十字会是政府在人道工作领域的助手，和民政等政府部门相比，存在着募捐局限、财政拨款有限、经济实力受限的劣势。这就要求红会在博爱救助上要有明确的重点，不能"普降细雨"，特别是要在民政、残联等部门救助不到的地方进行救助，充分发挥红十字会人道助手的作用。因此，建立博爱工程项目库以明确各项目的救助对象，可以方便与民政、社保、劳动保障等部门及社会上各公益组织共同搭建救助信息平台，解决救助工作中存在的重复、不公平等问题。按照不同情况给予各类贫困群众相应的帮扶，更合理地使用救助资源，从而提高救助金使用效益。

二、有利于博爱救助金使用的规范化建设，提高红十字会影响力

人道救助是中国红十字会面向困难群体开展的一项常规工作，是政府社会救助工作的重要补充，是红十字会在新时期参与社会管理的一项重要内容。但是，我国社会公众对红会及其人道使命的认知度较低，常常将其简单等同于一般慈善机构。很多人对红会的认识就是救灾、街头宣传和组织献血，它直接影响了红会的公信力。特别是"郭美美事件"发生后，公众对红会的信心降到冰点，其主要原因就是红会善款使用没有公开、透明的披露机制。因此，红会一方面要建设一个信息披露平台，更重要的是要有完善清晰的管理链条和规范的管理制度。

现在大多数地方红十字会的资金募集，不管什么来源，都是一个大盘子，各种形式和对象的救助活动资金都是从这个大盘子里使用。而中国人口众多，红会救助的对象、范围又很广，因此把分散到基层的款物使用情况统计清楚是一个很大的挑战。而地方出现问题，往往会影响到整个系统。所以，将红会各种救助活动进行项目化、专业化管理，建设一个全面的项目库，不但可以明确不同来源的募集资金的使用对象和范

围，同时能使救助更有针对性。红会也可以对资金进行严格的规范监管，及时跟踪项目进度，方便向捐助者进行信息反馈，同时也利于审计部门对资金使用情况进行审计。因此，博爱项目库的建设可以规范善款的使用，增加资金使用的透明度，提高红会的公信力，进而吸引更多的捐助，促使红会博爱工程项目良性发展，扩大红十字会的社会影响力。

三、有利于以博爱项目品牌化建设
吸引捐助，拓宽筹资渠道

近年来，一方面，社会公益慈善组织蓬勃发展，各种形式的公益组织不断成立，数量快速增长，社会劝募主体越来越多，劝募市场竞争越来越激烈。另一方面，捐赠者的捐赠意愿越来越个性化，捐赠要求越来越高，而红会的劝募手段仍旧是老一套，缺少创新。同时，随着互联网和新媒体的发展，特别是移动支付的盛行，公益慈善活动的形式发生了很大的变化，个人通过微信朋友圈、社交网络即可参与公益慈善。因此，红会的博爱工程也需要积极适应时代发展，运用互联网的各种方式打造博爱项目品牌，提升品牌知名度，进而拓宽救助金的募集渠道。

随着社会主义市场经济的不断发展完善，公益慈善同样需要营销，以树立自己的品牌形象。只有树立了社会认可、公众信赖的品牌，才能提高组织的知名度和公信力，才能赢得捐赠者和受助者的认可，才能不断扩大慈善资源，吸引更多的人参与进来。就目前基层红会而言，普遍缺少知名品牌的救助项目。因此，打造红会博爱工程项目库，将项目品牌化、专业化尤为重要。通过项目库，想要捐赠的个人、企业可以十分清楚地了解本地区的博爱项目，可以自主选择和认购合适的项目，并能及时跟踪项目的用款情况。

红会可以定期更新项目库，并通过召开座谈会、微信公众平台、网页等各种形式向社会发布，方便爱心企业、个人或团体了解最新动态。这些企业、个人或团体的捐助可以事先指定某个或某些项目，从而可以使捐助更有针对性，也更能体现捐赠者的意愿，表达捐赠者的爱心。

打造博爱工程项目库，实质上就是把募集和救助更紧密地联系起来，用项目来带动募捐，用项目来促进救助。同冠名基金相比，博爱工

程项目化、品牌化，更符合企业家的胃口，能把博爱救助和企业品牌结合起来，提升企业的品牌形象。面对当今公益慈善活动越来越多元化的社会，只有打造出自己的救助品牌，才能逐渐减少强制捐赠、盲目捐赠，促进民众自愿捐赠、有目的的捐赠；同时，可以让需要帮助的弱势群体能更有目的、更有方向地寻找到合适的救助组织，促进捐赠者和受捐者实现双赢。

博爱救助项目化、项目救助品牌化、救助品牌社会化，这是大势所趋。因此，建设博爱工程项目库，打造博爱项目品牌，无论对于红会本身，还是对于社会慈善事业而言，都有着十分重要的意义。

（作者系盐城市盐都区红十字会备灾救灾中心副主任）

整合资源 搭建平台 扩大资助覆盖面

——大冈镇红十字共享阳光工作站的做法与体会

卞金高

大冈镇红十字共享阳光工作站，在镇党委、政府和上级红十字会的正确领导下，在社会媒体和各级社会组织及广大爱心人士的支持下，在工作站全体工作人员及广大志愿者的积极配合、共同努力下，秉承"人道、博爱、奉献"的红十字精神，以服务社会、救助弱势群体为服务理念，吸收新鲜血液，开拓进取、讲求实效、广泛策划并组织形式多样、丰富多彩的爱心捐助活动。一年来，通过全体工作人员和志愿者的共同努力，大冈镇红十字共享阳光工作站在活动中锻炼成长，在学习中进步，在进步中学习，不断总结经验和教训，努力提升工作效益和服务水平。工作站的工作得到了镇党委、政府和上级红十字会领导的肯定，在社会上的地位和影响不断提高，受到大冈人民的广泛赞誉。我们的一些做法和体会总结如下。

一、健全制度，确保工作规范高效

红十字事业是一项体现人道精神、展示文明程度、融洽社会关系的伟大事业。多年来，大冈镇高度重视红十字会工作，把红十字会的工作作为政府工作的一件大事来抓。共享阳光工作站是一项利国利民的服务群众、方便群众的民心工程，它集中体现了党和政府对人民群众的关心，体现了社会主义和谐社会的温暖。为把大冈镇的共享阳光工作站建设好、管理好、使用好，镇领导高度重视，安排事业心强、工作经验丰富、能密切联系群众的同志参与工作站的建设和管理，为工作站各项工

组织建设与红十字工作

109

作的顺利开展打下了坚实的基础。工作站建立之初，就把制度建设作为首要任务来抓。工作站的同志深知，只有在制度的引导和约束下，工作站的工作才能规范高效，才能公平公正。经过大量的理论学习和长期的走访调研，《大冈镇共享阳光工作站工作职责》《大冈镇共享阳光工作站工作人员守则》《大冈镇共享阳光工作站服务内容》《大冈镇共享阳光工作站服务流程》《大冈镇共享阳光工作站社会监督制度》等各项制度相继出台，并在实际工作中不断细化和完善。这些制度充分吸收了当前红十字共享阳光工作站的一些先进做法，同时有机结合了大冈镇的实际情况，充分考虑了困难群众的实际需求。

二、整合资源，全面落实服务目标

阳光工作站的工作是一项系统工作，涉及社会的方方面面，绝不是工作站的几个人就能把所有事情做好的，需要全社会的关心和支持。因此，大冈镇红十字共享阳光工作站的同志在做好自身工作的同时，一方面积极争取上级领导和部门的帮助与支持；另一方面千方百计整合全镇的有利资源，发挥社会团体和爱心人士的作用，开展好各项工作，全面落实服务目标。

1. 建立镇村（街道、社区）联网的工作服务体系

共享阳光工作站的工作涉及千家万户，仅仅依靠服务站的几个人员是很难把工作做到全面到位的。因此，必须建立上下联动、资源共享的工作运行体系。大冈镇共享阳光工作站在各村（街道、社区）都安排了专门的联系人，具体负责各村（街道、社区）的工作。工作站定期对这些人员进行培训和指导，使他们尽快熟悉工作，同时还建立了覆盖所有村（街道、社区）的联网机制。工作站还积极利用现代通信设备加强工作的交流和共享，建立了工作服务 QQ 群、微信群，及时把各村（街道、社区）在救助帮扶中的先进事迹、成功经验、存在不足以及改进意见进行交流共享，切实起到了及时指导、及时矫正、及时反馈的作用。现在，大冈镇的红十字阳光帮扶救助工作成为一个统一规范的整体，工作效率大大提高，得到了老百姓的高度赞扬。

大冈镇富港居委会有 7 个居民小组，常住户 1300 多户 4500 多人，

耕地面积 2620 亩，村风淳朴、居民和善，在"双新"盐都建设中积极抓住机遇，走经济与社会协调发展之路，2011 年实现全村经济总量 10098 万元，农民人均纯收入 13380 元。在经济社会的发展中，富港居委会红十字会在区、镇红十字会的帮助与指导下，充分发挥组织优势，广泛动员村红会会员和志愿者，在应急备灾、救护培训、困难救助、无偿献血、共享阳光、志愿服务等方面开展富有成效的工作，受到村民的一致好评，被评定为全市"红十字示范村"。2015 年 6 月 4 日至 8 日，江苏省红十字会党组成员、办公室主任冯德，联络与合作中心主任赵志民和宣传筹资部副部长江建宁一行三人，冒着暑热，深入富港居委会开展"三解三促"活动，并对富港居委会的红十字工作给予了充分肯定。

2. 强化工作站对学校红十字会工作的指导和帮助

学校是专门的教育机构，它涉及千家万户。抓住了学校的红十字工作，就等于做好了全社会的红十字工作。工作站自建立以来，高度重视对学校红十字会的指导和帮助工作，不仅定期对各学校的红十字会工作人员进行培训和指导，还深入学校调研，协助学校红十字会做好各项工作。从 2014 年 9 月至 2015 年 6 月，大冈镇共享阳光工作站先后 5 次对大冈成人校、大冈镇中、大冈小学、抬头小学、瓦屋小学和近 10 所幼儿园负责红十字会工作的同志进行了集中培训，邀请有关专家进行理论教学和实践操作指导。此外，工作站还经常性地抽调部分人员到各学校进行走访，了解学校红十字会工作的困难，并及时予以帮助和解决，还对学校红十字会工作的规范化、合理化提出了具体的要求。每学期都能和社会事务办公室的同志一起对学校红十字会工作，特别是困难补助金发放等方面的工作进行检查考核，并表彰先进单位和个人。

3. 积极宣传发动，成立红十字爱心志愿服务团队

共享阳光工作站的工作绝不是简简单单地发放救助金和慰问品，更主要的是宣传红十字精神，发动全社会都来关注红十字事业，使越来越多的社会团体和爱心人士加入到红十字事业中来。无数涓涓细流，可以汇成滔滔江河，只有全社会都积极参与红十字事业，才能帮助更多的困难群众和弱势群体。为此，大冈镇工作站把宣传发动工作作为工作站的一件大事来抓，把宣传发动工作做到常态化。工作站每年的宣传发动活动达到了十几次，不仅在公园、广场进行宣讲和演出，还把宣传发动工

作做到了各社会团体、企事业单位、田间地头。现在，全镇百姓都能了解并支持红十字工作，红十字精神已经深入人心，形成村村（街道、社区）争创文明村、人人争当文明人的喜人局面，各种助人为乐、尊老爱幼的先进典型层出不穷。另外，各村（街道、社区）都建立了自己的爱心志愿者小队，且规模不断扩大，很多私营企业也成立了爱心志愿者队伍，许多企业老板、农业经纪人、商铺经营者纷纷加入爱心队伍，为帮扶救助争取了更多的资金和物资。

三、搭建平台，扩大资助覆盖面

工作站的工作面广量大，必须发动群众、依靠群众，搭建平台，以方便更多的社会团体和爱心人士参与爱心活动。大冈工作站在以下两个方面做出了自己的努力。

1. 定期开展各种志愿服务，确保服务到位

《大冈镇共享阳光工作站服务内容》规定了工作站的主要工作内容。工作站认真对照要求，积极落实各项工作，并做到精心准备、及早安排、统筹布局、专人负责、追求实效。

（1）对辖区内新生儿进行专业残障筛查。要求大冈卫生院对每一位新生儿的健康状况进行综合汇总，并上报到共享阳光工作站。工作站对筛查出有先天性疾患的儿童建立档案资料，优先予以资助和帮扶；同时积极联系医疗部门对他们实行专业化跟踪咨询和治疗指导，在医疗政策允许的范围内千方百计对他们的医疗费用进行减免。一年多来，工作站还先后发起了3次针对先天残障幼儿的捐助活动，得到了社会爱心人士的充分肯定和大力支持，减轻了患儿家长的实际困难。

（2）辖区内所有精神病患者实行免费治疗。工作站对辖区内所有生活自理确有困难的精神病患者落实定向的"一对一"志愿服务，对每一名患者都安排一位有爱心、有责任心的村组干部或单位管理人员进行跟踪服务。病情较轻的安排在家治疗，医院安排专门人员定期上门服务；病情较重或没有条件在家治疗的，一律安排在医院治疗。共享阳光工作站还致力于通过社会调查、救助治疗、随访和康复指导等特色工作，救助贫困重度精神病患者。工作站挂牌成立以来，已资助贫困精神病患者

8 人，救助善款 22980 元，发放免费体检卡 8 张，已有 6 名患者在区精神病防治医院享受免费体检待遇。"共享阳光工程突破了以往的惠民模式。原来我们坐在医院等患者上门对贫困患者减免部分费用，现在我们主动走出去，接回符合条件的患者接受完全免费的治疗"。工作站的同志算了一笔账，"做一次常规的体检要 410 元，一年体检 4 次，可以省下 1600 多元钱，这对贫困家庭来说是一笔不小的数字"。一名带患者来体检的家属对此十分感激，他说："要是没有免费体检，也许我们就会因为没钱不来了，真要谢谢共享阳光工作站。"

（3）对辖区内残障人士实行志愿服务全覆盖。共享阳光工作站对辖区内残障人士实行志愿服务，并开展心理咨询和技能培训，力促其自食其力，对其中的特困对象实行定期定额救助。工作站积极联系辖区内的相关企业为残障人士提供就业岗位。工作站自成立以来，已为 30 多名残障人士找到了工作，彻底解决了他们的生活之忧。

（4）对辖区内 80 岁以上老人实行"一对一"志愿服务。共享阳光工作站对辖区内 80 岁以上老人实行"一对一"志愿服务，每两个月不少于一次。工作站为 80 岁以上的老人都建立了健康档案材料，对其中孤寡贫困对象每年体检一次，并给予一定数额的经费资助。工作站还及时增补更新 80 岁以上老人的档案材料。

（5）关爱孤儿和单亲儿童。孤儿和单亲家庭的孩子由于缺少关爱，不仅生活上有困难，而且心理上也容易受到伤害。工作站对这些孩子，不仅给予物质上的补助，还给予了精神上的安慰，联系学校安排老师及时对他们进行心理疏导。此外，还对辖区内孤儿和单亲家庭的儿童实行"大手拉小手"结对助学措施，保证为他们的成长提供良好的外部条件。北杨村的朱湘云自小就失去父母，跟着年迈的爷爷，生活特别困难。工作站的同志知道这个情况后，先是到学校了解他的学习和生活情况，然后查询是否为其安排相应生活补助，还再三叮嘱学校和老师要对其特别照顾；北杨村的退休老教师、共产党员卞加钊同志积极联系村内老教师、老党员为朱湘云捐款捐物，赢得了社会的赞誉，他们的先进事迹还在《盐城晚报》上刊登。

（6）发动社会力量为辖区内特定对象，如烈军属、老战士、老党员等提供人道救助服务。共享阳光工作站为全镇所有村居的烈军属、老战士、老党员等提供人道救助服务，发放资金近 10 万元，解决了他们的生活之忧。

（7）工作站对辖区内重特大疾病患者和因突发灾害造成生活困难的人员进行救助与资助，共捐助资金近 20 万元，还广泛发动群众进行社会募捐，让他们得到一定的治疗。

（8）工作站依托博爱超市，定期为区域内特定对象提供定额的生活用品，同时积极创造条件，实现区域内符合条件对象的全覆盖。

2. 开展形式多样的捐助活动，扩大社会效应

除了做好《大冈镇共享阳光工作站服务内容》规定的工作，工作站还积极开展形式多样的捐助活动。一年多的时间，已先后组织了 10 多次活动。2015 年上半年，由区红十字会、镇红十字会、镇妇联联合举行的全区"爱心妈妈"捐赠活动在大冈小学隆重举行，来自各行各业的爱心妈妈为全区的 100 多名社会孤儿、留守儿童赠送了生活补助金、学习用品、玩具等，还和孩子们交换了联系方式，并承诺会把她们的爱心一直延续下去。盐都电视台、大冈有线电视台对此进行了报道。

四、加强监管，努力实现公平公正

共享阳光工作站是一项民心工程，一定要做到公平公正。工作站规定了自身工作的流程，并积极接受社会和群众的监督，设立了监督电话和监督邮箱，由社会监察员定期公布群众的意见和建议。工作站自成立以来，已收到群众意见和建议 50 多条，工作站根据实际情况接受和落实了其中的 35 条，大大方便了困难群众，赢得了社会声誉。

（作者系盐城市盐都区大冈镇红十字会秘书长）

加强备灾救灾体系建设
提高应急处置水平

陈国庆

我国是世界上自然灾害最严重的国家之一，自然灾害种类多，分布地域广，发生频率高，造成损失严重。70%以上的城市和半数以上的人口，分布在气象、地震、地质、海洋等自然灾害严重的地区，三分之二以上的国土面积受到洪涝灾害威胁，约占国土面积69%的山地和高原区域山洪、地质灾害频发。据以往的研究成果，我国平均每年因各类自然灾害造成约3亿人次受灾，紧急转移安置人口900多万人次，因灾害直接经济损失占国内生产总值的2.48%，平均每年约有五分之一的国内生产总值增长率因自然灾害损失而抵消。

开展应急工作，在自然灾害和突发事件中，对伤病人员和其他受害者进行救助是《红十字会法》赋予红十字会的重要职责。落实科学发展观，构建社会主义和谐社会，为防灾减灾工作提供了良好的契机。防灾减灾已经成为政府公共事务和社会管理的重要组成部分并被纳入经济和社会发展规划，其地位与作用愈加凸显。红十字会是从事人道主义工作的社会救助团体，目前我国各省（自治区、直辖市）基本都设有备灾救灾中心，配有救灾物资储备仓库，全国有6大区域性救灾备灾中心。

盐都区是江苏省盐城市市辖区之一，位于江苏中部偏东，地势平坦，河流纵横交错，是典型的季风气候。近几十年来，盐都区没有发生过大型自然灾害，但由于东临黄海，大部分地区海拔不足5米，所以洪灾、旱灾、台风等自然灾害偶有发生。盐都区红十字会已按相关要求成立了救灾物资储备库，而如何加强备灾救灾体系建设，提高应急处置水平已成为做好应急处置工作的关键问题。

一、建立健全应急预案

众所周知，应急预案是针对可能发生的突发事件预先制定的应急处置方案。若突发事件发生，即按照应急预案进行处置，将事件所造成的后果降至最小，以免发生衍生和次生灾害，最大限度地保护民众的生命财产安全和国家的利益。

盐都区红十字会于 2009 年建立了适合处置本地区常见自然灾害等突发公共事件的应急预案，并给予不断的完善，使之符合实际需要。预案的制定注重针对性、可操作性、科学性、时效性、完整性、经济性的特点，并注重日常的培训与演练，最终能发挥预案的实际作用。

二、合理建立物流储备体系

救灾物资储备的种类和储备库的建设规模是进行救灾物资储备库规划的重要内容之一。救灾物资储备的种类首先应为直接满足灾民基本生活需求且在受灾时期不易调配的物资。

目前，盐都区红十字会的储备库除了储存有帐篷、棉被、棉衣、棉裤、家庭急救箱等必需物品外，还投入 50 万元器材费提高救灾备灾能力。这些均为实物储备，实物储备是自然灾害发生初期应对灾害的主要物资来源，实物储备对于生命的拯救、灾情的控制具有重要作用。但实物储备也具有一些隐性问题，由于重大自然灾害发生的不确定性、低概率性，以及物资的有效利用期限等因素，往往会造成社会财富巨大的浪费和大量资产的长期闲置等。因此，在今后的工作中，对这类物资可以采用与生产企业"合同储备"或"生产能力储备"的方式，即政府与生产企业签订合同，规定企业要保证一定数量的产品库存或保证灾难发生时能迅速生产规定数量的物资。国家根据合同规定给予企业一定的补贴，并定期检查企业的物资库存情况或生产设备运转情况，最终建立布局合理、储备科学、互补性强、科技含量高，与国家救灾物资储备体系联动的红十字物资储备体系。

三、大力发展红十字应急组织

加强队伍建设，是做好红十字会备灾救灾工作的关键。队伍建设的范围应包括3支队伍：应急志愿者队伍、救灾专职干部队伍、专业紧急救援队伍。

应急志愿者队伍是红十字会一大亮点。目前，盐都区共有2000多名志愿者，必须进一步完善志愿者招募、培训、管理、监督和激励机制，大力推进志愿服务和针对性的培训工作，创新工作思路和方式，把志愿服务纳入备灾救灾体系的各个领域，形成具有红十字特色的志愿服务体系。

救灾专职干部队伍需组织建立救援人员库，在各行各业大力发展志愿者，调整各类人员构成，注重技术结构、年龄结构的匹配，保证各类人员的灵活调用和合理配置。

关于专业紧急救援队伍，应加强与政府各部门联系，鼓励更多专业人士进入红会应急队伍，并给予一定的奖励措施。

四、强化应急信息管理和信息通讯系统，健全应急网络

加强居委会（村）红十字会卫生站、街道乡镇红十字服务基地、报灾救助联络员队伍、群众救护队和群众性自救互救基本技能培训等方面的基本工作，做到信息公开、通讯及时、不断完善应急网络。

五、创新救护机制，普及全民应急救护

红十字会卫生救护事业要做大做强，就要敢于尝试和创新，创新培训载体，创新与新闻媒体合作方式，创新培训内容，创新培训费用筹集方式。

盐都区红十字会在全区群众中普及应急救护知识与技能，将应急救护普及工作纳入国家和地方经济与社会发展规划、应急体系建设和精神文明建设工作中；制定急救知识与技能普及的总体规划，按照行业、人

群、区域逐次普及，建立应急救护专项基金。针对全区中小学不同年级的不同特点，区红会定期进行各有侧重的应急救护培训，并以竞赛的形式检验培训效果。下一步区红会还计划进社区、入户进行培训，全面提高社区居民的应急救护理论和技能操作的水平。

六、大力发展宣传筹资

筹资是持续做好红十字会备灾救灾工作的原动力。"十二五"期间更加突出社会事业与民生，经济社会的快速发展和人民生活、思想水平的显著提高，给红会带来了巨大的筹资空间。但同时也应看到，目前社会救助募捐的现状还比较混乱，一定程度上挤压了红十字会的社会筹资空间。努力集中各方面的社会资源和经济资源以支持救援体系建设和灾后恢复重建，将作为区红会募捐工作的重点，应进一步引导、汇集社会爱心资源，集中做好、做强、做大筹资工作。

七、依法治会，得到政府支持

《红十字会法》虽然已经颁布多年，但社会公众对其"知晓率"普遍较低。特别是"郭美美事件"发生后，肆意抹黑红十字会的现象层出不穷，原因可能就在于此。这些负面事件使红会的公信力遭受重创，教训不可谓不深刻，而红十字会系统内同样也存在着法治观念淡薄、有法不依的现象。

"依法治会"是红十字事业可持续发展的动力源泉，具有"引擎"功能。而得到政府支持，是做好红十字备灾救灾工作的根本。各级红十字会应积极争取政策、资金的支持，通过"政府购买服务""委托服务""项目运作"等形式，在灾害救助领域与政府相关部门及其他社会组织广泛合作，逐步建立起长效合作和沟通协调机制，以此促进人道救助事业和红十字事业的跨越发展。

（作者系盐城市盐都区红十字会副秘书长、事业发展部部长、办公室主任）

高一新生全员应急救护
培训的做法与思考

王金海

红十字运动起源于战地救护，不加歧视地救护需要帮助的、易受损害的人群是其作为全球性人道主义运动的显著特征。在我国，进行应急救护培训、组织群众参加现场救护，是《中华人民共和国红十字会法》赋予各级红十字会的法定职责。一直以来，各地各级红十字会都牢记使命，积极发挥组织优势，面向社会大众，因地制宜开展应急救护培训，着力普及应急救护知识，在有效增强群众的防灾避险意识，提高他们自救互救能力，为减轻和减少突发灾害事故和危重急症给人们造成的伤害等方面付出了辛勤的努力，做出了必要的贡献。

在盐都，应急救护培训一直是红十字会的重点工作。2005 年理顺管理体制前，区红会就坚持在教育和卫生系统针对医护人员、教职工开展救护培训工作；2005 年 5 月理顺管理体制后，区红十字会主动加强与区财政、公安、民政、卫生、教育、物价、供电，以及交警、车辆管理等部门和单位的沟通协作，分特殊岗位初级救护员培训和群众性普及培训两类，深入机关、学校、企业、村居，扎实推进应急救护培训工作，不断扩大培训覆盖面和受益人群。到 2011 年年底，培训初级救护员 1.4 万多人，群众性普及培训超过 5 万人次；到 2014 年年底，初级救护员培训总数达到了 2.8 万人，群众性普及培训超过 8.4 万人次。短短几年中的增幅远超过去，其中初级救护员数据的快速增长，不仅是落实了以教师、乡村医生、工厂安全员、电工为主的特殊人群受训外，还创造性地推行了高一年级新生全员接受培训工作。

一、正面现实，及早将高一新生应急救护培训工作摆上重要位置

1. 自然灾害和意外伤害的频发凸显应急救护的重要

近几十年来，随着社会人员流动性愈益频繁，规模逐步加大，直接带来生产、科技活动和生态的变化，而这些变化也导致了自然灾害和道路交通安全事故等意外的频发。另外，疾病等不可预期的健康问题也给相当数量的人员造成了伤亡或残疾。而且这里面有很大一部分伤残人员是由于没有得到迅速有效的救治所致，丧失了最宝贵的"抢救生命黄金时间"。据相关部门的调查，绝大部分伤者又是由于不懂得急救常识、缺乏相应的救护技能而留下永远的伤痛。特别是很多人在学校从来没有接触过救护知识，走上社会也没有接受相应的培训，所以在遇到灾难与意外时手足无措，不能主动正确地预防灾难与意外并减少其给国家、社会、家庭、他人乃至自身造成的损害。

2. 境内外的形势和差距迫使应急救护不能再受冷遇

我们清楚地知道，发达国家和地区早已把应急救护培训作为公民教育的一个重要方面，美国、欧盟已将应急救护知识普及和技能培训纳入教育体系，从小学生抓起。现在美国每 4 个人中就有 1 个人持有急救员资格证书；法国、英国等国家将持有急救员资格证书作为举行成人礼之前的必备条件，并用法律的形式固定下来。在亚洲，韩国、日本急救知识普及率在15%以上；中国香港地区达10%。而我国内地做得最好的北京市，得益于奥运会的推动，到 2011 年年底应急救护培训普及率才达2%，真正具备应急救护资格的人更少；而全国应急救护培训普及率不足1%，特别是数量庞大的学生人群，接触过急救的少之又少，可见在这方面我们所面临的形势和任务有多严峻和艰巨，应急救护不能再受冷遇。

3. 高一阶段是开展应急救护培训的黄金时期

学校教育的集中和规范，有助于课程的设置和培训工作的开展。特别是在高一年级开始阶段，经过了中考选拔后的学生的认知水平和体格正处在黄金发展时期，精力集中，接受新知识和技能的能力强，动手操

作兴趣高，暂时又没有高考的紧张与压力，较为符合应急救护知识和技能培训的要求。而且在全国各地强调和推进素质教育，以及优质教育资源均衡发展的过程中，保障师生身心健康的平安校园建设越来越受到党委、政府和社会各界的广泛关注与强力推进，家庭也对学生独自在校和在社会所处的公共空间安全高度重视，期盼他们有自我保护和预防意外伤害的基础技能。

二、由点及面，分步骤推进高一新生全员应急救护培训工作

1. 通盘考虑，试点先行

盐都区应急救护培训工作起步相对较早，培训的初级救护员数量在全市领先，为保障人民群众健康和生命安全、维护社会稳定、实现安全发展发挥了积极作用。但不可否认，应急救护培训工作还存在覆盖面狭窄、人员相对集中等问题，与创新社会管理、维护社会稳定、保障群众生命和健康、确保安全发展不相适应。特别是学校这一块，初级救护员培训的范围还仅仅局限在教职工，数量庞大的学生由于受培训师资不够、经费不足、教学安排难度大、学生情况复杂、人员认知能力千差万别等条件限制还没有被纳入培训范畴，但学生一直是红十字会考虑的重点人群。更由于盐都区的学校红十字组织体系相对完善，有专职人员的教育系统红十字会和专门的学校红十字工作委员会，从 2006 年起就将每学年举行小学三年级集体入会仪式、每学期召开两次红十字班会、普及防灾减灾知识、传播红十字运动、避险演练、应急救护知识传播、组织志愿者参与"涉红"纪念日各项活动、无偿献血、结对帮扶、特色创建、传承博爱文化等 10 项工作作为各级各类学校红十字会最基本的工作要求，在相应的工作开展中都有快人一步的条件，尤其是在应急处置上，各级各类学校师生学习的需求都比较强。但考虑到义务教育阶段小学、初中学生体力和课程设置等因素，只安排基本知识的普及，而对高中学生，考虑到他们身体素质、接受能力的增强和适应社会的需要，有必要在不影响文化学习和高考的前提下集中进行全面的应急救护知识和技能培训。

出于这个考虑，2010年，区红会和教育红会专门对全区4所高中从高一到高三200多个班级的部分学生代表进行抽样调查，结果显示绝大部分高中学生认可应急救护培训工作，但是培训不应该安排在高二和高三年级，因为这两个年级学生有学科选择和高考的压力，而高一年级学生则乐意接受全方位的初级救护员技能培训，而且他们也觉得非常有必要。

基于这个调查结果，区红会在教育局的配合下，调用接受省红十字会专业培训取得救护培训师资格的红会工作人员和医疗志愿者连续两年到作为试点的大冈中学和时杨中学，分春、秋两个学期，对选择的10个班级共500多名高一学生各用1天时间，紧张进行了红十字运动基本知识、心肺复苏、气道异物梗阻排除法、止血、包扎、骨折固定、伤员搬运等创伤急救基本技能，以及触电、溺水、烧（烫）伤等意外事件的处理和水灾、台风、地震等突发事件的防范处理知识与技能的培训，并组织现场考核。从过程看，受训学生普遍对培训内容比较感兴趣，对在模拟人身上动手操作也经历了从新奇、畏惧到踊跃实践的改变，且交流热烈，应急救护的基本知识点也能够准确把握到位。当然，也存在时间相对紧张、重点难点多、学生临时动手能力总体不强、部分学生思想重视不够等问题。其原因还是培训安排在正常文化课程阶段，不能够保证学生全身心投入，单纯的讲授示范式教学缺少足够的吸引力，接受培训的同学和没有接受培训的同学相互之间还存在满足与失落情绪，整体效果还是打了折扣。

2. 把握契机，科学部署

2012年年初，江苏省人民政府确定"公益性应急救护百万培训项目"为保障和改善民生十件实事之一，明确要求每年在全省开展20万名应急救护员、80万人的普及性应急救护知识培训。培训任务由省红十字会组织实施，各市县红十字会分头落实，并予以财政经费保障。省、市红十字会也专门下发培训实施意见，盐都区红十字会结合区域实际，迅速拿出规划方案，主动与政府及相关部门做好衔接，由区政府办公室出面召集财政、教育、卫生等19个部门、单位主要或分管负责同志召开应急救护培训协调会，成立应急救护培训领导与协调小组，出台《盐都区应急救护培训2012—2015规划（概要）》，明确各有关部门按职责分工建立领导、协调组织，共同推动应急救护培训工作的开展。

在《规划》中，我们计划初级救护员培训每年达到 3500 人次以上，在对象的选择上也明确除机动车驾驶员、中小学班主任、体育教师、保健老师、乡村医生、工程项目经理、工厂安全员、电工、在职在岗公务员、村居干部、导游、旅行团队领队、饮服行业（服务业）负责安全人员、健身场所和游泳馆救护员外，专门列出"高一新生初级救护员每年培训不少于 1000 人，逐步实现全员培训。责任单位：教育局"条目，会后，教育局加强与我们衔接，在制定高一新生应急救护培训工作方案、推荐应急救护培训师资人员、指导督促学校严格按照计划安排培训、组织学生参加红十字救护员的考试方面迅速进行了分解与落实。

2012 年的 8 月 22 日—27 日，区红会在教育局的全程配合下，按照"四统一"（统一教学大纲、统一教材、统一质量标准、统一考核发证）要求，做好从教育系统选拔出来的、经过省考核合格的 6 名救护培训师的专项培训；充分利用军训专门划定的时间，由专人负责带队，统一带器材、带试卷、带课件，分学校、分班级、分类别对盐城一中、龙冈中学、时杨中学、大冈中学 4 所高中各 3 个班级共 12 个班级的 866 名高一新生进行培训。培训以班级为单位，实行课堂集中讲课、示范演练与实际操作结合；严格按照最新版本要求，模拟现实日常生活、外出旅行、在校学习中可能遇到的意外伤害事故场景，演绎应急救护处理全过程；严把学员考试质量关，不仅考查动手操作，更插入应急情景救护知识问答，提高他们辨别与分析的能力，带动了他们学习应用急救知识的积极性。培训过程中，分管区长和教育局局长到培训现场观摩，电视台、报社记者跟进并倾听受训学生心声；培训后，区红会还及时收集来自学校、受训学生家庭的反映，对培训中存在的不足进行调整和弥补。总体来看，在高一新生正式进行文化知识学习前开展应急救护培训，取得了极大的成功。事实上，区红会在学期中对先前未接受培训的高一学生进行了同样的培训，效果远远不如在军训期间的专门培训。这也引起了我们的足够重视，便利了我们整体培训计划的部署。

3. 创新手段，提高效率

2013 年元月，区红会全面启用盐城市红十字会备灾救灾中心盐都分中心，配备了 50 多万元的救援装备和备灾物资，特别是应急救护培训的器材得到了更新与补充，派出接受培训成为救护培训师以及接受复训的师资人数达到 30 人。

与此同时，与各部门、单位的协同更加密切，在省政府百万培训项目的开展中，我们还根据省、市要求开展红十字"救"在身边和寻找"最美救护员"活动，推荐的救护培训师徐静获得该殊荣并入选"江苏好人"；组织 3.8 万名会员参与"纪念汶川地震五周年全国红十字青少年自救互救知识竞赛"，获总会表彰为最佳组织一等奖，扩大了应急救护培训的社会影响力，盐都应急救护培训的实效和舆论引导效果更加凸显，社会各阶层对救护培训的认可与热情也日趋高涨。

在这样的形势下，区红会又进行仔细的论证，在前两年试点和重点运行的基础上，将初级救护员培训纳入高一新生军训内容，建立起盐都高中毕业生《初级救护员证书》《毕业证书》双证合格制度，并明确中小学班主任、体育老师、保健老师和新入职年轻教师持《初级救护员培训合格证》上岗制度，将之作为平安校园建设的必要条件。这个大胆的设想很快得到了区政府的认可，也得到了教育系统的大力支持，很快形成一致意见。又由于 4 所高中每年共有 70 个左右班级、总数超过 3300人的高一新生，在前后只有一周的军训时间内，按照以往的方式难以在规定时间内全部培训到位，区红会又从互联网上寻找突破，与电子政务办公室合作，利用现代多媒体技术力量，在全市首次开通救护培训网上报名、理论学习、在线考试、查询反馈系统，极大地缩短了培训前的准备和培训后的数据分析时间，保证了现场培训和操作的时间充足，更便于直观地了解受训学生在知识与技能方面的优势和不足，利于针对性培训和最终效果的综合提升。

从实践来看，培训系统经过 2013 年的使用和后期完善，到 2014 年已经成为高一新生救护培训的重要助推器，加之培训师都从有丰富培训经验和较好课堂把握能力的中小学教师中选拔，培训班的课堂氛围、学生管理和培训的重点难点突破都把握得比较好。到 2015 年 8 月，全区两届 6700 多名高一新生都在军训期间的专门时间内接受了完整的初级救护员知识和技能培训，并在学校、班级的安排下，通过网上考试展示了自己对理论知识的掌握情况。从现场操作和网上考试情况看，优秀学生占到了较大的比例，要远超试点阶段没有使用网上系统和在正常学期中培训的效果，也证明了高一新生全员培训只要事先做好规划、时间安排得适当、培训手段与时俱进，一定能够取得很好的效果。

三、加强协同，保障应急救护培训工作整体顺利开展

盐都区将高一新生全员纳入应急救护培训范畴并取得实际效果，是全区整个应急救护培训工作体系不断健全的缩影。在这个过程中，红十字会清醒地看到了应急救护培训工作中存在的问题，也找到了解决问题的有效途径。

1. 存在问题

存在问题主要有 4 个方面：一是社会对救护培训工作认识和重视程度参差不齐。反映在现实工作中，就是对此项工作的态度或积极，或消极，或不置可否随大流。

二是培训覆盖人群范围有限。在盐都区，虽然初级救护员培训已经达到 10 类人员，普及性培训也逐步推广到村居，但是仍存在很大的局限性，与家喻户晓、人人参与的目标还有很大一段距离。

三是培训质量高低不均。经过培训，高一新生、教职工、乡村医生以及公务员培训的效果比较好，但电工、企业安全员就相对不足。这不仅有培训对象个人的原因，还与区应急培训师主要以红会专兼职人员、教师、医务工作者为主，警察、企业中层管理人员为辅的职业构成与培训操作水平有很大关系。

四是部门系统存在不平衡。在全面推行应急救护培训工作过程中，不同部门和地方受多方面因素影响，培训的效果有好有差，影响到救护培训工作的全面开展，也直接影响了红十字事业的平衡发展。

应急救护培训是利国利民的公益事业，也是加强和创新社会管理过程要长期开展的一项工作，不是一个部门可以单打独斗就能够见成效的长期工程，因此，我们必须高度重视，切实加强组织领导，做好统筹安排，强化协同动作，才能够推动这项工作顺利开展。

2. 有效途径

（1）积极争取政府支持，认真做好规划是开展救护培训以及其他红

十字工作的基础。高一新生全员培训工作取得成效，关键因素是把握住省政府全面实施公益性应急救护百万培训项目机遇，将整个应急救护培训工作上升到区政府为民服务的工作大局中，将培训工作纳入应急反应体系建设整体规划；认真做好规划，并在区政府办公室的直接参与下，建立起相关部门配合的联动机制，明确了各自工作职责，将任务具体分解到重点单位，形成了组织有力、职责明确、分工协作的工作格局，有重点、有步骤地推动培训以及其他工作的开展。

（2）发挥群团部门优势，积极实施政府购买服务项目。过去受到公共财政不能承担应急培训经费的限制，对特定人群实行"谁受益、谁交费"的原则，应急救护培训工作的参与度和质量均不高。2012年后，党委、政府大力支持群团组织围绕法定职能，立足自身优势，以合适方式参与政府购买服务。我们按照上级的政策和文件要求，在政府将救护培训纳入购买公共服务体系后，主动与财政等部门沟通，依法建立符合公共服务特点的、完全免费纯公益的应急救护培训运行机制，并确保能负责、能问责，做到政府放心、社会认可、自身有能力更有活力。

（3）坚持重点先行，逐步推广，最终全面覆盖的工作思路。虽然区红十字会理顺管理体制多年，但总体上看力量还相对薄弱，表现在应急救护培训工作上，存在培训师资力量有限、培训场地狭窄、战线长、后勤保障不足等问题。针对面广量大的救护培训工作任务，区红会坚持公益导向，充分利用社会资源，采取借助外力、共享资源、借梯登高、借力发展方式，加强与教育、卫生、公安、交通、电力、安监、旅游等部门的合作，特别是加大与学校的合作力度，建立起从高一新生等10类人群先行全员培训，到逐步覆盖全区各类人群的初级救护员与群众性普及培训的工作框架，并形成长效工作机制。实践证明，这个思路是正确有效的。

（4）强化质量意识，注重联系实际，满足各类人群的不同需求。近年来，随着自然灾害和突发事件的增多，社会上要求参加培训的人越来越多，特别是人员相对集中的单位和重点行业需求强烈。针对此情况，区红会重点推进了高一新生、教师、乡村医生的全员培训工作，目的是提高他们的自我保护能力，在灾害或者事故现场，也能够发挥救人的作用。对重点人群，在培训内容上主要以四项技术和心肺复苏为主，并根据实际，辅以中毒、触电、灼伤、中暑、溺水以及常见疾病的急救等内容，以提高培训的实用性。在培训方法上，建立专业应急救护培训网络平台，实现报名、考试、知识普及网络化，培训突出现场感，强调简便易学、形象生动、因地制宜、因材施教，要求他们加强实际操作练习，并定期复训。在培训安排上，采取上门服务、联合办班、零星报名、集中培训等方式，为他们提供了方便。实践证明，这些灵活多样的培训方式，深受受训单位和学员的欢迎。

（5）注重舆论宣传，保障后备力量，强化全民参与意识。应急救护培训工作最终是面向全社会的，只有增强全体公民意识，才有更广泛和坚实的基础。增强全民意识主要靠宣传带动和保障后备力量，在这个方面，我们注重舆论宣传工作，发挥新闻与传播志愿者工作委员会的作用，争取各类传统、新兴媒体支持，从平面到立体，从纸质到电子，使红十字会应急救护培训和防灾避险知识能够在社区、农村、机关、企业、学校中广泛传播，同时建立应急救护培训的长效机制。在继续推进高一新生初级救护员培训、完善高中毕业生《毕业证书》和《初级救护员证》双证合格制度基础上，将应急救护和防灾避险知识普及纳入小学五年级和初中一年级新生的正常教学内容。目前，这项工作已列入区政府工作计划，相关教材已经启用，为以后的初级救护员培训打下了牢固的思想和知识基础。

此外，我们将高一新生全员培训的经验推及到整个培训体系，深刻感受到如今和将来建设大型应急急救体验馆的必要性。建议积极创造条件，由政府出面，吸纳社会资金，建设起由红十字会主体负责的、功能完备的体验馆。该体验馆应该集灾难事故体验、自主参与学习、教学教研培训为一体，采用声、光、电等现代科技手段，安排网络化应急知识问答、心肺复苏、应急逃生、创伤救护四项技术，模拟报警等体验项目，免费对市民开放，增强参观实景体验，吸引大家通过操作体验，了解并掌握紧急情况下的应对措施和方法，增强自救与互救能力；通过系统急救知识培训，掌握急救知识和技能，达到"挽救生命，减轻伤残"的目的。

事实上，当越来越多的普通群众通过救护培训，掌握了基本的、初级的现场救护技能后，他们不仅能快速意识到潜在的危险，而且在遇有意外灾难事故或突发事件时，能用救护技能保护生命，及时开展自救互救，为专业医护人员的抢救和争取时间创造条件，也可尽量减轻伤者痛苦和避免致残或死亡，从而减少给家庭、社会、国家带来的损失。红十字会应当充分发挥人道主义救助团体在救灾、救助、救护培训方面的优势，全面开展救护培训工作，把这民生工程的好事做得更加扎实有效。

（作者系盐城市盐都区红十字会志愿服务部部长）

附录：

盐都区应急救护培训 2012—2015 规划（概要）

根据省人民政府"十二五"期间每年"应急救护培训新增 100 万人"的规划和省、市有关部门落实省政府规划的相关要求，结合我区实际，制定盐都区应急救护培训（包括初级救护员培训和应急救护知识普及培训）2012—2015 规划。

一、初级救护员培训（每年 3500 人次以上）

1. 机动车驾驶员（含"五小"）实行全员培训，在申考驾照时一并参加初级救护员培训，并按物价部门核定的标准交纳培训费用。困难群众凭所在地民政部门出具的困难证明可以免交。责任单位：公安局、物价局、交警大队、车辆管理所。

2. 高一新生初级救护员每年培训不少于 1000 人，逐步实现全员培训。责任单位：教育局。

3. 班主任、体育教师、保健老师在 2015 年前培训合格率达 100%。责任单位：教育局。

4. 乡村医生 2013 年底前实现全员培训目标。责任单位：卫生局。

5. 落实项目经理、安全员初级救护员培训措施，每年培训不少于 100 人次。责任单位：住建局。

6. 工厂安全员实行全员培训，每三年复训一次；每年在企业在职职工中培训初级救护员 500 人以上。责任单位：安监局、城市工业办公室。

7. 电工实行全员培训，并按规定每六年复训一次。责任单位：供电营业部。

8. 在职在岗公务员 2015 年底前实现全员培训目标。责任单位：人社局、机关服务中心。

9. 村组干部初级救护员培训每年 500 人次以上。责任单位：各镇（区、街道）。

10. 应急救援队成员、导游、旅行团队领队、饮服行业（服务业）负责安全人员、健身场所和游泳馆救护员 2013 年年底实现持《初级救护员培训合格证》上岗。责任单位：商务局、应急办、旅游局。

二、开展救护知识普及培训（每年 10000 人次以上）

1. 开展村民应急救护知识普及培训，每年举办普及培训班不少于 150 期，培训人数不少于 7500 人。责任单位：各镇（区、街道）。

2. 社区居民、外来人口应急救护知识普及培训每年 1500 人次以上。责任单位：民政局、公安局。

3. 企业在职职工应急救护知识普及培训每年 1000 人次以上。责任单位：各镇（区、街道）、城市工业办公室、商务局。

三、保障措施

1. 经费保障：区财政部门要根据规定和省、市财政部门的要求，将应急救护知识普及培训经费，以及学生、教师、村医生、村组干部、困难群体的初级救护员培训经费纳入财政预算，并且根据财力状况和工作需要逐年有所增加，为全区应急救护培训提供财力支持；要借鉴外地经验，与民政部门共同研究、探索"彩票公益金红十字社会公益项目"开展的途径与方法，逐步实现应急救护培训全免费。

2. 组织保障：区政府成立应急救护培训领导与协调小组，负责全区应急救护培训的规划、协调、组织和实施；各有关部门按职责分工建立领导、协调组织，共同推动应急救护培训工作的开展。

3. 业务保障：区卫生局要发挥人才优势，为应急救护培训提供技术支持；区教育局要采取积极措施，把应急救护知识普及纳入义务教育范围；各有关部门要根据实际，切实履行职责，采取措施，同心协力，扩大初级救护员培训和应急救护知识普及培训覆盖面；区红十字会要培养优秀、精干的师资队伍，购置电化培训设备和培训所需模具、器材，认真做好培训的组织、考核和发证工作，确保培训质量，提高培训效果。

盐都区应急救护培训领导与协调小组办公室

二〇一二年十月十二日

应急救护培训过程中存在的问题与思考

陆昆山

随着社会的不断发展与进步，各种各样复杂的情况频繁出现，意外伤害已成为危害人类健康的全球性公共卫生问题。目前，我国每年因意外伤害死亡的人数约 70 万人，列居民死亡原因的第 4 位或第 5 位，也是 1 岁至 34 岁人群的首要死亡原因。应急救护培训是《中华人民共和国红十字会法》赋予红十字会的法定职责，也是红十字会"三救三献"工作（"三救"：应急救援、应急救护、人道救助；"三献"：献血、献造血干细胞、献器官组织）的传统业务和核心业务之一。

一、开展公众应急救护培训的意义

现代医学证明，猝死患者抢救的最佳时间是 4 分钟，严重创伤伤员抢救的黄金时间是 30 分钟。许多突发性急、危、重症或意外伤害事故往往发生在行车途中、工作场所、居家环境等，如果现场的"第一目击者"能够立即实施正确、基本的紧急救护措施，则可以争取到最初宝贵的抢救时间，极大地降低院前死亡率和伤残率。院前急救是急救过程中至关重要的环节，是一个国家急救水平的重要体现，是社会文明发展到一定程度的重要标志，尤其是普通民众的院前急救水平的提高更是至为重要的。同时，开展应急救护培训，普及急救知识，可以提高公众的急救意识，增强公众遇到突发情况进行紧急救护的自信心，能够缓解目前社会上"不敢扶、不能扶"的心态，利于弘扬正能量，构建和谐社会。

盐都区自2007年1月起开展应急救护培训，当时培训对象大多为驾驶员；2012年，省政府开始实施"公益性百万救护培训"项目，应急救护培训工作逐步面向社会广泛开展。3年多来，盐都区红十字会按照"四统一"的要求，即统一教学计划、统一教材、统一质量、统一考核发证，积极推动救护培训进机关、进企业、进学校、进社区。截至目前，共培训初级救护员10000余人，普及性救护培训40000余人，为普及自救互救知识做出了一定贡献。不过，在培训过程中及从培训效果来看，仍存在许多不足和制约因素。

二、在救护培训中存在的问题

1. 公众对急救知识重要性认识不足，急救意识有待提高

盐都区红会在培训过程中发现，目前很多培训对象认为救护伤员是医院的事，是医护人员的事，有事打"120"，与自己无关。还有很多人从来没想过要进行紧急救护，根本没有急救的意识。总体来看，机关、事业单位工作人员、老年群众等对急救知识培训较积极，而企业、工厂、普通群众对急救知识培训比较淡漠，甚至很多工厂安全员、特殊行业从业人员都对急救培训不是很热心。很多企业或工厂只是因为外资业主需要验厂才安排部分员工进行培训。

2. 缺乏规范统一的急救培训流程和模式

目前，我国急救知识培训缺乏固定的培训机构、统一的培训模式和完善的管理机制。虽然现在急救培训的主要单位是红十字会，但急救中心、医院等有专业医护知识的单位或机构都可以进行急救培训，甚至现在还有一些私人的培训机构。虽然红会内部已经有了统一的培训流程和模式，但对红会系统外部的这么多培训机构，缺少统一的管理，各机构、各部门的培训师资、教材、方式、考评方法也不一致，导致公众对急救知识、技能的掌握程度有差异，同时会影响到公众对急救的认识和参与培训的积极性。

就红会内部而言，目前培训的主要模式是组织群众参加培训班，培训主要内容为心肺复苏、创伤救护、常见急症和突发意外伤害的急救，内容很多。但是，大多数群众没有任何基础知识，同时因各种原因，培

训班时间很紧，达不到规定要求，群众对急救知识的学习、接受有很大困难，培训的效果不尽如人意。培训结束后，基本没有操作和复训的机会，急救知识和技能掌握的持久性较差。

3. 部门配合不协调，法律保障不力

国家各部门及各级政府对应急救护培训工作一向十分重视。2001年，中国红十字会总会、教育部、公安部、民政部、国土资源部、建设部、铁道部、交通部、卫生部、民航总局、国家林业局、国家旅游局、国家安全生产监督管理局、中国电力企业联合会、中国商业联合会等15个部委办联合发文《中国红十字会关于广泛深入开展救护工作的意见》（红一字〔2001〕44号），提出建立救护培训基地、扩大培训范围、提高普及率的目标。2007年，相关部门又下发文件予以重申，如：《中国红十字会总会、国家安全生产监督管理总局、国家煤矿安全监察局关于深入开展救护培训工作的通知》（红总字〔2007〕4号）、《中国红十字会总会、国家旅游局关于开展导游人员救护培训工作的通知》（红总字〔2007〕32号）。2004年11月，国务院办公厅又下发了《关于进一步加强红十字会工作意见的通知》，要求各地"加大对红十字事业的支持力度"，"帮助并鼓励红十字会继续做好备灾救灾、社会募捐、初级卫生救护培训"等公益性工作。

盐都区也专门下发了关于做好应急救护培训的通知，明确各部门的职责和分工，为部门间的合作提供了政策依据和合作方向。然而，在实施过程中，仍存在很多问题，特别是一些企业、工厂会有消极对待或拒绝红十字会救护培训的现象。究其原因，主要是因为红会急救培训颁发的"急救员证"没有"含金量"，缺少权威性，没有成为一些岗位上岗必需的凭证。另外，因为很多系统内部也有培训，如安监局组织的工厂安全知识培训，也会涉及急救方面的知识，很多企业、工厂便不愿意重复培训。虽然应急救护培训是《中华人民共和国红十字会法》赋予红十字会的法定职责，但是法律并没有规定哪些单位、部门必须接受培训，也没有规定哪些岗位必须要持有"初级救护员"证才能上岗，并且针对这些推诿、拒绝急救知识培训的部门或企业，更没有明确的法律规定该如何处罚。因而，在工作中，不支持、不合作的现象还会时有发生。

三、对救护培训工作的一些思考

1. 加大宣传力度，增强急救意识

应急救护培训工作的顺利开展与公众的急救意识和认知有密切的关系。因此，各级红十字会要认识到宣传的重要性，加大宣传力度，充分利用电视、网络和广播等媒体，通过报纸、杂志、在公共场所制作宣传栏、发放自救互救常识手册、深入学校和社区讲解，以及在"5·8"世界红十字日、世界急救日举办大规模宣传活动等，提高各级领导干部和广大公众对急救知识的重视，营造全社会支持急救普及培训工作的良好氛围。针对目前"不敢扶、不能扶"的社会现象，有针对性地大力宣传成功紧急救护的先进典型，继续树立"最美救护员"的形象，培养"人人学急救、急救为人人"的思想，强调人人都能掌握和实施简单的急救知识和技能，增强公众学习急救知识的信心和热情，把急救培训当成一项公益事业来做，让越来越多的专业人员参与到急救普及培训活动中来，让越来越多的群众愿意接受急救知识培训。

2. 完善法律法规，保障急救培训

十八大之后，我国全面推进依法治国，建设法治社会，应急救护培训同样要有法律的保障。我国现在还没有统一的权威部门或机构进行规范的急救培训，红会发放的"急救员证"只是红会内部认可，没有得到社会的认可，更不能给持有"急救员证"的救护者予以法律保障。因此，国家要有一个统一的权威机构根据国际公认的急救员考核标准，对救护师资和救护员进行认证，考试合格者发放统一的资格证书，并定期培训和考核。同时，立法保护持有证书的急救人员，明确规定急救员的权利和义务，界定急救员院前急救时可以采取的急救措施，减少因害怕承担风险而不予救护的情况，并对急救人员予以表彰和肯定。

急救知识普及培训是一项长期而艰巨的工作，涉及多个部门、单位，因此要明确规定各部门、单位的职责和任务，并对一些特殊岗位实施统一急救证书、持证上岗制度。只有依法管理、依法施救，健全完善各项法律法规，才能使急救工作进入良性循环、有章可循。

3. 重视学校普及培训工作

现阶段大部分红会培训工作的重点是机关、事业单位人员，特殊工种，如公安、建筑、旅游、电力等部门工作人员，以及特殊从业人员，如警察、驾驶员、导游、社区保健人员等。这些人员涉及行业多、分布较散，难以保证培训时间和效果；同时培训所花人力、物力较大，培训效果也不理想。另一方面，我国学校的急救知识普及却非常缺乏，小学、初中，甚至大中专院校基本没有开设急救课程，因此学校教育是普及急救知识和提高居民素质的最佳、最根本途径，而且培训成本低、效果好。

盐都区自2012年开始，将全区所有高一新生纳入初级救护员培训范畴。培训作为军训的一部分内容，并实行高中毕业双证（毕业证、急救员证）合格政策。同时，区红会十分重视九年制义务阶段学生的急救知识普及，2015年下半年，盐都区在全区中小学开设了"学生生命安全"课程，对学生进行有计划、系统的、连续的培训，培养学生急救意识和自救互救能力。我国的急救知识普及培训也要高度重视学校这一阵地，针对不同年级学生制定科学、合理的培训课程。

4. 与时俱进，利用多种形式进行知识普及

目前，红十字会应急救护培训已经实现"四统一"，培训模式相对较规范、内容也较全面。但在培训过程中，很多单位、企业达不到规定的课时，在课堂上只能讲解一部分重点内容，如心肺复苏、气道异物梗阻、创伤救护等。而一些常见急症的家庭急救方法，如中风、糖尿病昏迷、酒后窒息、中暑、误服药物中毒等，以及一些突发事故的紧急处置，如溺水、触电等知识没有时间一一讲解。对于公众来说，掌握这些急救知识同样重要，因此区红会制作了一些小视频、小动画，让培训对象回家自行观看学习。同时，利用网站、新媒体等多渠道进行救护知识普及。区红会于2015年6月正式启用微信公众平台，不定时根据时事热点、季节等推送一些相关急救知识，收到了很好的效果。

（作者系盐城市盐都区红十字会备灾救灾中心副主任）

普及防灾避险知识 提高自救互救能力

吴忠祥

我国幅员辽阔，天气变化万千，洪水、台风、干旱、地震等不可抗性灾难频发，是世界上自然灾害最为严重的国家之一。一直以来，我们都生活在一个十分安逸的世界，以为灾难只是个遥不可及的话题。可是2008年的汶川大地震，加之玉树、云南的地震以及暴风雪、沙尘暴、洪水等一个个自然灾害，让我们觉得世界并不"太平"。逃避是没有办法解决问题的，唯一的方法就是学好减灾与防灾知识，在灾难面前学会自救。

一、我国防灾减灾基本情况

中国是自然灾害最严重的国家之一。近40年来，每年由气象、地震、地质、农业、林业等7大类灾害造成的直接经济损失，约占国民生产总值的3%至5%，平均每年因灾死亡数万人。此外，经济发展、人口增长和生态恶化，尤其是灾害高风险区内人口、资产密度迅速提高，使自然灾害的发生频率、影响范围与危害程度均在增长，成为一些地区长期以来难以摆脱贫困的重要因素。

近几年，南方低温雨雪冰冻、汶川特大地震、玉树强烈地震、舟曲特大山洪泥石流等重大灾害接连发生，严重洪涝、干旱和地质灾害，以及台风、风雹、高温热浪、海冰、雪灾、森林火灾等灾害多发并发，给经济社会发展带来严重影响。面对严峻的灾害形势，有关各方积极配合，开展抗灾救灾工作，大力加强了防灾减灾能力建设，取得了显著成效。

二、我国防灾减灾方面存在的问题

1. 财政投入不足，资金来源单一

全国每年投入防灾减灾科技研发和应用的经费十分有限，在防灾减灾基础设施建设、科研设备购置、防灾工程建设、防灾减灾基础研究和先进技术推广应用等多方面投入不足，主要原因是我国防灾减灾科研基本依赖于财政拨款，资金来源渠道单一。由于防灾减灾科研具有的社会效益远远大于近期经济效益，很难吸引企业资金和社会资金主动投入，从而造成防灾减灾科技发展和技术推广滞后。另外，缺少科研成果推广的中间环节与适合防灾减灾工作规律的运行机制，防灾减灾科研成果的转化率低，一些防灾减灾科研成果的推广应用率不足10%，严重影响了全国防灾减灾工作的深入进行，亦影响了全国防灾减灾工作水平的进一步提高。

2. 管理混乱，各部门工作不协调

长期以来，我国的灾害管理体制基本是以单一灾种为主、分部门管理的模式，各涉灾管理部门自成系统，各自为政。由于没有常设的综合管理机构，各灾种之间缺乏统一协调，部门之间沟通、联动不畅，造成了许多弊端，如缺乏综合系统的法规、技术体系政策与全局的防灾减灾科技发展规划；缺少系统的、连续的防灾减灾思想指导，不利于部门之间的协调；缺少综合性的防灾减灾应急处置技术系统；缺少专门为灾害救援的综合型救援专家、技术型队伍；没有形成相对完善的防灾减灾科学技术体系；信息公开和交流渠道不顺畅；资源、信息不能共享；科学决策评估支持系统与财政金融保障制度尚未建立；等等，直接影响防灾减灾实效。

3. 科技资源没有有效利用

我国防灾减灾科技资源主要集中在气象、地震、地质、环保等领域，由于缺乏宏观协调管理及传统的条块分割现状，一方面各领域主要关注本领域的防灾减灾科技发展，研发工作主要局限于解决本领域存在的技术问题。在不同灾种以及防灾减灾的不同环节中，科技资源没有得到合理配置，科技开发与应用水平发展很不平衡，在基础地理信息、救灾设备和队伍建设方面低水平重复建设现象严重。另一方面，仪器、设备、资料、数据等都由部门、单位甚至个人所有，不能实现资源共享共用，资源条件不能系统整合形成高效、共享的社会化服务体系，无法形成合力和整体创新优势。

4. 防灾减灾领域，技术发展缓慢

一是在不同灾种以及防灾减灾的不同环节中，科技发展与应用水平很不平衡；二是各灾种的应急研究和操作水平差别较大，低水平重复研究较多；三是技术手段和装备落后，监测能力不强，短期预测预报能力还较低；四是缺乏各类灾害的科学评估模型和方法，灾害信息共享应用和评估的技术急需完善；五是对一些重大灾害的认识与防治技术，长期徘徊不前；六是现有科研结合国情实际不够密切，科技整体支撑能力有待提高；等等。

5. 科普教育宣传不到位

缺乏统一的防灾减灾科普规划，没有固定的防灾减灾科普教育基地，也缺乏经常性的防灾减灾科普宣传活动，使防灾减灾科普缺乏系统性、连续性，致使我国社会公众防灾减灾知识、防灾减灾意识的科普教育水平较低。全社会生态环境保护的意识较差，最终影响我国防灾减灾科技支撑的对策建议。

三、开展民众自救互救的重大作用

灾害是不可避免的，但把灾害对人的生命安全和财产损失的危害降低到最小的程度是可以做到的，而且必须做到。社会民众是应对突发事件的行为主体，突发事件一旦发生，处在第一时间、第一现场的公众，能否保持良好的心理状态，掌握应对突发事件的应急知识和自救互救的技能，直接关系到能否最大限度地减少人员伤亡和财产损失。国内外所有关于地震的经验教训告诉我们，在地震中能够生还的人95%以上是要靠自救互救重生的。

据记载，大概2005年左右，美国俄克拉荷马州的一幢楼发生了爆炸案，后来做了一个调查：学习过地震预防知识的人在那次大爆炸事件中（因为结果是一样的，都是房屋倒塌），相对伤亡的人数就少得多。

据资料统计，唐山大地震后的抢险救灾中，抢救时间与救活率的关系为：半小时救活率为95%，第一天救活率为81%，第二天救活率为53%，第三天救活率为36.7%，第四天救活率为19%，第五天救活率为7.4%。这些数字表明，在抢救生命过程中，时间就是生命，抢救的时间越短，人们生存的希望就越大。唐山大地震中约有57万人被埋在废墟中，灾区民众通过自救与互救，有45万人获救。

还有其他自救互救的范例：湖南、江西等地很多地方采取了基层全民动员的、因地制宜的应急管理机制，像长沙岳麓区咸嘉新村社区推出的"全民参与，群防群控"应急管理动员机制；南昌东湖区火神社区实行以"居民互动，户户联防"为重要手段的应急管理机制，加强监测并使用大众化的动员手段（铜锣、口哨等），迅速动员，有效避险。湖南郴州潭溪镇的"7·27"特大山体滑坡事故中无一人伤亡，"群防群控"亦起到了重要作用。

因此，突发事件发生时，由于条件的限制，外界救灾人员不可能即刻到达现场，而灾区民众对当地情况最熟悉，就近及时开展自救互救活动，对减轻灾害伤亡具有不可替代的作用。

四、当前可采取的一系列措施

1. 健全组织机构，完善减灾工作机制

我们要建立社会多方参与的防灾减灾应急协调联动机制，把减灾防灾工作提上重要议事日程，立足当前，着眼长远，建立安全管理制度，规范各部门职责，明确分工，落实责任。坚持属地管理原则，加强应急协调联动，对各类突发公共事件集中统一指挥、统一领导、协调一致、科学处置。成立创建防灾减灾示范工作领导小组，逐步健全防灾减灾救援组织机构，构建救助平台，形成灾前灾后工作指挥体系。成立防灾减灾指挥部，制定工作规划，全面规划科学防灾减灾方案，落实各部门和各单位工作职责，明确任务和目标，同时还要建立例会制度、岗位责任制度、档案管理制度等。通过编制应急预案，基本摸清辖区内灾害点、危险源分布情况，建立应急信息动态管理、灾害点及危险源监测预警、应急资源及队伍等应急管理制度，定期组织开展灾害点、危险源检查。

2. 融合资源，夯实减灾基础设施

抓人防，建好应急队伍。坚持把建设应急队伍、提高应急处置能力作为社区防灾减灾的一项重要任务，认真做好应急队伍的规划、组织和建设工作。按照先期应急处置的要求，坚持分类建设、专兼结合的原则，不断加强了综合应急队伍、志愿者队伍和兼职队伍建设。一是建立一支反应灵敏，运转高效的应急分队，提高先期应急救援能力，负责各类突发公共事件的先期应急救援，专职人员平时分散在社区和各个单位，一旦有事，可迅速投入应急救援之中，为成功处置赢得宝贵的时间。二是组建一支应急志愿者队伍，主要由社区工作者、小区物业保安、社区医护人员、大学生、离退休职工、低保人员等组成。根据志愿者的职业、特长和身体状况，分成了抢险、转移、医疗、后勤等小组，协助开展应急处置工作，负责传达预警信息、指引居民疏散、提供后勤服务、伤病人员转移等工作。

抓技防，实行科技减灾。一是利用互联网的普及性、方便性，策划建立一个防灾减灾救援网站。初步拟订方案，聘请网络公司策划和建设，做好网站建立前的资料收集、框架设计、内容安排、居民疏散路线图、紧急避难场所地图、紧急联系电话等准备工作，为网站的构建提供数据库信息等，条件成熟时将全面进行网站建设并对外开通。二是初步创立一个信息库。初步掌握辖区内房产、居民等情况，制定各类信息、统计、汇总表格，组织人手填写、校对、整理，建立各类信息档案文件夹，建档造册，分类管理，初步建立数据化的信息系统，逐步创建危房灾害信息库，形成上下一致的危房网络架构，逐步收集和完善数据资料，为减灾救援工作提供重要的信息和数据依据。

抓物防，完善基础设施。在各单位、各居民小区、各物业小区、民营企业等重点单位，要求统一配置灭火器、防烟面具、照明灯、防寒衣、氧气包、药品、食物、食用水等，确保灾害发生时，能及时应急解难。设立避难场所，建立小型救灾应急物资储备仓库。储备一定数量的救灾应急物资，如防汛用的纺织带、救生绳、铁锹、手电筒、橡皮汽船等；防火用的灭火器等；救灾应急用的衣被、简易床、帐篷等。设置明显的应急标识或指示标牌。在适当位置设置固定的应急标识或应急指示牌，注明安全转移路线、避难所位置、救灾物资储备地点、常识性的自救措施等。

3. 强化宣传导向，提高防灾减灾意识

为营造一个减灾自救互救的良好氛围，提高群众的防灾减灾救援意识，要把防灾减灾科普宣传列入宣传工作的重点之一，构建富有特色的防灾减灾文化氛围。

首先要加大防灾减灾宣传力度。及时普及灾害救援知识，通过编发应急救援手册、开播公益广告、举办培训班、张贴宣传画、发放"明白卡"、群发短信和发宣传单等多种形式，让应急知识进入农村、企业、社区和千家万户，让老百姓了解基本的救援方法和救援注意事项，倡导自救互救，注重提高居民在灾害发生时自我保护的意识。将防灾减灾教育引入课堂，在中小学开设防灾减灾辅导课程；将减灾教育引入社区，在社区设立减灾公益广告牌、减灾宣传栏、宣传橱窗；将减灾教育引入家庭，把防灾减灾知识印制成册，发放到千家万户，通过积极的宣传，提高居民防范灾害的意识。我们把每年的"世界减灾日"作为"社区减灾宣传日"，使广大社区居民的防灾减灾意识得到普遍提高。急救知识应该从医生手中解放出来。急救知识、急救技术、急救理念应该走出医院的大门，走出科学殿堂，走到社会、走进社区、走进家庭，这样就会极大地减少人员伤亡和财产损失。

其次是强化防灾救灾技能培训。注重向居民宣传安全行为规范，培养其自救互救和应急逃生技能，定期对救灾志愿者队伍和居民进行灭火、逃生、抢救和自救互救等方面的培训。开办自救互救知识培训班，提高干部和群众的防灾减灾整体素质，增强民众应对灾害的自救互救能力。

再次是组织开展各类防灾减灾救援演习。组织开展包括民警治安演习，紧急疏散演习，互救方案演习，救援儿童、老人、病患、残疾等弱势群体演习，民兵救援演习，应急器材使用方法演习，危房倒塌搜救演习等内容在内的一系列应急演练活动。通过救援演习，建立起民众合力互救的防灾减灾机制，做到消防、民警、救灾、志愿者队伍和群众之间相互配合，熟悉防灾减灾紧急预案的具体实施细节，掌握灾难预防避险的实用技能，增强灾难防御和防灾减灾意识，全面提高防灾减灾救援能力。

第四是建立社会动员联动机制。发展基层信息员队伍，开展有奖举报，畅通和拓宽信息报告渠道等，广泛动员群众提供线索、排查隐患；设立安全员，建立应急救援志愿者队伍，组织群众参与突发事件预警和应急机制，做到早发现、早控制。同时，要树立民众的危机意识。加强以政府为主导的强化危机教育和自救互救的制度建设，特别要加强基层群众的危机教育和自救互救能力的培养。充分发挥社会组织、民间组织的作用，将危机意识、自救互救意识教育深入公众中。

当前，我们必须看到，无论是公众的参与程度还是自救互救能力，都还处于起步阶段，提高公众应对突发事件的自救互救能力已经是政府和公众本身的当务之急。当灾难来临时，只有政府和公众共同努力，使应急救援和自救互救有效结合，才能将灾害带来的人员伤亡和财产损失降到最低。

中国现有的防灾减灾体系是在经济不发达、技术起点低的困难条件下形成的。灾害管理法制尚不健全，国家尚缺乏防灾的总体规划，灾害管理体系与制度建设，以及协调运作机制均有必要加强。

公民的减灾与防灾意识也是十分重要的。每一个公民的忧患意识、责任意识以及自救互救技能关乎国家防灾减灾等活动的开展，而这些活动的开展也是为了让越来越多的公众以对自己负责、对社会负责的态度，居安思危，警惕身边的灾害风险，进而提升整个国家的防灾减灾能力和效益。

（作者系盐城市盐都区北蒋街道红十字会秘书长）

从社会需求出发开展志愿服务

王金海

一段时间以来，全国各地各级红十字会都在大力扶持志愿服务组织，广泛招募志愿者，在农村扶贫帮困、城市疏导交通、服务社区、应急救援、环境保护等领域积极奉献个人时间和精力，在帮助弱势群体、维护社会公平正义方面做出了努力和贡献，效果显著，影响深远。

招募志愿者，引导他们有针对性地开展志愿服务活动，是促进公民参与社会管理、服务"道德大厦"建设、促进社会和谐的有效途径，在沟通政府与民众的关系、弥补政府和市场缺失方面发挥了重要的补充作用。然而，在当下志愿服务热潮中，"组织完善、机制健全、活动持久、充满活力"的社会志愿服务体系仍没有形成，不少有悖于志愿精神和宗旨的现象与做法仍然存在，应该引起足够重视，因此需要采取切实可行的措施，保障志愿服务工作沿着文明、进步的科学轨道发展。

一、四方面问题成发展短板

1. 组织层面重特定活动效应，疏于常态跟进

不少地方对志愿服务组织和志愿者重搭建、轻管理，重使用、轻支持，重付出、轻资助，重台账、轻实效，围着上级领导的指挥棒转，靠下发红头文件开展工作，以体制内的干部职工为志愿者主体，集中发动、立刻行动，追求短平快和时段效应。如前一段时间，各地文明委（办）重点对注册志愿者进行网络登记，各地各部门上报名单大多为机构内部工作人员，一些人数少的单位甚至把其他部门临时参与活动的人员重复登记，虽然数量庞大，但质量和效果不佳。

另外，志愿服务活动运动式特征明显。如开展文明、卫生城市创建，不少地方紧急成立交通、卫生、气象等志愿服务队，穿上志愿者马甲，按照工作安排走上街头开展志愿服务，广播电视、大报小报、网络微信等也铺天盖地进行宣传。一旦创建结束，这些队伍又迅速销声匿迹。还有不少地方是根据具体需要，对志愿者招之即来，挥之即去，对长期参与志愿服务的志愿者关心不够，表彰机制不够健全，不利于社会主流价值观的发扬。

2. 民间层面重轻松出彩部位，疏于难点突破

社会力量参与志愿服务活动，一部分是为了回报社会，体现了强烈的社会责任感；但也有一小部分在志愿服务活动中注入商业元素，走赞助党政机关、群众团体路径，或借活动宣传企业文化与产品用途。这些志愿服务多数集中在简便易行的领域，如看望敬老院老人、福利院孩童，参与元旦、春节、端午、中秋时的走访慰问等，活动周期短、易操作、投入少、见效快，甚至经常引发"撞车"现象。而在拯救生命、抢险救援、应急救护等需要长期坚守、重点付出的领域，志愿者数量明显不足。

3. 个人层面重权益维护，疏于责任同构

目前，我国的志愿服务工作主要由行政力量推动，在日常管理、专业培训、项目策划上缺乏体系化的运行机制，在政策、经费、场所上支持不足，严重制约了志愿服务水平和服务能力的提高。同时，社会上志愿服务组织的社会化水平不高，广大志愿者自主空间不足，使志愿者与组织缺乏可持续发展的综合能力和动力。另外，受负面报道及志愿者保障机制不完善等因素影响，志愿者更多喜欢参与一些较简单、方便的志愿服务活动，活动指向性明确，范围更加集中，造成志愿服务活动呈现片面化特征。

4. 主导方重精神引导，疏于有力杠杆支撑

各地党委、政府和相关部门对志愿服务事业的发展高度重视，对做出贡献的集体和人员给予表彰和鼓励。但根据志愿服务工作的性质和要求，表彰以精神肯定和宣传为主，人员有限，只能优中选优。同时，不少地方开展志愿服务活动时对部门有量化要求，相关部门为了使工作达标，不顾实际情况招募更多志愿者包括流动人员参加活动，导致一部分

人并非出于志愿服务精神参加活动，功利性较强，不仅不能传递志愿服务精神，甚至还可能造成负面影响。

二、加速管理机制与理念转型

针对志愿服务存在的问题，以及志愿者组织中成员成分复杂、价值观多元、人员流动性大、管理和惩戒缺乏有效机制等情况，笔者提出三方面建议。

1. 始终坚持问题导向，回应社会诉求

各级党委、政府和主管部门要转变思维方式，去除管而不理、扶而不持的现象，要在强化管理和引导的同时，以志愿服务中出现的问题为导向，倒逼管理规范和机制完善，着力解决突出问题，推动志愿服务工作科学发展。

一是要以社会需求和区域实际为切入点，确定志愿服务内容、范围和工作要求，为有效地、有针对性地开展志愿服务工作打下坚实基础。

二是要以购买服务和管控服务组织为立足点，健全志愿服务平台，优化志愿服务工作资源配置，构建统筹多方、发展一体化的志愿服务新格局。

三是要以培育特殊领域志愿服务主体为着力点，逐步形成志愿服务付出认可、成本补偿和困难受助的协同机制，放大志愿服务工作的社会效益。

2. 坚持志愿服务组织和志愿者的实际功能定位

一是要进一步规范志愿服务组织和志愿者。对于名不副实、为志愿而志愿的组织和个人，要依规取消或注销，避免利用志愿之名行损害公益之实和走过场作秀等现象。

二是平衡志愿服务组织类型和志愿者活动。一个地区内，既要有环境交通宣传、敬老爱幼帮扶的常规志愿服务组织和志愿者，更需要有关怀精神病患者、艾滋病毒携带者、吸毒人员、特殊残障人员等特殊弱势群体的专业志愿服务组织和志愿者，形成相对稳定的可控的合理架构，避免片面性和冷热不均。

三是要去除行政化、商业化，回归公益化。合理扩大志愿服务组织

145

和成员的覆盖面，提升服务水平，努力将其建设成为社会公共服务品牌项目。同时，在不违背红十字精神和宗旨的前提下，通过财政或定向资助方式，对专业化程度要求较高、个人付出较多的志愿服务组织和志愿者进行合理补偿，通过政府购买服务方式为志愿服务活动提供更多的发展空间，为更多志愿者免除后顾之忧。

3. 加快志愿服务管理方式和运行理念的转型

推动志愿服务从观念到内容的变革，将志愿服务文化建设作为亟须解决的重大课题推向前沿，对于给志愿服务工作造成负面影响的低素质志愿者，要主动进行教育引导，情节严重的（如进入造血干细胞捐献实施过程却无条件悔捐者）应该记入个人诚信档案，让志愿服务增加规范和道德惩戒的力度。

（作者系盐城市盐都区红十字会志愿服务部部长）

在"文明盐都"大潮中彰显
红十字志愿服务魅力

王金海

近年来，盐都区各级各部门按照区委、区政府统一部署要求，在紧扣目标任务、凝心聚力谋划经济发展、全力以赴狠抓民生改善、着力推进社会和谐稳定的基础上，着力铸价值引领之"魂"，强道德建设之"基"，正社会文明之"风"，谋利民惠民之"实"，深化群众观点、法治理念、志愿服务和网上文明，唱响主旋律。激情澎湃的"文明盐都"大潮，正不断汇聚推进"四个全面"新力量，为建设"创业开放生态幸福新盐都"提供有力的思想保证、精神动力和道德支撑。

一、志愿服务成了"文明盐都"建设重头戏，志愿者成为飞入群众心灵之家的"堂前燕"

盐都，不仅是完全融入盐城大市区的核心区，人口众多、交通便利、人文底蕴深厚、经济社会发展和谐，更是自觉将全国卫生城市、先进管理城市、文明城市创建和公民道德素质提升综合推进的先行区，始终坚持高起点定位、高品质建设，用长远的眼光看前景，以"钉钉子"精神抓落实，使各类创建和整体精神文明建设符合科学发展、贴近群众需求、富有生机活力、富有动人效果。尤其是在精神文明建设大潮中，以深入贯彻落实中共中央办公厅印发的《关于培育和践行社会主义核心价值观的意见》为纲，围绕"学习雷锋、奉献他人、提升自己"的志愿服务理念，大力弘扬"奉献、友爱、互助、进步"精神的志愿服务工作成了重头戏。区委、区政府从地方实际出发，充分发挥各部门、各参与单位优势，创新组织与活动形式，将各类志愿服务与围绕深化社会主义核心价值观教育实践、提升社会文明程度、巩固全国文明城市创建成果相结合，与区域内文明引导和关爱帮扶困难人群常态活动相结合，与组织协同、个人主动扎实推进志愿服务制度化、人性化、特色化、常态化相结合，打造出一个个为群众接受且交口称赞的品牌。多家开展志愿服务活动的组织和单位被群众竞相点赞，无数持之以恒、甘于奉献的志愿者被群众热情地贴上了"堂前燕"标签，志愿服务的大潮在盐都大地涌动！

三官村，旧时义丰一个道路不通、产业不兴、环境不佳、居民外出不想家的小村庄，却在"文明盐都"耕耘行动中旧貌瞬间换新颜！如今的三官，已经是盐都区抢抓国家"一带一路"战略，围绕构建"一湖一带一圈"大旅游格局的重要节点，在融入区文明办、区旅游局、区各相关单位和大纵湖镇、尚庄镇"高起点定位，高品位建设"的"两高"追求和"三官·文明驿站"、筑梦尚庄农民大舞台、文明旅游盐都行、"心·温暖"等高素养志愿服务队伍、高频率志愿服务品牌活动后，精神文明建设和综合农庄建设横向到边、纵向到底，孵化出集旅游、休闲、观光、儿童游乐、婚庆为一体的综合性生活休闲农庄，成为江苏乃至华东地区叫响生态旅游、发展旅游新型业态和常态化用真心志愿服务的一张亮丽名片。

闯红灯、不礼让，这类"中国式过马路"现象；酒驾、飞车，这类危险行为；指示不清、方向不明，这些客运站点不足在盐都极为罕见，为何？盐都区公安局、城管局、交运局的文明秩序引导志愿服务行动得到本地人和外地人一致称赞。"学雷锋文明交通志愿服务周周行"活动已经成为盐都对外展示的一个窗口，单位文明志愿队队员常态化引导市民增强文明交通意识，着力开展"文明驾驶"劝导志愿服务，引导驾驶员遵守交通规则、礼让"斑马线"。特别是在春运和节日期间，增加志愿服务人员，持续开展关爱返乡农民工的"传递盐城爱 情满回乡路"导乘、导购、导医志愿服务行动；组织有专业背景的平安志愿者参与社会治安防控和基层矛盾调解，维护良好社会秩序。

组织部，很多人心目中专管干部的"高大上"机关，充满神秘感，在盐都却是广大干群非常乐意亲近的心灵娘家人、扶贫帮困真心人、致富前进引路人。缘何？是因为在"文明盐都"大厦中，组织部牵头各镇

（区、街道）、各部门（单位）组工干部，较早成立了"真情服务580"党员志愿服务队，在组织开展机关事业单位在职党员进社区"服务群众零距离"活动，构建"工作在单位、活动在社区、奉献双岗位"的激励机制，使在职党员有为、全区群众受益基础上，通过专业的、覆盖全区的"580"远教综合服务网发布就业、致富信息，提供专家在线答疑、党员志愿者辅导、在线保障及申请、手机短信联动等多项服务，并根据实际调研和掌握的信息，建立志愿服务联系人制度。组织部的志愿者"一对一"重点帮扶，为帮扶对象提供常态跟踪服务，帮助基层干群解决问题。通过志愿服务活动，昔日群众心目中"高高在上"的组织部干部完全展露他们真实的面貌：传递社会正能量的良好道德风尚的建设者、社会文明进步的推动者、文明新风尚的践行者。

同样，区委宣传部以新媒体和自媒体为主，通过网络、微博、微信等平台强化网络文明传播志愿服务活动，还有旅游局文明游览引导志愿服务行动、环保局关爱生态文明志愿服务行动、司法局普法宣传志愿服务行动、民政局关爱特殊群体志愿服务行动、文广新局文化惠民志愿服务行动……样样都成品牌，无数的志愿者带着真情、带着诚恳，用质朴的方式，让方便、快捷、快乐之感轻盈飞入寻常百姓心田，共同唱响了"文明盐都"建设的四季"睦"歌，而别具一格的红十字志愿服务更以独特的魅力让盐都文明的颂歌更嘹亮、更激扬。

二、自成体系的红十字志愿服务成为"文明盐都"建设的观景台，志愿服务队成为"香饽饽"

志愿服务是红十字运动的七项基本原则之一，组织好、开展好特色鲜明的红十字志愿服务工作是发挥红十字会作为党委政府在人道工作领域的得力助手、和谐社会建设的重要力量、精神文明建设的生力军和民间外交的重要渠道、展现红十字运动优势的重要载体。盐都区红十字会自2010年管理体制进一步理顺后，明确将志愿服务工作提升到服务全区"三个文明"建设工作大局、推进红十字事业发展的战略地位，在基地化、项目化、专业化方向着力，在实现价值认同、凝聚人道力量上形成优势，在"文明盐都"建设中勇立潮头。

1. 博爱阵地作用大，红十字志愿服务"家"味足

志愿服务不是短线投资，而是长线付出；不是一时兴起，而是常态坚守。要做实、做大、做强，基地化是必由之路，否则就容易流于形式。在盐都，红十字志愿服务与众不同的第一点，就是超前规划、稳步发展稳定的、职能明确的志愿服务基地，不是一个，而是多个；也不是一地，而是多地。也正是紧紧围绕"改善最易受损害人群境况"的工作目标，坚持突出"孤、弱、残、老、困"这个服务主体，根据群众实际需求，强化服务的定向，搭建起志愿者便于参与、乐于参与的众多公益平台，在服务民生改善、推进文明进步中发挥了不可或缺的作用。

（1）平等包容的共享阳光工作站让特殊群体得到尊重。针对精神病患者、艾滋病毒携带者、特殊残障人士、强制戒毒等人员需要多方面共同管制和帮扶的社会实际，从红十字会工作职能与可能出发，自2009年起，红十字会拿出工作规程并出资，借助专业医疗机构，建立起全国第一家共享阳光工作站，吸纳专业的志愿者，为全区精神病患者、艾滋病毒携带者、麻风残老休养员、强制戒毒人员约5500人实行心理干预、就业培训、家居帮扶、康复指导等专业志愿服务，并对其中经济特困人员进行经费资助，致力于提高快乐指数，使他们的生命尊严和身心发展在毫无歧视与成见的环境中得到进一步慰藉与保障。到2015年，全区共享阳光工作站已经扩大到3家并延伸到乡镇，有350多名专业志愿者跟踪服务，受益人员总数超过3万。

（2）小小的博爱超市传递浓浓的爱。2010年，盐都区红十字会发现，"博爱助医""博爱助学""博爱助困""博爱助老""博爱助残""博爱助农"不能覆盖到一些不在"五保"和救助政策范围内、又因意外等原因需要帮扶的老年困难边缘户。根据调研和论证，区红会创造性地在此类人员相对多而集中的8个镇（区、街道）建立博爱超市资助制度，实行区红会主办、镇（区、街道）红会承办、各地专业门店协办，按年度动态化审核批准资助对象，并按照一次性发卡、分季度充值450元、明确购买日用品种类、商家让利保质的方式，植入志愿服务模式，同时邀请审计、监察部门参与博爱超市的运行监管。从实践来看，各超市均组成了以服务员为主、爱心人士为辅的志愿者队伍。志愿者们为子女不在身边的高龄、多病或腿脚不便的持卡者开展代购送货上门、陪同购物、指导食用等无偿服务。部分超市经营者也乐意成为志愿者，还拿出利润配合红十字"博爱送万家"活动，慰问受资助对象中的特困人员。据统计，8个博爱超市，每年直接受益者达2250人，其中区红十字会投入经费33.84万元资助752人，其他由所在镇（区、街道）、超市和爱心人士提供。运行近6年来，博爱超市得到了社会各界的一致好评，已经成为关爱、服务困难群众的一个温馨的家，为探索困难边缘户科学资助方式进行了有益的尝试。

（3）旧衣物接收站成为爱心中转站。盐都区红十字会建有全省唯一的县级旧衣物接收站，并争取资金完善了接收站的设备实施，吸纳了乐意无私奉献的志愿者定期来站点负责接收爱心人士的相对完好的旧外衣、裤子等捐赠，并严格按照制度进行登记、分类、清洗、消毒和包装，发挥物流行业红十字会驾驶员志愿者的作用，及时把符合质量标准的旧衣物分送到有需求的地区和群众手中或上门求衣的人员手中。到2015年9月，共接受社会捐赠旧衣物超过10万件，投入超过1500工时的志愿者劳动，外运5万余件，在衣物富余和有需求的群众之间架起了桥梁。

此外，6个设立在乡镇敬老院的红十字敬老助残服务基地、宁靖盐高速、盐金线、231省道沿线整合后的4个公路红十字急救点、8个示范村居的红十字服务站、19个镇级卫生院的无偿献血、造血干细胞捐献服务点，都有专业的红十字志愿者有爱心、耐心、热心地开展形式多样的工作，配备的便民服务车、残疾人轮椅、血压计、体重仪、急救药品、报刊等，让过往的尤其是接受服务的群众感受到家的温暖。

2. 志愿者队伍精，红十字志愿服务专业性强

红十字志愿者是聚集在红十字旗帜下的、具有人道理念、博爱情怀、奉献精神的群体，有着共同的人道信念和价值取向，其中孕育着推动红十字事业发展的巨大力量。盐都红十字会的工作涉及备灾救灾、人道救助、应急救护、无偿献血、造血干细胞捐献、遗体和人体器官捐献以及预防艾滋病宣传教育、危机干预、红十字运动普及等多方面，必须要有得力的志愿者发挥作用，所以发展志愿者不追求数量，而要追求质量，强调一人就是一面旗、一人就是一块钢、一个队伍就是一项工作的标牌。

基于这个要求，按照"自我组织、自我管理、自我服务、自我完善、自我提高"的思路，把具有专业技能的积极分子、行业标兵、五好

先锋吸纳到盐都区红十字会组建的无偿献血、造血干细胞捐献、新闻与传播、募捐筹资、月光妈妈、爱心暖巢、抢险救援和阳光天使等8个专业志愿者工作委员会以及社区服务、敬老助残、家居帮扶等22支志愿服务队中，并根据相关职能定位，积极开展红十字运动知识传播、无偿献血、造血干细胞捐献、应急救护培训、社区服务等专业性强的志愿服务活动。从总体上看，依托红十字示范村，开展"爱心暖巢"项目，50岁以下的乡村医护志愿者"一对一"结对帮扶农村孤寡、空巢老人1278对；依托镇（区、街道）敬老院，开展亲情服务项目，420名技能志愿者为老人们理发修脚、心理疏导、逛街陪护达到2300余次；依托教育资源，推进"月光妈妈"志愿服务项目，以45岁以下女教师、女公务员为主体的1242名月光妈妈结对帮助全区留守儿童、困难学生达到1494人；依托卫生院，参与农村医疗保障工作，在省、市红十字会支持下，投资45万元建立富港、明朗红十字卫生服务站，推进健康关怀项目，志愿者为患者求医问药、上门服务1600人次以上；依托无偿献血、造血干细胞捐献志愿者工作委员会，多年多次组织献血捐髓活动，其中每年动员无偿献血参与人数超过4000人，每年新增造血干细胞采样志愿者超过110人；从2013年起开展遗体器官捐献宣传工作，2014年3月衔接并服务好盐都首例志愿者肝、肾捐献……相关志愿服务队和志愿者所参与的红十字工作声势之大、影响力之深、服务面之广、群众参与度之高都令人瞩目。红十字志愿服务已成为盐都区红十字会最具影响力和公信力的品牌之一，更使文明盐都充满了人文魅力。

3. 志愿者管理实，参与红十字志愿服务有"保险"

各级红十字组织的专职工作人员都是有限的，而其所承担的人道救助、救援的任务又是面广量大的。解决这一矛盾的最佳和最有效的途径就是招募志愿者，并严格管理，切实发挥他们的作用。在盐都也是如此，红十字志愿服务工作有着相对完整的组织架构和日益完善的管理制度。区红十字会报请编办在机关专设志愿服务部，明确专职人员全面负责组建、管理、指导各志愿者工作委员会和直属红十字志愿服务队工作，并纳入目标管理，统一部署，统一考核。随后又分专业、按领域陆续组建相关志愿服务队、志愿服务基地，并严格招募、管理、使用志愿者。这方面有几个步骤：

一是在"文明进步、团结互助、慈善友爱、自愿奉献"的旗帜下，定期招募红十字志愿者。

二是加强对志愿者的培训，不仅培训志愿者的志愿服务技能，也培训与红十字运动相关的业务知识，提升志愿者对红十字的认知，加深理解，提高价值认同。同时，还注重志愿者精神层面的升华，使他们坚定信念，稳定、巩固并通过他们发展志愿者队伍。

三是对志愿者进行分类指导、管理，根据专业、爱好、年龄、居住地点、服务区域和服务时间等不同，建成按专业、分领域的红十字志愿服务网络。

四是加强志愿服务基地化建设，以固定的服务基地推动应急救援、心理关怀、人道救助、造血干细胞捐献和无偿献血、红十字运动传播、筹资劝募、海外和台事服务等志愿服务工作项目化进程，不断塑创新的服务品牌。

五是为志愿者选择好平台，有组织地推动志愿者之间的交流，使志愿者能够有机会谈服务感受、谈服务过程、谈服务设想等等，在交流中得到快乐、得到提升。

同时，逐步完善志愿者参加红十字志愿服务的保障机制，让真正的志愿者不再是呼之即来挥之即去、可有可无的摆设，而是有价值认同、相互爱护、心手相牵传真情、同心协力干事业的红十字工作的同盟军和贴心人。在这个方面，盐都区又做了先行者。

一是成立了以司法部门专家、知名法律界人士为主体的红十字法律援助志愿者工作委员会，积极探索在新形势下依法开展红十字工作新的举措、新的途径和新的杠杆，探索新时期依法保护红十字志愿者应有权益的渠道。

二是逐步建立志愿者参加红十字志愿服务成本补偿制度，解决志愿者出人出力又出钱的"一边倒"难题，创造性实施应急救援志愿者意外伤害保险、造血干细胞和遗体（器官）捐献交通补助和困难救助、敬老志愿者服务时间储蓄需要时同等回馈、新闻与传播志愿者稿件与研究成果薪酬奖励等保障制度，为全体红十字志愿者开展活动创造条件，对志愿者工作完成情况实施量化评价。

三是在定期传递资讯、看望慰问困难志愿者、分批组织志愿者参与红会机关和对口部门工作交流的基础上，对优秀志愿服务组织和志愿者个人开展评选表彰、星级认定和志愿服务奖章颁授活动，并协调新闻媒体，利用道德模范、江苏好人、十佳文明新事等主流评选平台，大力宣传红十字志愿者在服务大局、扶危济困、倡树新风中取得的突出成绩，宣传王建文、徐兆学、胡建军、徐静等红十字志愿者先进典型的动人事迹，形成人人肯做、乐做、争做红十字志愿者的良好局面。

三、永葆红十字志愿服务特色，为"文明盐都"建设贡献更多"爱的磁场"

社会文明的大潮浩浩荡荡一往无前，志愿服务工作也不可有任何松懈。把握时代发展的规律，矢志为人类和平、文明、进步事业发力的红十字组织必须把红十字志愿服务工作持续深入地开展下去，必须用创新的思维和办法来解决前进中出现的问题，按照"基地化孵化、项目化推进、品牌化建设、事业化发展"的要求，融入党政大局、主动牵头、项目化管理、社会化运作的工作格局，实现红十字志愿服务工作的思路创新、内容创新和方法创新，实现红十字志愿服务与区域政治、经济、文化、社会建设的有机融合。盐都区也清晰地认识和坚持了这样的方向。

1. 坚持做好总体规划

（1）严格按照《红十字会法》和《红十字会章程》的有关规定，推行志愿服务工作，保证其合法性；

（2）全面融入"文明盐都"建设大局，彰显红十字工作特质；

（3）切实设置好志愿服务基地和项目，便于志愿者专业化开展工作；

（4）切实解决志愿者后顾之忧，保证其全身心投入，并从法理和制度上协调好各级各类红十字志愿服务组织间的关系，做到互联互通互助。

2. 坚持有地方特色

（1）超前规划，务实开展，始终与地方经济、社会发展相适应；

（2）与慈善盐都、博爱之区的地方文化传承特征相适应；

（3）与盐都其他部门、社会机构的志愿服务组织联系紧密，人员构成取长补短；

（4）完全符合并适应"文明盐都"总体发展规划。

3. 坚持工作的指导原则

具体说，是坚持以"五个牢记、五个坚持"为指导原则：

（1）始终牢记红十字运动的宗旨，坚持围绕"文明、和平、进步"这个主题；

（2）始终牢记红十字的工作方针，坚持突出"孤、弱、残、老、困"这个服务主体；

（3）始终牢记博爱文化这个灵魂，坚持以价值认同吸引志愿者，积蓄发展力量；

（4）始终牢记壮大实力这个核心，坚持发展是硬道理的伟大实践；

（5）始终牢记有效的创新才能引领发展这个理念，坚持推动事业发展的手段与方法与时俱进。

也正是基于这样的认识和行动，在"文明盐都"大潮中，盐都区红十字会致力于强化品牌意识，创建公益项目，构筑道德高地，建立健全红十字志愿服务常态化、科学化、制度化的长效机制，积极塑造传承博爱文化、突出地域特色、凸显时代要求、引领未来发展的新时期红十字精神，推进红十字志愿服务，形成了"爱的磁场"，有力地奏响爱心乐章，使红十字精神成为催人奋进的强大精神力量。

（作者系盐城市盐都区红十字会志愿服务部部长）

附录：

盐都：红十字志愿者用善行大写奉献
王金海

盐城，丹顶鹤、麋鹿的自由栖息之地，朴素的道德情感不断生长的地方。近年来，通过深入持久的文明创建和公民道德建设，盐城道德模范不断涌现，凡人善举层出不穷，而红十字志愿者占据了"半壁江山"，他们已经用和正在用自己的善行大写出奉献的内涵。

遇急勇为

2012年7月10日，盐都区北龙港街道龙兴居委会内一丈多宽的乡间小路上，一女性新手司机驾车为避让人群，慌乱中将油门当刹车，相继撞翻几辆电瓶车后冲向毫无防备的正在路边交谈的两位老妪和一个抱着孩子的年轻母亲。就在电光火石的生死瞬间，一位回乡探亲的盐都区人武部教员挺身而出，奋力推开4人，自己却被快速行驶的轿车撞断了腿。经过抢救和治疗，他又顽强地站了起来。还是在当年4月5日清明节的下午，这名教员开车去同学王必顺家，在途经华兴商业街时，发现有一辆轿车翻倒在马路上，车内夫妻俩不同程度地受伤，而女方还是个孕妇。他迅速拨打"110"报警，然后在行人帮助下将两人送往市三院抢救，并替他们挂急诊，楼上楼下地奔跑，陪这对夫妇拍片、化验、缴费、拿药……他，就是全国道德模范提名奖获得者、盐城市盐都区人武部军事教员、盐都区红十字会志愿者徐兆学。这个在2002年就不幸身患白血病的病人，却抱着"活着拼命干、死了不遗憾"的信念，顽强与病魔抗争，忘我工作，倾力帮助他人，赢得了大家的信赖和敬佩。他先后被评为省道德模范、"双50"人物和省军区优秀"四会教练员"标兵以及改革开放30周年感动盐城人物、全省"三创之星"、"中国好人"、全国"民兵工作先进个人"。

2013年7月8日下午5点左右，盐都区大纵湖镇石庄居委会鹏程南路，司机陈某开着一辆刚运送完砂石的重型拖拉机，前方突然出现一个背对拖拉机、独自站在路边啃西瓜的女童！眼看悲剧即将发生，说时迟，那时快，在公路对面等车、抬头瞥见险情的大纵湖镇红十字会医疗志愿者、镇卫生院内科主任吴军高健步冲向拖拉机，奋力将小女孩一把推离，而他自己差点被拖拉机撞倒，其左手还是被拖拉机的三角带绞上了，小半截拇指没了，顿时露出白骨，鲜血直流。

2013年9月17日上午8点多，盐城市六一幼儿园门卫朱霞娣的爱人、61岁的董二林在学校门口不远处和亲家公说话，突然之间脑供血不足倒在路边，脸色发紫、眼球突出，无意识、无呼吸、无心跳。周围的人赶紧过来帮忙掐人中，有的帮忙捶击心脏，有的帮忙揉搓已发白的双腿，可董二林毫无苏醒迹象，情况万分危急。紧急时刻，送孩子上学的盐都区红十字会志愿者、潘黄街道卫生院护士徐静赶到。她拨开人群蹲了下去，规范地进行心脏按压、人工呼吸，终于将老人救醒。康复后，老人经过1个多月的多方打听，终于找到这位"救命恩人"，夫妇俩买了许多营养品想表示感谢，可都被徐静婉拒了，徐静说："我是个护士，更是红十字会志愿者，就是要保护人的生命和健康。"

像这样遇急勇为的感人事迹在盐都还有很多。

牢记责任

有志不在年高！2011年2月18日晚10点多钟，盐都区红十字小志愿者、盐城市第一中学高二（8）班学生吴涵同学在回家途中捡到一只包，在寒风中苦等了一段时间后，考虑到第二天还要上学，就将拾包先带回家中，发现内有近万元现金和数张银行卡，还有两张身份证及电话本。想到失主一定很焦急，当晚，吴涵便和妈妈一起，根据包内的电话本，设法联系失主，并报了警。几经周折，第二天终于联系到失主，失主拿出8000元酬谢，被婉言谢绝。区文明委授予吴涵"美德少年"荣誉称号，并奖励2000元美德基金，他却将奖金转赠给了学校阳光基金工程，帮助最需要帮助的人。其实，吴涵家中并不富裕。数年前从尚庄镇农村来到张庄租房生活，吴涵父亲吴国平身体一直不太好，奶奶又多年患病。当晚，家中唯一的一部手机放在吴国平身上，而吴国平正在外面办事，吴涵和妈妈便出去打公用电话联系失主。当时面对拾到的钱，一家人丝毫没有动心。

盐都区尚庄镇姚伙村69岁的农民乐绍琪致富不忘本，自筹50万元建起一座占地400多平方米的农家书屋，设立农业咨询点，联系专家，开通农技热线，免费为群众提供测土配方、平衡施肥和农技咨询等服务，推广直播稻百万亩，为农民增收千万元，在当地成为美谈。

水中救人

盐城多水，盐都更是水乡，碧波荡漾的大纵湖、横贯东西的蟒蛇河更是"美丽盐都"的名片。水滋润了这片热土，更浸润了这片土地上的人。这些年来，盐都的红十字志愿者水中救人的故事四处传扬。

2010 年 12 月 23 日下午，天寒地冻，盐都区大冈镇中心幼儿园一辆面包车在送 10 名幼儿放学回家的途中失控撞断桥护栏后坠入河中。大冈镇红十字志愿者、半月前刚做过胃癌手术在家休养的野陆村农妇王加丽闻讯，不顾身体虚弱，赶到现场跳进水中将孩子们一个个抱出。她 74 岁的母亲郭仁玉也不顾年老体衰，跟在女儿后面和附近村民迅速把孩子救上岸抱回家中取暖，谱写了一曲爱的颂歌。

2012 年 7 月 21 日的雨夜，180 多名乘客在北京丰台的南岗洼大桥被洪水围困，150 多名以盐城农民工为主的救援队伍赶来了：出生盐都大冈镇的材料员陈文堂身系绳索在洪水中沉浮，在大巴车和安全地带之间拉起一条"生命线"；盐都秦南镇贺家驿村的何学中带着身为红十字志愿者的儿子何明冲向深水，全然忘记了儿子还是个"旱鸭子"，父子俩拉着绳子，在齐胸深的水中接力救人，一直坚持到最后……等到把获救人员接到工地后，大家又拿出自己的衣物给他们换上，买来食品煮汤熬粥，找来药品帮助他们处理伤口，还递上手机让他们给家人报平安。来自盐都的农民工兄弟和志愿者，用手足般的情义温暖了这个时代。

以上仅仅是从盐都红十字志愿者的大量事迹中摘取的几朵"花蕊"，而从这几朵"花蕊"中我们看到了一种精神叫"奉献"。

盐城市委书记朱克江说："对于一座城市而言，经济是基、文化是脉、百姓是本，而民风则是魂。"如今，盐都的红十字志愿者们正感受着崇德向善的民风，坚持"奉献、友爱、互助、进步"的志愿者精神，在无私的志愿行动道路上阔步前行。

（原载《江苏红十字》2014 年 5 月 20 日）

旧衣物接收站常态化运行管理模式探索

张广英

随着社会经济的快速发展，人民生活水平不断提高，相当一部分家庭产生了许多旧衣物，其中不少仍有使用价值，丢弃非常可惜，还带来环保压力；但是保存不仅占据家庭储物空间，还有整理、保管的烦恼，想要捐出去，一时还没有接收的地方。同时，由于经济发展的不平衡，老少边穷地区仍有许多困难家庭，他们还需要党和政府的关怀与帮助，需要社会各界人士的爱心支持，对衣物还有需求。基于这种情况，盐都区红十字会和区民政局从服务社会发展大局出发，为方便市区群众捐赠旧衣物，加强公益资源整合，推动旧衣物捐赠常态化，从各自职能出发，发挥自身优势，共同建立了盐都区旧衣物接收站。目前，旧衣物接收站已正常运行，但还存在一些困难和问题。本文就接收站的运行管理进行初步探索。

一、运行现状

旧衣物接收站的整个筹备过程总体可以分为三个阶段。2012 年之前为第一个阶段，在这个阶段，听取了周围一些干部职工的呼声，为了解决他们家中有使用价值的旧衣物无处捐赠的实际问题，区红十字会尝试接受旧衣物，当时并没有主动向社会发动，而是从保护爱心、培育善意角度出发，主要接受机关单位干部职工和社区居民的旧衣物捐赠，尚处于起步阶段。2013 年起进入第二个阶段，因为在开展募捐筹资工作中，在博爱助医、博爱助学、博爱助老、博爱助残、博爱助困、博爱助农等博爱项目实施过程中，以及基层组织在参与无偿献血、造血干细胞采样

159

活动中，都有不少同志提出家中旧衣服较多，留着占地方，弃之又可惜，很想捐出去，常问红十字会是否有便利途径。根据这一情况，区红十字会加强了工作的主动性，积极与老少边穷地区联系，在确定需要的情况下，与区直机关部门、驻城社区衔接，开展定向的捐赠旧衣物活动。当年先后与药监局、财政局、新区福才社区、刘朋社区等共同组织4次活动，接收了相当数量的旧衣物，并与需要地区做好了对接。从2014年元月到旧衣物接收站揭牌运行是第三个阶段。因在2014年区"两会"上，部分人大代表、政协委员做了旧衣物捐赠方面的提案，有关部门非常重视，将提案交区红十字会办理。红十字会顺应人大代表和政协委员代表大众的呼声，与区民政局一起将旧衣物接收站筹备工作提上议事日程，采取切实措施，扎实做好了三个方面的工作：一是与省红十字会、上海红十字备灾救灾中心以及西藏昌都地区、贵州凯里市红十字会进行联系，了解旧衣物需求和最终归属管理；二是与区疾控中心协商，确定接收站工作场地和接收储存地点；三是筹备成立物流行业红十字会，为旧衣物的物流运输寻找有效支持，解决爱心捐赠"最后一公里"的难题，提高了捐赠物品的利用率。

2014年年初，在区领导的直接关心下，在区疾控中心、物流行业的大力协助下，在社会各界的真心支持下，区红十字会和区民政局共同建立的旧衣物接收站筹备工作已经完成，并揭牌开张，目前正依照相关制度和流程，有条不紊地开始运行。

二、存在问题

1. 接收旧衣物的机构很少

随着社会的发展，人们生活水平的提高，市民家中旧衣物较多，原来有些旧衣物还能送给农村亲友，现在一些条件好的村民家中也都有富余衣物无法处理，所以城乡居民家中的旧衣物越积越多，但就近却没有处理渠道，必须将旧衣物处理后运往边远的有需要的地区。而慈善机构包括红十字会在内都没有规定必须接收旧衣物，因此，公开接收旧衣物的地方很少。目前，全市乃至全省都少有公开接收旧衣物的接收站，这就给区旧衣物接收站增加了接收压力，平添了被质疑的风险。

2. 人力、物力、财力不能保证

旧衣物的接收储存直至运输发放是一个繁杂的过程。旧衣物储存必须有仓库堆放，如新建需土地指标、资金预算等，租借则需要资金和相关部门支持。旧衣物分拣、消毒、清洗、熨烫、检验、包装等过程亦需必要的设备，还要组织大量人力。旧衣物的运输和发放更需大笔开支和较好的对接，否则得不偿失、前功尽弃。

3. 愿意接受旧衣物的人群相对较少

一是灾区对旧衣物需求不大，灾区急需的不是旧衣物，况且一些旧衣物不一定全部适合灾民，一旦灾害发生，没有过多的人力、物力用于运输、发放旧衣物。

二是一些贫困地区群众特别是贫困地区的学校，害怕旧衣物的卫生不达标，存在安全隐患，宁可让孩子缺衣少鞋，也不轻易接受旧衣物。

三是旧衣物运送到当地后如何按需发放到合适的对象手中也是一个棘手的问题。

三、对策措施

随着社会的不断发展，和平时期红十字会不能仅仅停留在为困难群众解决困难上，而要从全社会的高度为社会、为政府分忧。如今，处理旧衣物难已经成为广大市民甚至村民的一大麻烦，而解决这一麻烦的最好途径是成立旧衣物接收站，因为其节约、环保、利民。如何成立一个让捐赠者和接受者都满意并信任的接收站？红十字会作为从事人道主义工作的社会救助团体，要当仁不让，承担起这一职责。当然，光靠红十字会自身还很难做好这件事情，必须要依靠党委政府的领导和支持、各职能部门的协调和配合，以及广大群众的积极参与。

1. 党委、政府的领导和支持

党的领导是红十字会必须坚持的一项原则，红十字会在党的领导下协助人民政府开展与其职责有关并对社会发展有利的活动，红十字会应主动争取政府购买服务和在各个项目上的政策支持。旧衣物接收站是一项环保、有益民生的事，政府应支持红十字会协调相关部门群策群力做好这项工作，并将旧衣物接收站所需的部分经费列入年度财政预算。

2. 职能部门协调和配合

成立旧衣物接收站需要仓储、分拣、消毒、清洗、熨烫、检验、包装等过程，这些都没有现成的场地、设备、人员等，政府也不可能全包，红十字会必须去争取、协调、组织，以期获得各职能部门的支持。经过努力，首先是区民政局，从服务民生、服务社会的大局出发，积极与红十字会共同筹备创建旧衣物接收站，这就加快了接收站的筹建进程。区卫生局积极协调在疾控中心挤出两间活动室，作为接收站的仓储和盥洗室，恰好在一个院落内，方便旧衣物的清洗、消毒和晾晒，这就解决了最难的场地问题。区财政局更是主动配合，早在筹备初期，财政局就主动和红十字会联合组织局机关干部捐衣捐物，并联系了西藏、贵州的贫困地区将第一批旧衣物运送到困难群众手中。旧衣物接收站成立运行后，经批准将所需经费列入年度财政预算，解决了部分资金问题。筹备期间通过和交通运输局对接，由运管处牵头，成立区物流行业红十字会，将全区较大的物流企业运输信息整合，通过配载、托运等方式将旧衣物以最低成本运送到需要的地区，这也就解决了旧衣物的运输难题。

3. 成立专门志愿服务队

各职能部门协调配合解决了资金、场地、运输等问题，使旧衣物接收站成立运行，但这只解决了硬件，还必须要有人来接收、登记、分拣、消毒、清洗、晾晒、熨烫、检验、包装旧衣物，这一过程光凭红十字会几个人远远不够，必须发挥红十字志愿者的作用。红十字会利用自身优势，组织有爱心的机关事业单位公职人员或社区无业、退休人员，组成志愿服务队，轮流到旧衣物接收站上班服务。经过努力协调，第一批志愿者成立志愿服务队，解决了从接收到装箱的人力问题。

4. 联系贫困地区，对接旧衣物接受、发放单位

因许多贫困地区或贫困学校、福利院等都不愿接受旧衣物，有的愿意接收，但没人组织分发。红十字会有一便利的条件是联系当地红十字会，由当地红十字会调查了解需要旧衣物的对象，需要的数量、品种、大小等，了解各地需求后，进行整合，配载运送，同时请当地红十字会统一接受并分发到位。这就解决了旧衣物接受分发难的问题。

5. 做好旧衣物接收站的日常管理

一是选择责任心强、有奉献精神的人专门负责接收站的运行管理工作。二是建立相关规章制度，按照备灾仓库物资管理的要求来规范接收站的管理。建立入库出库制度、旧衣物登记制度、旧衣物清理流程、接收站安全管理制度等等，防止旧衣物遗漏、丢失、变质，而辜负捐赠者的意愿。

旧衣物接收站运行以来，共接收旧衣物 10 万余件。在大家丰衣有余并闲置的时候，盐都区红十字会和民政局从大局出发，克服困难，为广大居民既解决了旧衣物存放、捐赠难的问题，又引导他们参与公益、传递爱心、传播文明，倡导低碳、环保、节俭的生活方式；同时，为贫困地区的群众解决了困难，帮助了需要帮助的人，真正为群众解难、替政府分忧，体现出对社会的公益责任和有效担当。

（作者系盐城市盐都区红十字会副会长）

附录：

看志愿者们如何化解捐衣难

林　培

针对社会上抱怨红十字会"不收旧衣服"的责难，苏州大学红十字运动研究中心主任、社会学院博士生导师池子华对记者说，其实红十字会也有苦衷，处理旧衣服成本太高，接收、分拣、消毒、清洗、包装、仓储、运输等，一系列成本往往使红会组织力不从心。不过，在盐城市盐都区，通过整合红会志愿者力量，不花一分钱，就能实现爱心传递。"这对化解我省每年产生的 60 万吨旧衣服，或许有所启发。"池教授建议记者"暗访，看是否名副其实"。

来到盐都，一打听，大伙都知道区疾控中心后面的"红十字会旧衣物接收站"，凡捐上门的，都收。循着淡淡的"84 消毒液"气味，记者走进这座闹中取静的院落，映入眼帘的是一排排晾晒的各式服装，水池旁洗衣机"哗哗"转动。

"谁啊？"记者闻声进屋，只见一位大妈正埋头熨烫，工作台上已整齐地码起4层衣服。

55岁的陈琴放下熨斗，直起腰，告诉记者："早上8点10分把孙子送到幼儿园，就来了。到这会，已洗了两洗衣机旧衣服，烫了八九十件旧衣服，还真有点累。"

"让红十字会发劳务费。"记者打趣道。

"不能，我是红会志愿者，哪能拿钱？"陈琴一脸认真地说。她把记者引到室内的清洗池旁，介绍起工作流程——首先对旧衣服分拣，至少五分之一不合格；合格的放进水池浸泡消毒，至少半小时；洗衣机清洗甩干、晾晒、熨烫后，分门别类包装，最后集中装箱。

"除春节放假，其余天天开门、收衣洗衣，区红会有专人跟班督导。10分钟前，红会人接到电话，骑电动车去社区拿旧衣服去了。"说着，她给熨好的衣服分类装袋，并分别塞进"棉衬衫""少年女式外套""适合3岁儿童穿的裤裤"等手写标签，让人一目了然。

"就你一个人忙？""怎么可能？"她笑道："有40多人呢，仅我们前进小区跳广场舞的大妈，就5个，都是我发展的。"她随手递给记者一张值日表说，"我们还在红会救助对象亲属中，发展了一批姐妹志愿者，她们晓得感恩，吃苦耐劳，总抢着在双休日值班，替换我们。对于农村来的志愿者，红会供一顿午饭。"

"去年1万多件发到中西部的旧衣服，都是我们一手接收、清洗、熨烫的。"她自豪地说，"我们做善事，连儿女都觉得有面子。"

40多名志愿者常年奉献爱心，解决了旧衣服接收清洗等问题，那运输呢？旧衣服接收地，多在千里迢迢的中西部，运费可不低啊。记者怀着这一疑问紧接着又采访了区红十字会常务副会长吴玉林。

老吴并未直接回答，而是翻开一本旧笔记说，"我吃过亏。"那还是2009年，他们向宁夏某县捐赠2000多件旧衣服，由于棉衣被多、装箱多，光火车托运费就花了1万多，超过了旧衣服的价值。"一笔运费，害得我们差点不敢接收旧衣服。"

后来我们就动起"免费运输"的脑筋。他介绍说，通过宣传动员，成立了区物流行业红十字会，选举两大龙头企业江苏神龙集团和华晓物流公司的老总分任行业红会正副会长，区运输管理办公室主任任秘书长。顺理成章，10多家物流企业就把免费运衣服的事包下来了。

"如目的地不在他们运输线路上，就由他们协调转运。但要及时向我们报备，以便跟踪监管。"老吴欣慰地说，他们至今已运送4万件旧衣服，无一闪失。

"如何回报这些物流企业？"记者问。老吴收起笑容，满脸敬重地道："完全是自愿奉献！就这，神龙集团去年还给红会捐款。"

"为了慈善，没有大家的支持，我们寸步难行。"吴玉林告诉记者，"旧衣物接收站"的"地盘"，也是由卫生系统行业红会免费提供的。否则，光租仓库、堆衣服这一项，花钱就可观。

老吴感叹道：整个盐城市，只有盐都区正常收旧衣服，而周边"计划外"旧衣服也纷至沓来。拒绝吧，于心不忍；收下吧，又加重志愿单位和志愿者负担。"两难！"

省红十字会赈灾救护部长郝宁告诉记者，以志愿者队伍为主体，组织回收利用旧衣物，这是国际惯例。"盐都构建志愿者公益平台的做法，完全可操作可复制。"关键要有人出来"挑头"实践，而不是面对"捐衣难"一味怨天尤人。

（原载《新华日报》2015年4月6日。作者系新华日报社记者）

加强基层组织建设　促进人道事业发展

吴玉林

盐都区红十字会自理顺管理体制以来，在区委、区政府的坚强领导和省、市红会的精心指导下，以加强基层组织建设、健全工作体系为抓手，推动红十字事业不断向新的层面和新的领域展开，红十字事业取得了较好的发展。

一、深化思想认识，明确基层组织建设的必要性

2005年10月，理顺管理体制后的新一届理事会刚一组建，就意识到管理体制的调整，不仅仅是隶属关系的变化，更意味着党委、政府对红十字会履职水平、社会作用、事业发展有着更新、更高的要求和期待。如何适应形势的变化，打开以往惯性运转的僵化局面，就成了摆在新一届理事会面前的首要课题。通过调研、分析，新一届理事会确定通过建立基层组织、健全工作体系、确立工作机制来拓展工作领域，扩大生存空间。但由于红十字会恢复建会近20年的运行机制，基层组织建设工作得不到广泛的认同，且受到了来自不同方面的阻力。为此，我们通过多种渠道、多种方法，有步骤、有策略地与有关方面沟通、协调，深化大家的思想认识，从三个方面反复说明加强基层组织建设的必要性。

一是从全区红十字组织的现状来说明加强基层组织建设的必要性。理顺管理体制之初，全区共有红十字基层组织139个，会员近8万人，

看似十分庞大，一加分析就显得极不合理、十分薄弱。在139个基层组织中，117个在教育系统，属于教育系统红会的下一级组织；21个在卫生系统，又是团体会员单位；1个街道红十字会，自成立之日起，就没有开展过活动。8万会员中，7万多为在校学生，成人会员又集中在卫生、教育系统，其他行业的会员，除理事外，几乎为零。这样的组织状况，不仅严重制约工作的开展，束缚了自己的手脚，将自身挤压在有限的领域，而且对倡导并弘扬"人道、博爱、奉献"的红十字精神、传播红十字运动也极为不利。

二是从红十字会肩负的职责来说明加强基层组织建设的必要性。《中国红十字会章程》明确规定，红十字会在和平时期有14项职责，在战争或武装冲突时有5项职责。而要准确、全面、恰当、得力地履行和平时期的14项职责，仅仅依靠教育、卫生系统的红十字组织显然是不行的，必须要将广大的农村区域发动起来，将有经济实力的工商企业发动起来，将经济、社会管理部门发动起来，将富有爱心的志愿人士发动起来，使之加入我们的行列，参与我们的行动。建立遍及行业区域的红十字组织，以及组织间的互动、协作，努力在全社会形成倡导"人道、博爱、奉献"的新风尚，关爱"最易受损害人群"境况的好氛围，才能推动红十字事业不断发展。

三是从区内外红十字工作开展的经验来说明加强基层组织建设的必要性。就区内而言，红十字青少年和学校红十字工作起步较早，开展得比较扎实，得到了省、市的肯定和赞赏。究其原因，不仅是领导重视，多方支持，更主要的是依托了教育系统组织机制健全、工作节点有力的优势；同样在我区，2005年前救助金募集渠道不畅，社会救助一年也就一两万元，实力如此之弱，"三救"工作等于去掉了"二救"，即使救护，也是时断时续。究其原因，关键仍然是组织不健全，机制不合理。就区外而言，不论是国内还是国外，人道事业之所以开展得卓有成效，都与有一个健全的组织体系有关。可以说，没有组织体系，就难以开展工作；没有一个健全的组织体系，开展的就是不健全的工作。通过我们的反复宣传和说明，在各镇（区、街道）建立红十字基层组织，并以此为基础向不同层面扩展与推进，得到了包括区领导在内的多方面理解和认同，组织建设也随之展开。

截至 2015 年年底，全区共有各级各类红十字组织 340 个，其中镇（区、街道）红十字会 20 个，行业（系统）红十字会 7 个，村居会员小组 113 个，工商企业红十字会 79 个，形成了覆盖行政区域、相互沟通协调、反应灵敏迅捷、资源整合共享的工作网络。

二、抓住重点环节，保证基层组织建设的实际效果

在基层组织建设的具体实施过程中，我们着重抓了三个环节。

1. 规范建立程序，强化基层组织建设的合法性

一是明确筹备小组。镇（区）这一块红十字工作主要由哪个方面、哪条线负责，我们考虑了社会事业、民政、党政办（亦即机关）的分管领导和政府主要负责人 4 个方面的情况，反复分析比较，确定筹备小组由政府分管社会事业的领导负责，并担任新组建的镇红会会长，财政收入超 3 亿元的镇（区、街道）由政府主要负责人担任会长，分管负责人任常务副会长；由社事办主任任秘书长，负责日常工作。

二是明确建会步骤。规定建会不可或缺的七个步骤：（1）学习《红十字会法》和《章程》；（2）提出理事会、常务理事会人选；（3）党委、政府联席会议讨论通过；（4）以党政办的名义向区会提出申请；（5）区会批复；（6）召开成立大会并由区会授旗、授牌、授徽、授印；（7）聘请名誉会长。同时，将每个环节上要注意的事项都一一加以说明。

三是明确建会后的工作任务。在指导建会过程中，我们根据实际，明确新建基层红会 6 大基本任务：（1）开展宣传，传播红十字运动和红十字博爱文化；（2）建立制度和基础台账资料；（3）开展募捐和社会救助；（4）开展应急救护普及培训；（5）发展会员、志愿者并组织志愿服务活动；（6）结合区域实际创建工作特色。

2. 提供基本条件，保证基层组织工作的延续性

从基层组织建立之初，我们就把解决基层红会办公条件和工作经费作为重点议题，除要求所在地（单位）提供办公场所和办公设施外，主要从政策层面上解决工作经费。

一是镇（区、街道）红会。由区财政局和区红会联合发文要求同级财政将红会的工作经费纳入预算，根据财力状况和红会工作任务，安排1万至3万元不等。2009年以后，已经形成了惯例，财政部门与红会不再联合发文，由镇（区、街道）财政按实际需要安排。目前，镇（区、街道）红会的工作经费，从一两万到10多万元不等，全部由同级财政供给。

二是行业、系统红十字会。明确由所在系统解决，行业红会由所组成的单位分担（实际上大多由会长所在单位负责）。

三是区直机关红会。明确由区直机关事务管理局负责协调安排。同时，区红会还对镇（区、街道）、村居红十字组织，根据承担工作任务情况，实行经费奖励性补助。

3. 开展标准化建设，促进基层组织发展的均衡性

由于全区红十字基层组织成立时间长短不一、业务掌握程度不同、所在镇（区、街道）经济发展水平存在差距，使得基层组织间无论是办公条件，还是业务工作的开展方面，都存在着较大的不平衡性。

2010年初，我们根据红十字工作同质化和重复性的特点，在镇（区、街道）、行业、系统红会中开展标准化建设，在试点的基础上确定标准化建设方案，出台了阵地建设、会务管理、业务工作、基础资料4个大项、82个小项标准化建设方案，并分别明确要求、落实责任：在阵地建设上强化镇（区、街道）政府和行业主管部门的责任，要求各镇（区、街道）为区域内红十字组织提供必要的办公条件，并保证工作经费；在会务管理上明确秘书长为第一责任人；在业务工作上，要求镇（区、街道）和行业红十字会至少要开展应急反应、志愿服务、救护培训、人道传播、博爱救助、示范创建、生命工程、共享阳光等8个方面的工作，并提出了相应的标准和质量监督控制措施；在基础台账资料方面，由区会为各基层红十字会统一配置资料盒、文件夹等，并设计了20种用于标准化建设的基本表格。

为了确保标准化建设的推进速度和建设质量，由区人民政府召开各镇（区、街道）主要领导、红十字会常务副会长和秘书长，以及行业红十字会负责人参加的基层组织标准化建设工作会议，使基层组织标准化建设工作顺利启动，极大地促进了基层组织的均衡发展。

三、开展能力建设，提高基层组织的工作水平

能力无论对于个人还是组织而言都是重要的，直接影响着个人和组织的履职程度和事业发展。因此，我们始终把能力建设贯穿于基层组织建设的始终。

1. 强调能力建设的前提条件

一个人的能力有大小、高低之分，这是不容置疑的，但个人能力发挥程度、所起的作用有个基本前提，那就是守岗履职。因而，在开展能力建设的过程中，我们把坚持岗位、守护岗位、履行职责作为能力建设的第一要务，分别制定了基层红会会长、常务副会长、秘书长、资料员岗位职责，并通过每季度的秘书长和专兼职干部例会组织相关培训，强化这个理念，使专兼职干部明白，不论是否喜欢红会这个岗位，不论是否喜欢红十字这份事业，处在岗位上一天，就要切实履行职责一天，不打折扣、不掺水分；对会长、常务副会长，除了通过会议、文件强调其职责外，通过把地方红十字工作纳入区政府对镇（区、街道）社会事业发展考核目标来强化其履行责任。

2. 明确能力建设的基本内容

根据基层组织的现状和今后一段时期事业发展的要求，将"决策能力、执行能力、协调能力、公关能力"作为能力建设的核心内容，并提出了具体要求。

在决策能力，也就是领导能力建设上，要求基层红十字组织围绕履行好"五大员"的职责来进行。即做好"领航员"：把握事业发展和工作开展的方向；做好"指挥员"：组织区域内红十字工作的开展；做好"教练员"：训练区域内红十字工作人员、会员和志愿者，带好团队；做好"裁判员"：制定工作标准，实施工作监督与评价；做好"服务员"：为红十字工作开展提供基本条件和服务。

在执行能力建设上，要求承担执行职能的组织和个人要准确理解领导的意图和工作要求、全面把握工作开展的基础、选择正确合适的工作方法、采取认真负责的工作态度，保证各项决策和工作执行到位。

在协调能力的建设上，考虑协调能力的成效取决于影响力，就红会

而言，绝对影响力也就是权力影响力是十分有限的，因而努力打造相对影响力就成了唯一的选择。在这个方面，我们要求基层组织在实际工作中要注意聚集4个方面的力量：一是领导与强力部门；二是秉承人道理念的志愿工作者；三是有助于提高红十字公信力的审计监督部门和社会监督员；四是有志于红十字事业发展的成功人士和工商企业，并在实际工作中，通过这4方面人群的参与和配合，提高协调效果。

在公关能力的建设上，则侧重于提高区红十字机关的公关能力建设，主要从加强危机管理、做好应急公关；加强媒体宣传、做好形象公关；联系强力部门，做好法制公关；发挥组织优势，做好群体公关等方面来强化，并以此来提高组织的信誉度、美誉度，以及会员、志愿者、工作人员和爱心人士对红十字组织的忠诚度。

3. 注重能力建设顺应时代发展

我们所处的时代是经济高速发展的时代、科技日新月异的时代、社会频繁变化的时代，各级各类红十字组织的决策程序、工作目标、工作手段必须适应社会的进步。换言之，基层组织能力建设也必须与之相适应。因而，在能力建设过程中，我们除了对专兼职干部进行红十字基本知识、人道理念、博爱文化、法律法规、经济发展与民生责任、红十字相关业务，以及在实际工作中需要注意的事项进行培训外，还顺应"互联网+"、大数据时代的来临，尝试开展"智慧红会"建设，推动基层组织以此为平台，不断构筑事业发展新高地。

（作者系盐城市盐都区红十字会常务副会长）

加强协调促创建 活化措施彰特色

——盐都区创建全国社区红十字服务示范区情况简介

吴玉林

    盐都区的区域面积1023.8平方公里，总人口80.2万（其中驻城人口9.5万）。现辖13个镇和新都办事处，拥有246个村（居），其中社区8个，全部隶属于新都办事处。2006年，全区实现地区生产总值146亿元，社会固定资产投资103亿元，财政收入14亿元，农民人均纯收入6550元，城镇居民人均可支配收入13500元。

    2005年5月，区委、区政府根据国家、省、市有关文件精神，由区编委发文，将区红十字会由卫生部门代管改为区政府领导联系的独立团体。随后，配备了专职人员，召开了会员代表大会，履行相关组织程序，并数次协调、会办，解决红十字会的办公场所、工作经费问题。2007年，区财政拨款21万元，其中红十字社区服务站建设专项经费3万元；2008年，预算安排22.5万元，决算可达25万元以上。在区委、区政府的重视和省、市民政部门、红十字会的支持下，两年来，盐都区红十字事业取得了长足的发展。全区现有区级红十字会理事单位43个，成人会员12966人，青少年会员7万余人。各镇、办事处均成立了红十字会，所有社区和16个工商企业成立了红十字组织；近3年共募集博爱救助金367.5万元，社会救助受益人数达2400余人次；329名造血干细胞捐献志愿者血样进入中华骨髓库；连续7年组织成人会员无偿献血，每年献血总量均在10万毫升以上；初级卫生救护培训全面启动，每年培训人数均达万人以上。

    盐都区社区红十字服务工作于2006年初开始启动，在区委、区政府的直接领导下，区红会与社区工委、民政局密切配合，按照"对照标准、扎根基层、服务社区、彰显特色"的原则，在学习区内外先进经验的基础上，在全区 8 个社区全面推开。

一、思想重视，加强协调，为社区红十字服务提供组织保证

2005 年 10 月，区红十字会第四次会员代表大会召开后，我们就着手推进社区红十字服务工作，组织专兼职人员认真学习省红十字会、省民政厅"〔2003〕147 号文件"《关于转发中国红十字会总会、民政部〈关于开展社区红十字服务工作的通知〉〈关于开展全国社区红十字服务示范活动的意见〉的通知》精神，认识并理解社区红十字服务工作的目的、意义，了解并掌握开展社区红十字服务示范活动的内容、程序和方法。在此基础上，专题向区领导进行汇报，并和社区工委、民政局、新都办事处的领导同志进行沟通，争取他们的理解、配合、重视和支持。

2006 年 2 月，区政府分管领导专门召集有关方面的主要负责同志，就社区红十字服务等问题进行了专题会办，与会同志听取了区红会就社区红十字服务的相关政策、要求，以及先进地区的情况介绍后，一致认为开展社区红十字示范服务区创建活动有重要的现实意义和示范效应，并提出了"三个结合"，即社区红十字服务创建工作与社区党建工作相结合，以党建保创建，以创建促党建；与建设和谐社区相结合，充分发挥红十字组织在构建和谐社会中的作用；与其他职能部门进社区相结合，彰显工作特色。同时，成立了由区政府分管领导为组长的社区红十字服务工作协调小组，负责全区社区红十字服务示范区创建工作的组织领导和协调。3 月 10 日，区红十字会和区民政局联合下发了"都红〔2006〕2 号文件"《关于印发〈创建社区红十字服务示范区实施方案〉的通知》，并与民政局、新都办事处联合召开了 6 个社区主要负责人和分管负责人会议，对创建社区红十字服务示范区工作进行动员、部署，提出了"三落实，一定期"的要求，即落实阵地、落实人员、落实措施，定期完成任务。会后，各社区明确了专人负责前期筹备工作。

2006 年 4 月，所有社区红十字服务站先后成立，同时建立了红十字基层组织，积极发展红十字会员、招募志愿服务工作者，积极开展社区

红十字服务示范工作所要求的各项活动。社区工委、民政局、红十字会除了相互之间加强沟通与协调外，还建立了与残联、卫生、教育、共青团、妇联、科协等单位信息沟通机制，相互配合，共享资源，共谋发展，将"为社区居民服务"放在第一位，在服务中扩大影响，放大各自的功能。近两年来，我们与其他职能部门联合进行了 20 余次的社区活动，均取得了良好的效果，受到了群众的好评，从而使社区红十字服务得到了更多人的理解和支持。

二、紧贴实际，活化措施，推动社区红十字服务工作顺利开展

在管理体制理顺之前，盐都区红十字会的工作主要在教育、卫生两大系统中开展，在社会上知名度不高，影响力不够，不要说群众，就是机关单位大多数同志也不知道红十字会是个什么样的组织，做哪些事情。针对这一状况，区红会根据社区红十字服务"以人为本，服务弱势；政府支持、突出特色；因地制宜、资源共享；健全队伍，规范管理"的基本原则，坚持紧贴实际，活化措施，推动社区红十字服务工作顺利开展。其主要做到"三个到位、三个落实、三个要有"。

1. "三个到位"即认识到位、宣传到位、活动到位

通过以会代训、登门沟通、发放资料等方式，努力提高社区领导和红十字服务站组成人员的思想认识，使他们了解国际红十字运动的由来及其在区内外的发展；了解"救死扶伤、扶危济困、敬老助残、助人为乐"的红十字工作方针和中华民族赈灾恤难的传统美德，"人道、博爱、奉献"的红十字精神和人类文明进步的关系；了解开展社区红十字服务对构建社会主义和谐社会的促进作用，不断提高他们的认识，调动积极因素，形成工作合力。在此基础上，区红会与宣传部、文广局、报社、区电视台、科协、医学会等部门联手，加大宣传力度，在宣传健康保健、科普、实用技术等知识的同时，对社区干群宣传红十字运动的基本知识，宣传社区红十字服务的内容。区红十字会和区红十字新闻与传播志愿者工作委员会加强对宣传工作的统筹与协调，做到每月在报刊上宣传报道不少于 5 次，电视报道不少于两次；各服务站集中发放宣传资料

不少于 1 次，200 人份以上，加深社区干群对社区红十字服务的理解度，提高其参与度。同时，各社区服务站积极开展各项活动，做到每月开展一次健康咨询，每季开展一次综合志愿服务；对特定人群，积极推广"一对一"志愿服务，随时有要求，随时服务；逢重大节日如"5·8"世界红十字日、"9·8"急救日等，均开展相关活动，增强了社区红十字服务的活力和生命力。

2. "三个落实"即组织落实、设施落实、制度落实

全区 8 个社区均建立了社区红十字服务站，由社区分管领导任站长，成员 5—10 人不等，按照实际，进行分工负责，定期召开会议，通报研究和落实工作任务。各社区成立红十字会后，根据自身实际，建立红十字会员小组，扩大红十字的覆盖面。在设施方面，在区政府的支持下，区财政部门拨出专款 3 万元，为社区服务站购置了轮椅、急救箱、听诊器、血压计、体重身高称量仪、资料柜、募捐箱等，还为各社区服务站统一制作了标牌、制度上墙板面、文件夹、报刊架，各社区负责为服务站提供不少于 15 平方米的场地。在相关制度上，我们根据省、市红十字会的要求，借鉴外地的经验，结合自身实际，制定了社区红十字服务站主要职责、服务内容、工作守则、财务管理暂行规定、志愿服务、捐赠救助、业务培训、宣传教育等 8 项基本制度，并在实际工作的开展和服务站相互检查、观摩活动中，监督制度的执行，保证社区红十字服务在健康的轨道上顺利推进。

3. "三个要有"即要有志愿队伍、要有救护培训、要有爱心活动

志愿服务是红十字运动的七项基本原则之一，也是社区红十字服务的重要特征。在社区红十字服务始端需要行政力强势推进，但其生命力的重要来源是志愿服务。因此，我们一直将建立志愿者队伍作为一个重要环节，要求每一个社区以志愿为原则，加大招募力度，建立两支志愿者队伍：一支为扶贫济困的志愿者队伍；一支为专业性较强的卫生保健服务队伍。不分区域，方便就行；不分性别，健康就行；不计数量、志愿就行。目前，每个社区均招募了 10—30 人不等的志愿者队伍，并正常开展志愿服务。我们还将开展群众性卫生救护培训作为专项要求列入社区服务，至 2008 年年底，8 个社区均达到了一般群众卫生救护培训普及率 10% 的要求。同时，各社区服务站均积极开展爱心活动，除了每年

的"5·8"开展"一日捐"外，还根据各个社区的具体情况，积极开展募捐救助。刘朋社区为孤寡老人、南港社区为白血病学生、娱乐社区为贫困大学生等都开展过定向募捐。每年重阳节、春节等节日，社区服务站均开展"慰问低保、五保老人"和"博爱送万家"活动。各个社区通过爱心活动唤起人们的慈善意识，倡导"人道、博爱、奉献"的红十字精神和互助友爱良好风气的形成。

三、强化管理，彰显特色，不断提高社区红十字服务的工作水平

社区红十字服务工作的对象是社区居民，尤其是处于弱势的困难群体，而服务和爱心活动又是以志愿为主要特征的，因此，必须要加强管理、取信于民、注重创新、彰显特色，才能推动社区红十字服务工作长期有效地进行。

1. 加强募捐款物的管理

对各社区服务站按照区委、区政府文件或区红十字会的要求开展的博爱一日捐活动和其他专项募捐的款项，一律实行由区组织募捐，统一缴至区红会博爱救助金账户统一管理。对各社区服务站或社区红十字会组织的专项募捐活动，严格按照《捐助款财务管理暂行规定》执行，对所收到的捐赠款物均分个人和单位登记造册，专款专用，并张榜公布。对区域内弱势群体的救助，由申请对象出具书面报告，经社区服务站和红十字会初审后，报社区分管领导签署意见，统一由区红会按标准实施救助。区红会除了每年两次对理事会报告救助金使用情况外，每年还要接受区财政、审计部门的财务检查和审计，从而保证了合理、公平地使用救助金，做到取信于民。

2. 结合自身实际，创建工作特色

在开展社区红十字服务工作中，我们除了对8个社区服务站有统一的制度和工作要求外，还针对各个社区的不同特点，进行分类指导，创建各自的工作特色。玉新社区残疾人相对较多，服务站就与区残联加强沟通，开展一系列助残服务；娱乐社区距离新区实验小学较近，其就积极将社区红十字服务与红十字青少年相结合，与教育系统红会一道，组

织青少年红十字会员参与社区服务；刘朋社区服务站与社区卫生服务站紧靠一起，在开展社区服务过程中，他们充分发挥这一特点，加大卫生保健和群众性卫生救护知识普及的力度。通过近两年的社区红十字服务工作，8个社区服务站逐步形成了各自的特点和优势。

3. 学习先进经验，将社区红十字服务引向深入

我区8个社区都是由村委会演变而来，虽然称为社区，其实就是失地农民组成的村居，社区功能还不健全，社区居民大多为正在市民化中的农民。从事社区红十字服务工作的同志以及志愿者能力，较之城市，尤其是大城市的志愿者还有很大差距。为了提高人员素质，推动社区红十字服务向更高层次迈进，近两年我们除了开展培训外，还先后组织他们去国家级社区红十字服务示范市——我市的大丰和苏南的无锡、昆山考察学习，对照先进地区的做法和经验，寻找自身的不足，落实改进措施，以将我区社区红十字服务工作不断向前推进。

（作者系盐城市盐都区红十字会常务副会长）

组织建设与红十字工作

加强基地建设　推进志愿服务

卞恺中

敬老爱老是中华民族传统美德，"老吾老以及人之老"，"以孝为先"是我们当代年轻人最应该学习的美德。

盐都区新区敬老院初建于 2005 年 10 月，原址位于新区野丁村，是利用原野丁小学校舍改扩建而成。2012 年，在新区政府领导的关怀和关注下，在盐城市盐都新区伍康社区新建成一所高规格、高质量的新型敬老院。新的敬老院总投资近 300 万元，占地面积 4 亩，房屋面积 750 平方米，绿化面积 300 平方米，耕地面积 0.5 亩。敬老院现有床位数 18 张，设有宽敞舒适的睡房、独立卫生间、空调、电视，配备有与值班室直通的呼叫装置、消防控制室。生活、娱乐、休闲、健身、医疗等配套设施一应俱全。

一直以来，新区敬老院始终秉承"用心服务、真情关怀"的原则，倾力做好农村"五保"户、重点优抚对象的集中供养工作，并在实践中总结出了真心关爱、热心帮扶、贴心服务、悉心呵护、耐心疏导的"五心"工作法，极大地提升了敬老院服务水平，受到社会各界的广泛赞誉和好评。2013 年，敬老院被省民政厅评为"一星级敬老院"。在今后的工作中，新区敬老院主要有以下几项工作要点。

一、加强敬老院及助老服务基地建设

1. 推进敬老院养老服务设施建设

按照盐城市人民政府相关文件的要求，切实加强新区敬老院硬件设施建设，拓展服务功能，扩大服务范围，使新区敬老院在确保"五保人员"供养服务的前提下，建设成为集"五保"供养、社会寄养、日托照料、残疾康复、临终关怀等功能于一体的区域性养老服务中心。结合社区建设，规划配置老年人服务场所和老年人集中居住生活区。开辟多元化的投资渠道，鼓励利用集体或个人的空置房、空闲地，通过政府、集体、社会和个人出资的办法，建立小型互助式老年人集中居住生活区、幸福院和农村老年关爱之家等，并实行规范管理，确保安全运行。加大老年人医疗、教育、文化、体育等项目经费投入，加快老年人服务设施建设，满足老年人多方面服务需求。

2. 推进养老服务人才队伍建设

根据《养老护理员国家职业标准》要求，认真推行从业人员职业资格认证和持证上岗制度。依托我市高等院校、中等职业技术学校、养老服务培训基地，组织从业人员参加养老服务技能培训。鼓励具有专业护理知识和管理能力的大中专毕业生、社会工作师到新区敬老院等养老服务机构或养老服务组织工作，组建专业护理服务队伍。

3. 推进养老服务规范化建设

建立健全敬老院养老服务准入、监管、退出制度，促进养老服务健康有序发展。建立和实施敬老院养老服务机构认证、评级、年检制度，监督养老服务机构落实设置标准、服务规范、技术要求。进一步细化生活照料、康复护理、医疗保健、心理关爱等具体服务项目的内容和标准，规范养老服务行为。加强新区敬老院规范化建设，完善敬老院建设标准和指标评估体系。积极探索养老服务标准化管理体系建设，大力推动各类标准在敬老院养老服务方面的贯彻运用。

4. 营造良好氛围

围绕建设社会主义核心价值体系，大力弘扬中华民族传统美德，在社区深入开展敬老、爱老、助老教育。积极宣传、贯彻《老年人权益保障法》和《江苏省老年人权益保障条例》，增强全社会保护老年人权益的法律意识，依法推进社会养老服务体系建设。机关、企事业单位和社会团体要把敬老、爱老、助老宣传教育作为干部职工思想道德建设的重要方面。公安、检察、法院等司法机关要做好维护老年人合法权益工作。民政部门要切实加强行业管理，对困难弱势老人实施有效救助，按进度要求，分解落实各地年度养老床位建设数量，组织并参与对养老服务体系建设规划执行情况的考核。教育部门要把敬老助老作为中小学教育的重要内容，把养老机构作为学生德育教育基地，将助老服务纳入大中学生社会实践内容。宣传、文化、广电、老龄等部门要加大宣传力度，充分利用报刊、广播、电视、网络等媒体，及时报道各地各部门推进社会养老服务体系建设的好经验、好做法，大力营造人人尊重、关心、帮助老年人的浓烈社会氛围。

二、正确认识志愿服务主要理念

志愿服务工作是一项长期的、意义深远的工作，必须兼顾老年人文化娱乐、学习教育、体育健身、精神关爱、社会参与、权益维护等多种需求。充分发挥老年人组织、志愿者组织作用，为老年人提供优质的志愿服务。

1. 基本概念

志愿服务是指社会成员自愿贡献自己的时间、知识、技能、体能、财富、善心，为他人、社区、社会提供非营利、无偿、非职业化援助的行为。倡导的是人与人相互关爱、人与社会相互融合、人与自然和谐共处的理念，主要特征是自愿性、无偿性、公益性、组织性。

2. 作用功能

主要包含 6 大功能：

（1）服务功能。由于志愿服务是志愿者传递爱心、奉献社会、播种文明的过程，因此它首先具有的就是服务功能。

（2）扶助功能。志愿服务源于传统的慈善事业，其直接的功能就是关心、帮助困难人士和困难群体。

（3）凝聚功能。志愿者组织的服务活动成为党和政府进行社会服务、关心群众利益的形象代表，成为党和政府联系群众的纽带、桥梁。

（4）协调功能。志愿服务从一点一滴的小事做起，从社会最需要解决的事做起，办实事、解忧愁、献爱心，就像社会的润滑剂，减轻了社会群体之间的摩擦，缓解了人与人之间的矛盾，有利于建立和谐的人际关系，促进社会融合。

（5）教化功能。志愿服务对于参与服务的青少年了解社会、了解历史、了解国情，树立为国家富强、民族振兴而奋斗的远大理想和抱负具有教育与启发作用。

（6）人文功能。志愿服务的发展，对于促进社会文明、改善社会风气也有积极作用。

3. 运行机制

主要包括6个方面的机制：

（1）目标机制。即愿景机制，就是通过对志愿组织、志愿服务试图创造的未来蓝图的勾勒，使志愿组织的员工和志愿者有共同的期待，唤起组织成员的希望和奋斗意识，保持组织活力。

（2）运转机制。包括管理与组织、领导与沟通、指导与监督三方面内容。管理与组织：强化政府的公共服务职能，支持、组织和引导志愿者组织参与公共服务，同时要更大程度地发挥志愿者组织的自主服务作用，在建设具体的组织体制时，设立简单化的、扁平化的组织体系。领导与沟通：通过有效的领导与沟通，为志愿者提供支援，推动和激励志愿者，发挥团队合作精神，协调冲突，解决问题，有效推动志愿服务深入开展，促进志愿组织和谐发展。指导与监督：主要是在志愿服务期间，通过定期、不定期的督导、指导和帮助，持续改善提高志愿服务水平。

（3）激励机制。志愿者在提供社会服务的同时，也希望获得激励，通过建设包括制度化措施、舆论宣传和现实回报在内的机制，推动和保障志愿服务工作开展。

（4）评价机制。建立一套系统化的方法，来评估志愿者在一段时间内的工作表现和成效，达到评价与发展的双重目的。评价要以一种圆融的方式来进行，重点在引导志愿者实现目标、修正缺失。

（5）协调机制。主要是同一地区不同志愿者组织之间、不同地区志愿者组织之间的协调，建立相应机制，统一志愿服务的相关管理和运作，协调志愿服务活动，研究解决推进志愿服务进程中出现的有关重大问题。

（6）保障机制。一是物质保障，筹集资金、物资、劳务，保证志愿服务正常开展并持续发展；二是政策保障，出台关于志愿服务的相关法规，给予志愿服务工作法律地位、运作管理等方面清晰的法律界定，规范志愿服务的责权利，确保志愿服务沿着健康的方向发展。

三、明晰坚定志愿服务努力方向

1. 紧扣中心，重点推进

"广泛开展志愿服务，推动学雷锋活动、学习宣传道德模范常态化"是十八大报告提出的宏大任务，我们必须创新设计载体，寻找志愿服务与中心工作的结合点、交汇点，在践行志愿服务过程中要实现与服务大局、推进工作的同频共振、双赢双促。未来，可借助地级市组织实施"党的群众路线教育实践活动"的契机，适时组织开展"党员接地气，义工周周行"活动，依托文明创建、党员进社区等载体，引领、倡导党员每周至少开展志愿服务1小时，全年争取超出50小时，下基层、接地气、解民忧、办实事。在学校与社区也可推行志愿服务常态化，为志愿者提供良好平台，既可以减轻敬老院等服务单位的负担，又可以实现志愿者自身价值的提升。

2. 完善网络，常态推进

建立覆盖全社会的志愿服务活动管理体系，是当前形势下加强志愿服务活动提出的新要求。必要的组织管理体系是高质量实施志愿服务的基础，《全国城市文明程度指标测评体系》中提出："建立志愿者档案和志愿服务数据库，实现志愿者、服务对象、活动项目有效对接；注册志愿者人数占城市建成区常住人口的比例≥8%。"健全完善志愿服务管理网络，要依托市志愿者总会，登记造册、加强管理，以此完善网络、规范运作、常态推进。敬老院也要加强自身志愿服务网络建设，方便志愿服务工作的进一步开展。

3. 营造氛围，全员推进

灵活运用多种手段和传播策略，广泛联系报刊、电台、电视、互联网等媒体，通过新闻报道、言论评论、专家点评、群众讨论、道德讲堂等多种形式，挖掘报道志愿服务重点工作、重要事件、感人事迹、典型人物、争议观点等题材，提供可模仿的价值观念和行为模式，唤起情感共鸣，扩大价值认同，塑造典型形象，推动榜样的思想、情操和行为在全社会范围内得到仿效，进而普及志愿理念，弘扬志愿精神，推进志愿服务从传统慈善观念到现代志愿服务观念、从社会动员到个体自愿的志愿服务观念更新，推动形成关心、支持和参与志愿服务的良好氛围。

4. 建章立制，长效推进

志愿服务工作机制是有效组织、推进志愿服务的前提，现阶段志愿服务运行工作机制正随着志愿服务实践探索而逐步发展完善。探索建立志愿服务运用机制，谋划设计新的载体，延展拓宽志愿服务范围，引导量化积累志愿服务时间，逐步建立完善的考核评价机制，对于出色地做好志愿服务工作的志愿者要做好表彰工作，建立完善有效的奖励机制。

新区敬老院要扎实稳步推进志愿服务长期高效地在敬老院实行，使志愿服务常态化。采取各项有效措施为志愿者提供便利，根据实际需求组织志愿服务内容，使志愿服务与新区敬老院能够互利共赢。

（作者为盐城市盐都新区红十字会秘书长）

附录：

做志愿者成为流行时尚

王 倩

随着社会的进步、文明程度的提高，市民参与公益事业的热情高涨，自觉性增强。除了个人积极参与活动外，我市还出现了许多联手合作的志愿者群体和团队，常态化开展服务。《盐城晚报》记者近日走访了几个志愿者团队，看看他们如何为提高城市文明出力。

母子档：拉近与服务对象的距离

潘黄街道卫生院的护士长花锦霞于 2012 年开始，成为盐都区红十字会的志愿者服务队的支队长和"暖巢使者"的成员。

"现在每年我们都会到鞍湖街道、伍康社区新区敬老院等地方，为孩子和老人们提供至少一年两次的免费体检服务。"花锦霞透露，在参加志愿服务活动的过程中她发现，有些受助群众有很强的自卑心理，认为这种服务是自上而下的，从而和志愿者们互动时产生了隔阂。"所以我就想，是不是成年人之间的相处容易给对方产生压力，换成孩子会不会效果好一点？"有了这个打算的花锦霞，从 2012 年开始，在时间允许的情况下，都带上儿子一起参加志愿者服务活动。

花锦霞的方法奏效了。"第一次带儿子去做志愿活动是 2012 年的春节，那时他才 11 岁。我们要去步凤仁智村看望生活在那里的 20 多位麻风病老人。"她说。

"去之前我详细地跟他介绍了相关情况，告诉他这种病在正常情况下并不传染。在村里可能会看到一些老人四肢不健全、眼盲，不要害怕，他们和正常人是一样生活的，甚至更渴望与外界进行交流和沟通。"花锦霞说，儿子的反应很好，非但没有害怕、闹情绪，还很快和老人们打成一片。"当时快要过年了，正好儿子练了几年字，所以就主动帮老人们写春联。"20 多幅春联送到老人们手上，让他们笑得合不拢嘴，直夸儿子"有出息"。

"小孩的想法和成年人不太一样，他们的内心对人不设防，待人更真诚，所以只要儿子不用上学，我都带他一起参加志愿活动。"花锦霞说，每年过年前，儿子都要去仁智村帮老人们写对联，今年也不例外。

夫妻档：传承志愿者精神给下一代

潘黄实验学校的老师万晓晔是"月光妈妈"志愿者服务队的成员。她的学生们亲切地叫她"妈妈"，有啥难以启齿的心里话，都喜欢找她倾诉。

"我成为'月光妈妈'一员是受了爱人的影响。"万晓晔说，她的丈夫周科在盐都广播电视台工作，10 年前就参加了区红会新闻传播志愿者服务队，"多年来他一直热衷于这项公益事业，也劝我加入。"就这样，夫妻俩开始联手做公益。

"我觉得她的性格很适合'月光妈妈'的角色。"周科说，万晓晔在加入志愿者服务队前，就充当起学生"母亲"的角色。2011 年的冬天，万晓晔在晚自习时发现一个叫李小兵（化名）的初一学生，钢笔字写得特别有劲道。在一番交流之后，李小兵表达了自己想学书法的愿望，但又因为家里困难，担心交不起学费，万晓晔就决定辅导他。

"这孩子特别刻苦。"万晓晔说，一次书法比赛结束后，其他选手对李小兵说："你妈妈真好!"看到孩子特别明亮的笑容，让万晓晔心里觉得特别感动。

夫妻俩平时要忙各自的工作，节假日还要参与志愿者活动，家里的很多事情都难以过问，特别是对儿子的照顾。"现在爱人带着儿子住，我就住在学校附近，一家人分两地。"万晓晔说，"儿子刚上初一的时候也有过怨言，对我说：'如果我是你的学生就好了，这样就能天天看到你。'听了这话，我心里也特别舍不得。"

随着儿子日渐长大，从对父母的埋怨慢慢转化成理解和模仿。"儿子性格不错，能够善待他人，学习也比较自觉，不需要我们多操心。"周科说，"做父母的如果能以身示范，把志愿者的精神潜移默化地传承给下一代，也是一个很不错的尝试。"

团体档：专业化服务能力增强

我市红十字会志愿者成员覆盖了食品、药品、卫生、教育、城市工业、物流、私营企业主、群众文艺等多个领域。盐都区红会副会长张广英说，随着老百姓需求的增加和改变，志愿者的服务类型应该更加有针对性，这样的服务才更加有效果。

"比如说'月光妈妈'和'暖巢使者'这两个服务项目，就是针对子女和父母独守家中的现状而设立的服务队。队伍成员也以孩子和老人需要的教师、医生为主。"张广英介绍说，参加"月光妈妈"的500名志愿者，几乎都是40岁以下的教师和医护人员，参加"暖巢使者"的128人则都是50岁以下的乡村医生。

"其实，还是有很多人愿意为他人做一些力所能及的事情。"盐都区红会常务副会长吴玉林说，把这一部分市民组织起来，引导甚至开发他们做志愿者服务的能力，关系到红十字会工作能否有活力地、长久地持续下去。

大约4年前，工商企业志愿者之家成员华欧集团和盐都区红会合作，从企业销售总额或利润额中，按照一定比例，划出一部分资金设立博爱救助金。"这一部分资金不需要打入红会的账上，仍由企业自己支配，但是每笔支出需要得到红会的监管和审核。"吴玉林说，企业划拨出的这一笔资金有三个用途，第一用于企业员工所需，第二用于传统节日期间慰问企业周边的村民和贫困户，第三，如果仍有结余，则可以在红十字会的帮助、指导下，确立一个公益项目。

"这个做法既能帮助有需要的人，践行红会志愿者的宗旨，还能丰富企业文化。" 4 年过去，工商企业志愿者之一的华欧集团，已经从最初的试点，转型成一个成功的创新模式。从第一年的几十万元资金，到 2012 年的 200 多万元，再到今年的 400 多万元，华欧集团每年划拨出的博爱救助金逐年增多。

（原载《盐城晚报》2014 年 11 月 14 日。作者为《盐城晚报》记者）

社区红十字示范服务初探

卞恺中

中国红十字会是中华人民共和国统一的红十字组织，是从事人道主义工作的社会救助团体，是国际红十字运动的成员。中国红十字会以发扬"人道、博爱、奉献"精神，保护人的生命和健康，促进人类和平进步事业为宗旨。中国红十字会遵守国家宪法和法律，遵循国际红十字运动基本原则（人道、公正、中立、独立、志愿服务、统一、普遍），独立自主地开展工作。它的作用越来越广泛地渗透到各行各业，这里我谨对"社区红十字会示范服务"方面谈谈自己的拙见。

社区服务应该是红十字会服务的最底层，中国红十字会社区服务工作是在社会救助工作的基础上发展起来的，特别是在中国红十字会第八次全国会员代表大会后，红十字会社区服务工作正在由部分大城市向中、小城市拓展；服务主体由红十字会会员发展到红十字志愿者；服务对象由老人、妇女和儿童扩展到残疾人、下岗职工、重病或受灾特困户等弱势群体。服务内容由单纯服务增加到募捐救助、宣传培训、咨询保健等；服务范围由城市逐步向农村延伸。

目前，社区红十字服务的内容仍在增加，服务范围仍在扩大，服务规范正在建立之中。各级红十字会在开展城市和农村社区红十字服务工作方面锐意创新，在服务范围和服务内容上更加适合群众的实际需求，在服务方法上更加便捷与高效。要想做好社区红十字会服务工作，我个人想从以下 6 方面做个初探。

一、不断加强红十字会社区服务的舆论宣传

红十字会以其在人道救助领域的卓越贡献，在国内外享有较高的社会声誉，而红十字会社区服务工作更是红会不可忽视的宣传主阵地。我们应该不断创新社区红十字会宣传工作，在充分利用报纸、社区宣传栏等途径开展传播工作的基础上，注重挖掘宣传资源、创新宣传形式、拓宽宣传渠道、丰富宣传内容，形成集报刊、电视、广播、网络、户外广告为一体的立体式宣传格局。尤其应重视加强红十字会系统外媒体的宣传力度，选树典型做深度宣传，让积极、健康、阳光、美好的红十字会形象走进百姓心中。

同时，加强红十字会网站建设。推进信息公开，建立互动平台，加强与网友的交流，提高工作透明度，增添社会救助项目库以及救助款项查询等内容，取信于民。此外，还可开通红十字会的论坛、贴吧和微博，充分利用网络平台，扩大红十字会的影响力。

丰富宣传方式方法。应充分运用文艺、社会活动、环境宣传等多种形式开展深入浅出的宣传，提高红十字会的社会公信力，维护好红十字的公益形象。针对学校群体，可通过与学校合作举办防灾减灾演练、救护技能培训、社会救助实践等，传播公益意识，提高学生自救互救能力。针对区内经济适用房社区、农村百姓，可通过巡回演讲、流动展览、播放视频等方式，吸引大家注意力，让他们主动了解、积极参与。

二、不断完善红十字会社区队伍的职能

目前，全世界约有 2.5 亿的红十字会会员和志愿者活跃在 189 个国家，为最易受损的人群和社区改变生活现状和生活条件而辛勤地工作着。国际上许多国家红十字会都十分重视志愿服务工作，如美国、加拿大红十字会社区红十字志愿者以多种形式为孤寡和特困家庭服务；韩国、日本红十字会开办的残童康复院、老人助行器服务中心等，满足了弱势群众的需求。我们要继承和发扬红十字运动的优良传统，积极开展以志愿服务为主要形式的社区服务工作，为发展壮大红十字运动做出

贡献。

目前，虽然我们距离这个目标尚有一定的距离，但是我们应当为之努力并持之以恒。红十字会广泛开展社区服务工作，通过扶危济困、敬老助残的行动，发扬了人道精神，倡导了团结友爱、敬业奉献的优良社会公德。我国正在迈入小康社会，人民生活有了很大提高，但全国目前的贫困人口仍有数千万人，或者更多，他们都是弱势群体，党和政府非常重视并采取了许多重大措施为他们解决实际问题。作为政府的人道助手和联系群众的桥梁与纽带，红十字会通过广泛深入地开展社区服务，救助了最易受损害的人群，是实实在在地为政府分忧，为群众解难。时代在前进，社会在进步，社会建设的核心是社区建设，而社区建设是离不开志愿者积极参与的。

我们应该通过开展培训班不断壮大红十字会社区队伍，提升社区队伍的职能；通过培训学习，使社区红十字会兼职干部进一步了解到在当前形势下，红十字会工作的新要求、新任务。同时，要立足当前、抓住机遇，时刻以"人道、博爱、奉献"的红十字精神和"人道、公正、中立、独立、志愿服务、普遍、统一"的红十字七项基本原则为神圣使命，紧紧围绕具有中国特色的红十字事业发展方向和指导方针，不断提升自身素质和业务能力，积极配合党和政府开展各项社会人道救助工作，为全面构建和谐社区贡献应有的力量。

三、不断建立健全社区红十字服务平台

社区红十字服务平台起到的是润物细无声的作用，必须不断予以建立健全。工作站不仅要形成完备的组织保障、工作制度，而且还要设立专用的红十字会办公室，健全志愿服务站、图书阅览室、心理咨询室、应急救护培训室、卫生服务站等服务场所，并在社区工作站便民服务大厅设立红十字服务窗口，受理社区居民的红十字相关业务。还应该定期提供模拟人、急救箱、绷带纱布、救护员手册等应急救护培训教具教材。定期向社区提供一批宣传展板、宣传架和数十种图文并茂的彩色宣传资料，利用各种展板、显示屏、墙画、标语进行定期宣传，抓住"3·5"学雷锋纪念日、"5·8"世界红十字日、"5·12"防灾减灾日、

组织建设与红十字工作

189

世界急救日等重要时间节点，组织社区红十字工作人员、红十字志愿者进行集中宣传。

对社区工作人员、志愿者、楼道长、学生家长、小区居民、辖区企事业单位职工等进行不同批次的培训。坚持急救员认证培训和群众性普及培训共同推进，不仅讲授心肺复苏、气道梗塞急救法和创伤救护等主体课程，还应传授消防、踩踏、防暑、溺水、中毒、电梯故障等自救互救知识。让社区红十字会工作不断渗透到社区的每一个角落，渗透到社区的每一个人心里，使志愿者从最初以社区工作者、医务人员为主，发展到包括机关干部、离退休人员、社区和企业热心人士、专业技术人员等多层面、多元化、多行业的爱心人士共同参与，不断壮大红会队伍，不断建立健全社区红十字服务平台。

四、不断深化"红十字博爱送万家"活动

2013年5月以来，中国红十字会总会与中央文明办联合开展的"博爱家园——红十字应急救护志愿服务进社区"活动以"弘扬志愿服务精神、共建健康安全社区"为主题，组织红十字志愿者深入社区，传授红十字应急救护知识与技能，开展社区红十字志愿服务，培育社区互助和健康安全意识，在促进城市社区的和谐、健康、安全发展方面取得了显著成效。我们也以社区为重点，认真筹划红十字志愿服务项目，积极探索"社会工作者带志愿者"的社区红十字志愿服务运作模式，坚持"以人为本"，在社区开展以救灾、帮困、助学、助医等工作为重点的人道主义救助，让社区红十字更加深入人心，得到社会更多的关注与支持，使之更好地立足社区，服务社区。

每年的新春佳节来临之际是"红十字博爱送万家"活动的主要节点，通过为贫困农民、老党员、孤寡老人等贫困人群送去过年物资，解决他们过年时生活上的困难的途径，让他们欢欢喜喜过春节。同时，由发放慰问物品和慰问金而形成的人道关怀的爱心，充分体现了党和政府对困难家庭和弱势群体的关爱，更好地发挥了红十字会在政府人道救助领域的助手作用，大力弘扬了中华民族文化传统美德。

五、不断开拓多元化筹资渠道

红十字会开展的社会服务需要巨额的经费支撑。没有一定数量的经费保证，就办不了事，更办不好事。我们在实际工作中最深的切实感受就是服务经费严重不足，这是制约我们进一步拓展社区服务的主要障碍。要改变这种不利状况，我们必须要在筹资方面下大力气，在开发好现有资源的情况下，积极探索新的筹资渠道，使我们的筹资多元化，相互补充，互相借力。

要做好做强我们的筹资工作，我们必须充分利用我们的现有资源和优势，如红十字会的公信力和号召力，也就是我们常说的红十字会无形资产，国家给我们的减免税政策，多年来与部分企业所建立起的合作关系等。同时，我们还要大力加强筹资宣传工作，通过实实在在、形式多样的社区服务来打动更多的领导、社会各界人士和社会大众，使他们愿意出政策、出钱、出力支持和帮助红十字会的社区工作。

在社区服务工作中，我们要特别强调透明、公正和问责的问题，使红十字会的社会公信力更加牢固。我们应该鼓励和欢迎社区和受益人员积极参与我们的服务工作，参与我们的决策过程，真正赢得他们的信任。对于捐款的使用，我们需要及时收集相关资料，及时反馈给捐款人员或单位，以便赢得他们更多的支持，我们必须树立筹钱重要、信息反馈更重要的思想。

六、树立典型，不断推进社区红十字服务工作

红十字会开展社区服务工作时间并不长，各地社会、经济、文化、传统等都存在差异，比较规范的社区服务工作模式尚未形成，更没有确立，因此全国各地的社区服务工作不可能齐步走。存在差异是可以理解的，我们千万不能急于求成。同时，也必须要看到经过几年的努力，我们的社区服务工作还是取得了一些成绩，积累了一些经验，创出了一些"品牌"服务，评出了一些示范社区。各地要抓好这些示范社区，将服务产品不断完善，同时还要强调科学管理、规范管理，以社区群众的基

本需求为根本，不断探索社区服务的新领域。

各地要注意总结示范社区的工作经验，在有条件的社区强力推广和普及，使红十字社区服务工作更上一层楼。在树立典型和创新服务品牌的过程中，大力支持和鼓励各地区间的经验交流活动，将"走出去"和"请进来"相结合，将理论研讨与实地考察相结合。为此，总会和省会应当考虑建立相对稳定的交流平台。

社区红十字服务工作是红十字事业的一个重要组成部分。我们相信社区服务工作将会成为我们兴会、强会的最主要工作平台，社区为红十字会提供了无限的发展空间，红十字社区服务工作将会大有作为！让我们高举红十字"人道、博爱、奉献"的大旗，坚持实事求是、解放思想和与时俱进的精神，以透明、公正和务实的工作作风，在社区服务工作中做出新成绩，为崇高而伟大的红十字事业增添光彩。

（作者为盐城市盐都新区红十字会秘书长）

弘扬博爱文化　发展人道事业

——盐都区红十字会四届理事会工作回眸

吴玉林

　　盐都区红十字会第四届理事会自 2005 年 10 月组建的 5 年多来，切实履行《中华人民共和国红十字会法》赋予的职责，弘扬"人道、博爱、奉献"的红十字精神，坚持依法建会、依法兴会、依章管会，坚持"救死扶伤、扶危济困、敬老助残、助人为乐"的红十字方针，根据"科学发展、和谐发展、创新发展"的总体工作思路，团结和带领全区红十字专兼职工作者、广大会员、志愿者，围绕区委、区政府中心工作，服务大局、服务民生，积极整合资源、打造博爱文化，汇聚各方力量、发展人道事业，全面完成了四次会员代表大会提出的任务，实现了红十字事业新的跨越。

一、五年历程，以思路引导出路，强势推进，跨越提升，在完善工作网络中强化基础

　　四届理事会一组建，就把突破事业发展障碍，切实履行《红十字会法》赋予的职责，适应区委、区政府建设"双新"盐都的要求作为首要任务提上日程，调整工作思路，用思路引导出路，提出了红十字进机关、社区、学校、军营、企业、农村，并以此为突破口，使无路变有路、小路成大路。在区领导的直接重视支持下，加大统筹力度，将企业主和企业职工、机关干部以及在新闻、传媒、书法、写作、摄影等方面有一定特长与爱好并支持红十字运动的人士吸引到红十字组织中来，先后成立了 17 个镇（区、街道）红十字会，组建了公安消防大队红会，成立了区直机关红十字工作委员会、新闻与传播志愿者工作委员会和社区工作委员会，调整了红十字学校工作委员会和卫生工作委员会，在帜和、苏亚等 18 个规模

工商企业建立了红十字组织，拓展了工作领域和事业发展空间。为了推动社区红十字示范服务，还在新都、新区建立了社区红十字组织，积极开展社区服务工作。同时，抓好基层组织相关人员的业务培训，建立台账资料，健全规章制度，帮助基层红会解决实际问题，落实工作经费，加强业务指导，使红十字基层组织能够常态开展工作，推动了全区红十字事业的发展。至2010年年底，全区共有红十字基层组织175个、团体会员单位68个、会员98468人，涵盖了区直机关、镇（区、街道）、社区、村、组以及学校、医院、工商企业等各个方面。

在此基础上，着力引导和推动基层组织提高建设水平。首先选择基础条件较好、人员责任心较强、红十字事业发展环境较优的潘黄街道办事处进行规范化建设试点。通过一年多的努力，该办事处建成了全国百优镇红十字会。而后，又组织力量全方位、多角度、立体式地总结试点经验，并结合全区各镇（区、街道）、行业红十字组织的工作现状和发展水平，全面推行标准化建设，提出了硬件设施、会务管理、常态事务、工作质量控制、台账资料等5大项、29个子项的基层组织标准化建设意见，并在全区各基层组织中落实，使全区红十字基层组织的建设水平得到大幅提升。基础工作产生了质的飞跃，为推动红十字事业的进一步发展，谋求新形势下实现新的跨越，适应区委"共建共享"要求做了组织上、机制上和思想上的准备，强化了事业发展的基础。

二、5年历程，以文化推动认同，汇聚力量，激发潜力，在资源整合中推进人道伟业

红十字事业是一项重要的公益事业，是系统的社会工程，需要动员社会力量共同参与，才能推动事业又好又快发展。5年来，我们坚持用文化来推动价值认同，并以此为引领，积极整合有效资源，形成发展优势。

一是结合普法宣传，推进博爱文化。5年来，共印发《红十字会法》宣传材料3万余份，6000余人参加《红十字会法》《中国红十字会章程》知识竞赛，开展普法咨询60余场次；30余名同志参加总会和省红会举办的普法骨干培训班。这些骨干回来后，又按要求举办了多期普法班。

二是借助专业队伍，推进博爱文化。红十字新闻与传播志愿者对全区红十字工作进行了多层面、有深度的报道。区电视台、《盐都报道》、

中国·盐城网站不但及时报道红十字工作动态，每年还制作专题、专版集中宣传红十字运动知识；负责宣传工作的专兼职人员还注重发挥岗位优势，加强与区内外媒体的联系，及时报道工作状况。《中国红十字报》《新华日报》《现代家庭报》《都市文化报》《江苏电视报》《江苏红十字》和盐城地方报纸经常刊登我区红十字动态。据不完全统计，仅2010年，媒体报道我区红十字工作情况就达229次。

三是针对重点人群，推进博爱文化。将公务员队伍、青少年群体、企业界成功人士作为博爱文化推进和传承的主体，通过向他们宣传红十字会工作开展情况，吸引他们参与到公益活动中来，构筑事业发展共同体。

四是运用立体手段，推进博爱文化。一方面，认真办好网站，努力将区红会网站办成传播博爱文化的一扇窗口；另一方面，利用平面媒体和视频手段，为区四套班子领导及有关单位主要负责人、区红会理事成员、社区和农村红十字服务站征订《中国红十字报》《江苏红十字》和《博爱》杂志，构建以"两报一刊"为载体的红十字宣传网络。认真组织"5·8""6·14""9·12""12·1"等"涉红"纪念日宣传活动，每年发放《中华人民共和国红十字会法》《艾滋病防治知识手册》《红十字急救常识》均超过3万份。

与此同时，我们还积极集聚实力，不断提高救助覆盖面，使人道事业的发展惠及更多人群。从2006年起，根据市委、市政府在全市开展"博爱一日捐"的通知，争取领导和各有关方面的支持，在全区机关、企事业单位开展博爱募捐活动。从第一年募集20多万元，发展到目前每年募集100多万元的水平，建立起了募集博爱救助金的长效机制，壮大了救助实力。同时，通过博爱助医、助学、助困、助老、助残等活动，救助区域内重大病患者、特困家庭、孤儿及其他弱势群体超过1.6万人。

三、5年历程，以品牌实现关爱，以人为本，因地制宜，在服务民生中体现自身价值

1. 提高应急救援能力

在印度洋海啸灾难国际救援、秦南镇陈祁村抗击风灾、"8·8"台湾风灾救援、海地救援、玉树赈灾和舟曲泥石流自然灾害救援中，区红

十字会全力以赴，开展募捐救援活动，为保护群众的生命和健康、帮助灾区群众渡过难关贡献了力量。特别是"5·12"汶川大地震发生后，在区委、区政府的支持下，充分发挥红十字会组织健全、志愿者众多的优势，采取多种形式开展募捐救援行动，短短一周就募集款物490多万元，数量位于苏北县级红会首位。并按照区委、区政府要求，组织10名志愿者赴四川广元市朝天区中子镇，实施援建2000平方米活动板房项目，7月2日顺利完成任务，是苏北唯一对口支援灾区的区红十字会，得到了区委、区政府和省、市红十字会的肯定和表彰。

2. 强化现场急救培训

为了减少和避免在突发事件中因延误和错误处置增加伤残和死亡人员，以区卫生救护培训服务中心为依托，区红会与卫生、公安、交通等部门密切合作，对机动车驾驶员、电工、工厂安全员、健身场所的安全急救员、公安干警、武警消防官兵开展现场急救培训，5年共培训了2.4万多人次；与教育部门联合，对全区中小学班主任、体育教师、保健老师进行专项急救培训，并在所有中小学组织突发事件的逃生演练；按照"先社区后村居、先城镇后农村"工作思路，加强群众性现场急救普及培训。通过专题讲座、发放培训读本，普及防灾救灾和遭遇突发事件时的自救知识，5年普及培训累计达8万多人次。

3. 开展关爱生命行动

5年来，通过广泛开展宣传、动员工作，营造出"适量献血，有益健康，关爱生命，功德无量"的良好社会氛围，动员红十字会会员和社会爱心人士积极参加，每年献血超1500人次，献血总量均在45万毫升以上。教育红会连续10年组织成人会员无偿献血，仅2007年一年，就有720人次参加，献血总量达19万余毫升。从2006年始，我们每年均组织"点燃生命新希望、骨髓捐献百人行"造血干细胞捐献志愿者招募活动，得到了区委、区政府领导的重视和支持。区委书记李纯涛同志在活动方案上专门批示，要求有关单位支持、配合。这项活动还得到了社会各界，特别是工商企业的热烈响应，尤其是区供电公司志愿者王建文成功实施捐献后，造血干细胞捐献志愿者招募活动得到了更广泛的认同。截至2010年，全区已有561名志愿者的血样进入了中华骨髓库。

4. 实施共享阳光工程

一是与区疾控中心、精神病防治院协作，对艾滋病患者、精神病人、吸毒人员、麻风残老人员进行全方位的关爱。针对各类高危人群开展艾滋病咨询检测工作，免费发放宣传材料，培训同伴教育员，倡导健康安全生活方式。5 年实现 VCT（艾滋病免费自愿咨询检测）咨询完成 11100 人次、检测 4521 人次，娱乐场所干预 50 轮 41620 人次，免费发放宣传材料 4 万余份，培训同伴教育员 180 人次。对全区 14255 例精神病患者进行了普查普治，并对其中 5710 例严重病人进行了跟踪治疗和随访。

二是对新生儿展开残障筛查，联合妇保所实行产筛和新筛的全过程质量控制，加大了出生缺陷的干预力度。

三是突发事件的共同参与。在全国甲型 H1N1 流感疫情发生后，迅速投入 6 万元资金，与卫生局联合组织医疗技术人员，编写了 10 万册《甲流感防治及公民健康素养知识读本》在全区免费发放，提高了广大群众健康素养。

四、5 年历程，以活动搭建平台，坚守信念，无私奉献，在默默付出中传承博爱

1. 强调团结互助的精神，组织红十字志愿服务

区红会高举人道主义旗帜，广泛吸纳热心红十字事业、乐于奉献的社会各方面人士加入志愿者队伍，制定了招募、培训、管理、服务等一系列规章制度，结合实际调整了红十字卫生工作委员会、红十字新闻与传播志愿者工作委员会，新组建无偿献血、健康关怀、筹资劝募等 16 支志愿者队伍，招募红十字志愿服务工作者 3100 多人，并搭建平台，积极发挥红十字志愿者的专长。红十字志愿服务也从传统的"三救工作"、扶贫帮困、敬老助残、"三定一包"，拓展到宣传策划、募捐筹资、心理危机干预、捐献造血干细胞、无偿献血、预防艾滋病宣传教育等方面，提升了红十字会的社会和公益形象，促进了红十字事业的发展。

2. 强调辐射能力的增强，组织特色示范创建

建立了 8 个社区和 20 个农村红十字服务站，积极招募志愿者，以社

区、农村服务网络为依托，因地制宜地开展爱心助困、便民利民、健康咨询、保健护理、关怀孤老病残等活动，提高了居民生活质量，增强了社区保障功能，先后通过省、全国专家组评审，获"江苏省社区红十字服务示范区""全国社区红十字服务示范区"称号。开展农村红十字示范村创建活动，10个村通过市红十字会验收。按照"整合资源、扩大服务、增强辐射、树创品牌"的思路，将社区红十字服务、红十字绿色急救通道、博爱助困、博爱助医、博爱超市、农村红十字示范村创建、志愿服务等工作与资源进一步整合，创建镇红十字服务中心，先行试点的大冈、学富镇红十字服务中心已启动运行。

3. 强调人道理念的传承，组织红十字青少年活动

我区红十字青少年工作开始于1989年，至今已20余年，实现各类学校红十字组织建会率100%，青少年学生入会率100%，坚持小学三年级学生集体入会，会费和互助金制度形成了检查、监督、使用、管理一整套行之有效的规范程序，积极开展无偿献血、捐献造血干细胞知识宣传和青少年志愿者招募、红十字运动传播及救助等各项爱心活动。其中，红十字青少年互助金设立15年来，共筹集资金1600余万元，救助、资助贫困、伤残学生2000多人次，向区域外灾区援助累计近200万元；对青少年和教师会员进行了卫生救护培训，累计达20余万人次。特别是在积极推行献血捐髓上，充分发挥教职工成人会员中党员、干部的带头作用，连续10年组织无偿献血，累计献血总量达100多万毫升，有300名成人会员捐髓采样进入中华骨髓库，有力地推动了全区献血捐髓工作。在红十字示范校创建活动中，共建成国家级红十字模范校1所，省级红十字示范校6所，市级示范校30所。

红十字事业是一项造福人类的崇高事业。随着经济快速发展、社会全面进步，红十字会的工作内容越来越丰富，作用越来越重要。在今后的事业发展中，我们将继续高举"人道、博爱、奉献"的红十字旗帜，以科学发展观为指导，解放思想，与时俱进，奋发图强，开拓创新，为建设"双新"盐都做出更大的贡献。

（作者系盐城市盐都区红十字会常务副会长）

红十字档案信息化建设初探

刘鹤云

红十字会围绕"保护人的生命和健康，促进人类和平进步事业"的宗旨，发扬"人道、博爱、奉献"的红十字精神，努力服务大局，是政府开展人道主义救助工作的重要助手。红十字会档案既包括红会的组织干部管理、教育、活动等所积累的文字与图像声音资料，也包括与红会核心业务紧密相关的"三救三献"、红十字运动传播、红十字青少年工作等档案。这些是红会至关重要的公共财产，是红十字会开展相关工作具备连续性和有序性的有力保障。在步入信息化社会和大数据时代的今天，红十字会档案管理也必须跟随时代步伐，采用信息化手段和大数据战略，让信息化、电子化、数字化甚至大数据化成为红十字会档案管理的突出表现与鲜明特征。

一、档案信息化建设与管理的重要意义

档案信息化建设与管理就是档案信息的数字化，是指利用数据库技术、数据压缩技术、调整扫描技术等手段，将传统介质文件（主要指不易于长期保存的纸质）和已归档保存的电子档案，系统组成具有有序结构的档案信息库，其具有以下显著特点。

1. 传输快捷

相较于以往纸质文件手手相传周期长、速度慢的缺点，电子文件通过网上接收、传递，能有效缩减传递阅览时间。特别是对于远程文件的接收传递，更是极大地缩短了空间距离，减少了时间成本和人力成本。同时，杜绝了纸质文件在流传过程中出现的丢失现象，保证了档案的

安全。

2. 精益高效

以往档案需要纸质打印一份甚至多份，特别是多部门需要的文件，要多次重复打印，容易造成资源浪费。实行档案信息化建设与管理，文件实行网上传输，可以多个部门同时阅览、处理，传输速度快、使用范围广，不仅提高了工作效率，而且减少了浪费，有助于提升精益管理水平。

3. 便于利用

传统的档案查阅往往需要一步一步地利用纸质工具进行检索、查阅，费时费力。档案实现信息化建设与管理，可以充分利用计算机进行检索，查找文件耗时短、查阅快，轻松便捷。特别是对于需要重复利用的文件，实行网上查阅利用，能够最大限度地保护纸质文件的安全，不仅节约工作时间，而且能够提高利用效果。

4. 存储量大

充分运用扫描技术等信息化手段，可以大大增加档案信息的存储量，存储密度和容量也比纸质档案高出许多倍。而且，纸质载体的文件一般只能记录文字、图形、图表等信息。电子文件却可以同时记录文字、图形、图表、声音、图像等信息，一张光盘、一个硬盘就可以保存大量的信息，具有直观性、选择性、易操作性等纸质档案无法比拟的优点。

二、红十字会执行档案的特色

1. 有关人道救助的档案

红十字会收集和保存的人道救助档案主要包括以下几方面材料：受助对象提交的个人身份信息、经济困难证明、人道救助申请、受助对象所在村（居）委或所在单位开具的证明、相关病历资料等。仔细查阅这些档案后可以发现，为体现红十字人道救助组织特色，本着"做好品牌项目、惠及重点人群"的原则和工作目标，在红十字会人道救助对象中，除特定的"三大"疾病（白血病、尿毒症、红斑狼疮）患者外，大多为老年人、未成年人、低保对象以及残障人士等弱势群体。他们申请人道救助的案例大多与"低保家庭""医疗保障""农村民生"等民生热点话题相关。

盐都区红会的人道救助工作自1987年恢复建会后开始，持续至今。2014年，仅接待临时性求助对象就超过1600人次，对其中符合条件的近千名群众审核后全部予以救助，救助经费达80万元，全部做到手续齐备、档案完备。从某种角度讲，红十字人道救助档案不仅真实地记录下了对弱势群体进行救助的整个过程，也充分体现了红十字人道救助工作在服务民生、维护社会稳定中所发挥的作用。

2. 有关造血干细胞捐献的档案

造血干细胞移植是采用动员剂促使造血干细胞从骨髓中释放到血液中，通过血细胞分离机采集，从外周血中采集富含造血干细胞的混悬液50—200毫升，将其余的血液成分回输捐赠者体内。由于进出平衡，方法简单，因此对供者安全、受者有益。在盐都，造血干细胞捐献工作从2005年起步，截至目前，区红十字会造血干细胞采样志愿者已有1428人，自2005年首例造血干细胞志愿者成功实施捐献后，全区实施捐献总数已达5人。可以说，造血干细胞捐献的档案有其特殊性，它所关注的是特殊人群的民生问题，体现了红十字会在救助特殊人群时所发挥的特殊作用。

三、档案信息化建设在推动红十字组织服务民生中的作用和途径

1. 提高档案信息化技术水平，建设档案信息化专业队伍

合理配置档案专业人才，积极搭建平台，配齐档案信息化管理的基本硬件设施，提升档案信息化建设与管理水平。建立信息化安全预警制度，做好档案保密工作，通过设置密码、建立防火墙等措施，保证档案信息的安全性和可靠性。树立服务意识，充分发挥红十字民生档案存凭、留史、助民的作用。

2. 为部分特殊人群保存"一人一档"，便于实时查阅

红十字会在每年对救助对象、造血干细胞捐献志愿者等特殊人群梳理的过程中，实行"一人一档"的方法。例如，在博爱项目"爱心暖

巢"志愿服务行动中，红十字志愿者们定期对空巢老人进行"上门看诊"，并开展日常生活护理的指导和卫生保健知识的宣传等服务；深入基层进行走访调研，及时充实和调整服务对象，保证工作开展得更加扎实到位。为了便于随时对救助对象进行跟踪回访，应有针对性地制定"一人一档"的工作方法，并根据有关工作进展情况相应调整以达到更好的救助效果。所谓"一人一档"，就是在档案中记录救助对象的个人信息，并每月及时更新救助记录，方便了解他们的最新动态。通过档案人员的配合和信息化平台的及时传达，红十字志愿者们从"一人一档"中可以随时了解特殊人群的动态情况，为他们提供有效保障。

3. 建立与县级红十字会相适应的全区网络档案系统

在红十字会系统内建设数字化综合应用平台，发挥网站的作用，促进档案现行文件信息化的标准建设，根据系统建设需求，为基层红十字组织采购必要的硬件设备，提升基层红十字组织的整体建档水平。提高档案管理软件的应用技术和水平，为保证全区范围内档案信息交换、实现档案信息资源共享创造条件。制定相应的策略，保证档案资源的原始性、安全性、可靠性。

红十字会档案管理趋向信息化发展，这是红十字会档案工作适应社会信息化发展的必然要求。提高基层红十字会档案管理的信息化、现代化水平，对促进红十字会档案管理工作的意义非常重大。同时，构建符合红十字会档案信息管理的网络环境，并加强软件与硬件方面的配备，使红十字会档案信息管理方面的建设得以顺利部署和实施，可以确保县级红十字会档案工作能够有条不紊地进行，有助于全面推进红十字会档案管理的信息化进程。

（作者系盐城市盐都区红十字会机要室档案员）

大媒体时代改进博爱文化传播途径、模式与体会

——以县级红十字会为例

王金海

20世纪80年代，阿尔文·托夫勒在《第三次浪潮》一书中首次用"第三次浪潮的华彩乐章"这个短语评价如今足以影响所有人认知方式的最热门的一个词语——大数据。后来，连全球知名咨询公司麦肯锡也称："数据，已经渗透到当今每一个行业和业务职能领域，成为重要的生产因素。人们对于海量数据的挖掘和运用，预示着新一波生产率增长和消费者盈余浪潮的到来。"

事实上，大数据架构在信息表象上的 Volume（大量）、Velocity（高速）、Variety（多样）、Veracity（真实性）的 4V 特点，早就预示着信息化时代海量信息传播的大潮掀起了盖头，所有人都将在信息资料量规模巨大到无法通过当前所拥有的渠道和工具，在合理时间内达到撷取、管理、处理并整理成为帮助自己决策和进步的资讯的海洋里拼命遨游，一幅波澜壮阔的现代化画卷在世界各地被真实描绘。

如今，所有人都意识到自己已真实地生存在大数据背景下的大媒体时代。众多信息通过文字、声音、影像、动画、网页等多种媒体表现手段，利用广播、电视、音像、电影、书籍、报纸、杂志、网站等不同媒介形态，经过广电网络、电信网络以及互联网进行传播。用户可用电视、电脑、手机等多种终端完成信息的融合接收，任何人在任何时间、任何地点以任何终端可获得任何想要的信息。这里面有主流媒体的正义之声，也有利益小道的暗潮汹涌，它们越来越深刻地影响着人们对这个世界的认知和参与态度。

时下，乃至将来很长一段时间内，在已经受到大数据冲击的中国社

会，急切需要信仰、道德和规则重塑，急切需要改变因为多样化媒体出发点不同、不分时段随性发声给受众造成的不能集中分析而截取片面解读，从而易形成不公判断的舆论分化导向；更需要取其精华、去其糟粕，取其应取，用之得当，引导进而主导大媒体时代的健康发展，赋予各类信息以正能量和法治化、人性化的温度。在这里，遵循"人道、公正、独立、中立、志愿服务、统一、普遍"七项原则，以保护人的生命和健康、发扬人道主义精神、促进和平进步事业为宗旨的红十字运动，理应成为传导正确价值观和主流思想的关键支撑，理应把握住时代的脉搏大力传播以"人道、博爱、奉献"红十字精神为内蕴的博爱文化，理应在大数据背景下的大媒体时代当仁不让地传播暖人心扉的资讯信息，因为红十字事业终究是一项社会性事业，需要社会各界和广大群众的积极参与和支持。而博爱文化传播正是吸引群众、发动群众、动员群众、组织群众的最快捷、最有效的方法。开展红十字工作，必须将以传播博爱文化为主要内容的宣传工作置于首位，积极谋划，周密组织，创新推进，以此凝聚社会人道力量，积极推动社会向着更加光明美好的方向前进。

一、县级红十字会要对以往传统的传播模式进行更新

众所周知，国际红十字运动起源于 1859 年索尔弗利诺战役的战地救护，至今已有 150 多年历史；中国红十字运动从 1904 年起步，也有 110 多年的历史。不可否认，百余年不间断的人道历程证明了红十字运动在全球发挥了并且将继续发挥重要作用，百余年来的历史也见证了并将继续见证红十字事业的不断发展壮大。中国作为国际红十字运动 189 个成员国之一，拥有全世界最多的基层组织、会员和志愿者，并在建会后特别是在新中国成立后开展的备灾救灾、应急救护、社会救助、捐献服务等具体的工作中成绩卓著，已经成为党委、政府在人道工作领域的得力助手、和谐社会建设的重要力量、精神文明建设的生力军和民间外交的重要渠道。但不可否认，中国红十字运动的历史虽然悠久，组织架构、思想文化体系也相对完整，但是红十字组织理顺管理体制相对滞后——中国红十字会总会直到 1999 年才理顺管理体制，一般的省市都

在 2000 年以后理顺，县区一级基本在 2005 年才大规模进行管理体制的理顺工作。尽管如此，如今全国仍有部分地市和县区还没有理顺管理体制，还由卫生部门代管。这样千差万别的工作基础、条件、层次，影响了红十字事业整体的科学发展，对博爱文化的传播也有很大影响，尤其是在传统的传播模式上，很多地方仍然处在按部就班一成不变的状态。

1. 传统的传播途径相对狭窄

红十字运动奉行的"人道、博爱、奉献"的红十字精神，经过长期的社会实践，已经形成被广泛认同的以"人道为本、博爱为怀、奉献为荣"的"红十字文化"，即博爱文化。在传统的传播模式下，主要是在红十字会系统内部，上级红会站在一定的理论、道德和实践的高度，通过分期分批分具体业务的方式对基层红会专兼职人员进行培训，然后再由受训人员负责回所在地、系统对其他专兼职人员进行传递式培训。不仅专业法律法规和解读数量有限，而且红十字运动的思想精髓和博爱文化传播理论与实践也局限在"体内循环"，外界获悉的不多，深入研究的更少。当然对外宣传也有，主要是通过有限的工作人员和核心的会员、志愿者口口相传或散发册页传播红十字运动的宗旨、原则、方针；抑或通过专业会议、活动，组织面向社会公众的宣传，看似轰轰烈烈，但效果却并不太好。比如，对于数量相对众多而集中的青少年学生，做得好的地方也主要表现在建立学校红十字会和班级红十字会员小组，保证每学期举行红十字主题班会、困难学生帮扶与救助、防灾减灾知识普及、避险及演练、"涉红"纪念日活动以及红十字校的创建等常态工作。即便如此，很多学生也没有对红十字运动形成一个初步完整的印象，不少人还是觉得红十字会就是搞募捐帮助有困难的人解决困难，组织一些活动让人参与做好事。当然，面对巨大灾情时，红十字会在人们心目中的重要性是明显的，但那也是和众多的救援力量共同爆发出影响力和召唤力，特色鲜明、一家独大的局面没有形成。

2. 传统的传播手段比较单一

传播的手段是指传播所使用的媒介，强调的是靠什么传播的问题。从中国红十字运动的发展历程看，传播手段主要经历了语言、文字、印刷品、网络等发展阶段，虽然说整体与时代合拍，却在实际效果上显得不足。不要谈县级，就是总会公开发行的宣传刊物也仅有《博爱》月刊和每周二、五出版的《中国红十字报》，且它们的发行也受到管理体制理顺进程等相关因素影响，连省级红十字会也没有做到全面覆盖，更不用说地市、县区和其他了。省级红会做得好的，如江苏省，刊物也只有《红十字运动》季刊，每3个月才出一本，另外就是每月一期《红十字报》。至于地市，基本在全国找不到一份专业的刊物，有的只是自编自写的工作简讯，县级就更没有。从内容上看，总会以及省红会数量不少的理论研究文集、会务手册太过于专业化，只适合红十字专兼职工作人员学习和使用，不适合普及。从公开发行的刊物看，《博爱》更多刊登的是真情故事、美文欣赏，属于净化人心灵的一类，有个性化和唯美倾向，显得专业和"高冷"；《中国红十字报》除了特刊和专版，一般是4个版面，第一版主要是介绍总会和省级分会的工作情况，第二版是涵盖基层的新闻消息、通讯，第三版才是理论研究和公益论坛，第四版则是介绍境外红十字运动情况，工作介绍多，深层指导少，同质化多，特色化少；《红十字运动》季刊算是一本针对红十字工作的研究专辑，有实践、有理论，观察和思考都比较有深度，但是出刊时间长，辐射范围有限；省级红十字报则更多是工作动态，理论性和时效性都不够；市县级的简讯分发和获知面就更小了，尤其是县级，主体也是围绕"两报一刊"构建传播框架，数量和效果都不甚理想。

关于网络和电子传播，红十字系统也主要是通过建设网站和手机短信这样的传播手段，内容局限在《红十字会法》规定的范畴；到县级红会，又有很多工作如国际合作与交往根本涉及不到，台港澳事务、查人转信等工作也不多，常规化的工作在网络和短信上发布受关注度有限，博爱文化传播速度和力度都受到限制。

3. 传统的传播模式抵御不了哗然的社会舆论

2010年，中国红十字会这样一个百年公益"老店"，被郭美美无中生有地冒用商业红十字会总经理名头在微博炫富，引发在大媒体时代"网络事件"后，公信力遭到前所未有的打击和挑战。后虽经查实，网络事件纯属子虚乌有，但红十字会饱受诟病的影响却未消除，在四川雅安、芦山地震期间，红十字会又站到了风口浪尖，甚至一些援建项目和相关培训场所的安排也不断被自媒体紧盯。涉及基层的募捐箱事件、公款消费等负面消息也被一些媒体和不明真相的群众交互传递，给红十字会的声誉造成了极其恶劣的影响，严重影响了各级红十字会工作的正常、顺利开展。这也充分说明了红十字组织传统的传播模式在大媒体时代根本占不到优势，反而容易丧失自己的根基和力量。

大媒体时代衍生出传播的市场化和商业化，加上网络新兴媒体的迅速崛起，媒体行业的竞争更加剧烈。为了争夺公众有限的注意力资源，一些媒体从业者频频弃守道德底线和职业素养，新闻报道求新、求快、求异，新闻表现故事化、娱乐化、煽情化，新闻内容追求刺激性、庸俗性、标签性，不断挑拨和误导公众情绪，甚至进行策划性炒作。公众则容易盲从化转发、碎片化解读、娱乐化迎合、审判式介入，使只要与突发性事件沾边的公权力机关、公信力部门都成为他们怀疑和庸俗化娱乐的对象；而政府对大媒体时代传播乱象的认识、管理及应对又相对落后，法律条文空缺，客观上也助长了媒体乱象。红十字会传统的传播模式，多少年辛苦塑造的良好形象，抵御不了一些媒体利用其掌握的新闻传播规律和新闻资源，通过戏剧化和煽情化的包装加工炒作而遭到舆论非议和谴责，透支社会信任，更对社会慈善事业造成伤害，加重舆论对社会的不信任。这已经给了我们深刻的教训。痛定思痛，必须很好地适应大媒体时代，改革博爱文化传播的方式方法，纯净社会风气、提升公民素养，占领道德、信任高地，保障事业健康、稳步发展。

二、县级红十字会要在博爱文化传播新模式上做足功课

古往今来，任何组织和个人都是在掌握规律、解决问题中发展壮大的，在忽视和回避问题中瓦解消亡。红十字运动的传播有其自身发展规律，也有自身的矛盾和问题。在大媒体时代，作为最基层的独立的群众团体，县级红十字会必须牢牢把握红十字运动发展规律，直面时代对传播模式的挑战，不断提高博爱文化传播能力，增强红十字组织的影响力、感召力、凝聚力，整体提升"软实力"。

1. 要以"推动价值认同、营造良好环境"为目标来加强博爱文化传播

红十字博爱文化传播必须着眼全局，只有胸怀大局，才能服务全局。红十字会是党联系人民群众的桥梁和纽带，加强政府对红会工作的领导，是做好红十字工作的根本保证。围绕党和政府工作大局开展工

组织建设与红十字工作

207

作，是红十字会地位、作用的集中体现。红十字会以"人道、博爱、奉献"为精神，以"改善最易受损害人群境况"为宗旨，以"推进人类文明、和平和进步"为目标，是党委政府弘扬社会主义核心价值观、创新社会治理、构建和谐社会大局的重要组成部分。这都需要红十字会做到把困难群众呼声作为红十字工作的第一信号，把群众满意作为红十字工作的第一追求，把民生改善作为红十字工作的第一责任，把提高群众素质作为红十字工作的第一要务，动员尽可能多的资源、凝聚尽可能大的力量共同参与，才能推动红十字事业顺利地向前发展。而要做到这一点，必须要靠舆论的宣传引导，通过打造博爱文化来实现价值认同，以价值认同来营造良好的社会和事业发展环境，取得社会的博爱行动。

2. 要清醒地看到大媒体时代群众关注的问题，明确博爱文化传播的核心内容

以问题为导向，必须紧紧围绕社会关注的突出问题。如今，大媒体时代的本质就是数据和问题分析，在这个数字和智能快速传递的时代，要借助好的、多形式的手段在分析与解决问题的基础上为我们提供正确的决策和方向，让博爱文化成为红十字工作的资源和发展的动力。当前，社会普遍关注的是红十字会在两个方面的情况，一是红十字会是干什么的，这是直接考量博爱文化传播的问题；另外一个是红十字会的公开透明，这是关乎内部管理的问题，其实也是需要正面、直接宣传来解决的。在大媒体时代，红十字组织应从"三救、三献、三推动"的职能和地方实际出发，着力在这两个问题上建立和完善社会化的博爱文化传播机制，要切实加强对宣传工作的领导，加大对博爱文化传播人才的培养力度，建立健全新的传播工作机制。同时，要积极争取党和政府的支持，加强与宣传部门、新闻媒体的沟通联系，建立全方位、多层次、多种类、立体化的宣传体系，提高红十字会的社会知名度、信誉度以及应对舆论的反应力、引导力。

3. 大媒体时代博爱文化传播有效途径的探索

首先，要积极架构核心价值一体化传播的格局。红十字博爱文化是全社会主流价值观、优秀传统文化的重要组成部分，在大媒体时代人人可以发声的背景下，不仅关系到社会诚信体系、价值体系、法制体系的完善，更事关红十字事业的全局和长远发展。加强协同，整合资源，密

切横向纵向联系，构建大传播格局是确保传播效果的可靠保证。

一是主动加强与政府在传播方面的战略同盟关系。将红十字博爱文化传播纳入政府精神文明建设总体框架并享有高度自立，便于红十字组织在党政序列中独立自主地宣传红十字知识、反馈红十字政策、传递区内外的工作动态、传播红十字理念；潜移默化地影响行政部门对红十字的认知，使他们了解红十字组织是党和政府人道领域的助手，支持红十字会的工作；对建立社会主义核心价值体系，推动全民族的繁荣复兴有着深远的历史意义。

二是积极架构与企业和企业家的合作伙伴关系。红十字会与企业进行合作以取得共赢是国际上通行的做法，慈善才是伟大企业家的最终归宿。盐都区从2010年起推行企业博爱救助金制度，在乐于公益、积极参与红十字业务的骨干企业和企业家群体中宣传财富的意义，对待财富态度的不同体现不同的人生价值观，成功人士对社会的责任，境内外企业家捐赠的范例，以及社会求助信息、国家鼓励政策等，做到"晓之以理、动之以情、交之以友"，得到了极大的支持和拥护；不仅建立了数家救助金制度，还成立了冠名基金、应急救护合作项目等，企业的员工成为会员和志愿者的数目也在增加，在很大程度上扩大了红十字会的社会影响。

三是主动面向公众获取信任。盐都区红十字会高度重视公众信任对推进红十字事业发展的作用，自觉加强行为准则的约束，按照《红十字会法》的明确规定，在博爱文化传播中既不越位大包大揽，更不缺位缩手缩脚，而是以科学规范、求真务实、主动热情、坦诚无私的工作态度，把握好红十字会的"规定动作"，创造性开展"自选动作"，通过信息公开、社会监督、公众参与来完善博爱文化传播的体制机制，不仅赢得了党和政府的肯定，更获得了人民群众的信任。

其次，要确立"人人都是宣传员"的责任意识，建立博爱文化的社会化传播机制。一是要加强红十字会自身宣传能力建设，提高博爱文化传播工作水平。"打铁还需自身硬"，在大媒体时代，必须培养自己的队伍，建立自己的阵地，提高装备和传播水平，为整合社会宣传资源创造条件。县级红会的人员配备非常紧张，但盐都红会还是确定一名工作人员专门从事博爱文化传播工作，负责网站、微信和简报"三大"传播阵地，配备了各类电子设备和器材，建立了宣传工作文字、影像资料库；建立网络发言人制度，明确由专职副会长担任；同时要求红十字会机关人员和镇级红十字会秘书长全部充当网络评论员，全面学习和适应大媒体时代的传播要求，建立起区、镇两级直通的网络交互平台。

二是注重社会人力资源的吸纳，尤其是将从事媒体传播工作的人才引进到博爱文化传播队伍中来。盐都区在2007年就成立了新闻与传播志愿者工作委员会，10多名骨干成员在博爱文化传播上为红十字事业的健康发展做出了显著的贡献。近年来，区红会又根据形势的变化，打破行政区划的限制，立足于大市区、着眼于大区域，调整了新闻与传播志愿者工作委员会，把盐城新兴媒体、主流团队都吸纳到委员会队伍中来，发挥他们的整体作用。同时，积极提供条件，发挥原委员会下设的群文、动漫、书画、新闻、摄影等各个专业小组的作用，使他们运用自己专业的不同特色，发挥各自的优势，传播博爱文化。

三是持续招募当地热心公益、熟悉红十字知识的红十字网络传播的核心志愿者。发挥专职人员业务优势，担任自媒体公益版块版主，与专家学者及其他网络论坛版主、知名博客博主、微信公众号发布人联系，实现网络舆论良性引导，及时掌握网络舆情动态，积极寻找红十字会的支持者和参与者并加强互动。

再次，适应大媒体时代综合运用现代化传播手段。

一是彻底改变了过去相对封闭、保守的手段，注重现有传播渠道的综合运用。在盐都的博爱文化传播中，红十字会充分运用《双新盐都报》、盐都电视台、中国盐都网、盐都情况、盐都通讯等传播渠道，宣传人道理念、传播红十字运动知识、展示盐都红十字工作现状和志愿者风采，每年在平面媒体用稿超过300篇次，影像宣传超过40次，内部信息用稿累计持续位列区直部门综合积分前茅；多年组织"我与红十字"有奖征文和"博爱杯"数字媒体作品竞赛，扩大社会各阶层的参与度。

二是注重宣传手段和方式的创新。一方面，适应网络发展和形势的变化，改版升级区红十字会网站，与立方科技传媒合作，运行"博爱盐都"公益微信平台；另一方面，加强文化传播的理论研究，与红十字运动研究中心合作成立盐都研究基地，将传播的实践形成理论，加强内外交流，不断提升博爱文化传播的效果。

三是依法建立网络应对机制。根据全年的工作重点，精心研究制订传播工作计划，针对涉及红十字会的网络舆论，做到以弘扬"人道、博爱、奉献"红十字精神为主线，通过报纸、广播、电视、通报等渠道依法、及时发布红十字相关信息，并利用门户网站、微信开设网民诉求通道，回应网民的各种问题。同时，采取开放博客、公布电子邮箱、联系电话等方式，征求网民意见和监督议题，畅通网民访求渠道和网络监督通道。另外，利用相关资源，主动介入本地重大网站和论坛，及时了解网络舆情动态，主动与其负责人联系，收集相关舆情资讯，与网民沟通，把权威科学的信息发布出去，方便社会受众及时了解真相，杜绝或者缓解网上各种议论、流言、猜测的压力，维护了红十字组织乃至党和政府的形象。

　　红十字事业是一项需要动员社会、动员广大民众参与、造福人类的伟大事业，其博爱文化传播仅靠红十字会本身力量是远远不够的，必须建立和完善社会化传播机制。在主动作为、乘势而上的同时，借助外力、借用外脑，充分发挥电视、广播、报纸、网络等媒体的作用，强化大媒体资源建设，完善红十字会新闻发布机制，搞好宣传品的开发、制作，以宣传促工作，不断提高红十字博爱文化传播的针对性、时效性和吸引力、感召力，为红十字事业的发展提供风清气正的发展环境，真正让人民群众信服、满意和积极参与。

（作者系盐城市盐都区红十字会志愿服务部部长）

组织建设与红十字工作

红十字青少年与校园文化

校园荡漾博爱歌

——示范校创建工作回眸

张金坤

在美丽的黄海之滨、苏北平原上有一颗闪烁着博爱光华的璀璨明珠——盐都教育红十字会。这是一个年轻而注重内涵发展的教育系统救助团体，千年古邑厚重的历史底蕴赋予了她特有的文化气息，"双新盐都"焕发的活力孕育了博爱工作的协调发展。几年来，她以先进的教育理念、和谐的校园环境、人文化的组织管理、突出的红十字青少年活动赢得了社会的广泛赞誉。

盐都教育红十字会创立于 1993 年，是盐城市唯一的教育系统专设的独立救助团体。刚创建时名称为盐城市郊区教育系统红十字会，1996 年改名为盐都县教育系统红十字会，2004 年改名为盐都区教育红十字会。现有基层组织 67 个，青少年会员 45322 人，教职工会员 5320 人。她坚持"营造和谐校园，开发博爱活动"的发展理念，培养师生的慈善意识，并以创建"红十字示范学校"为平台，从管理环境、校园环境、教学环境、德育环境等方面进行红十字教育，促成红十字精神与素质教育、教育科研的互动整合，培育了大量具有红十字精神的优秀青少年会员。截至目前，已创建盐城市红十字示范学校 35 所，江苏省红十字示范学校 6 所，全国红十字模范学校 1 所。

一、明确目标，用先进理念形成学校创建共识

怀着憧憬与责任，扎根在勃发着特有气息的盐都教育土壤上年轻而又充满生机的红十字组织，把博爱思想的种子播撒。区教育红十字会自

建会以来，就着力于各级各类学校红十字组织建设和博爱活动的开展，明确提出学校红十字工作是学校德育工作的重要组成部分，红十字活动是学校精神文明建设和校园文化建设的有效载体。开展学校红十字工作，有利于培养学生健康的心理和行为，能丰富学校健康教育思想内涵，提高师生的思想境界。

"喜得东风第一枝"，经过有力宣传、精心组织、规范运作，全区各学校红会建会率为100%，教职工和三年级以上学生入会率均为100%，"两报一刊"征订到各班级，形成各校之间相互沟通协调、反应灵敏迅捷、资源整合共享、相关节点得力的工作网络。会费和互助金制度得到落实和坚持，形成检查、监督和使用管理一整套行之有效的运作程序。

2004年，盐都改县为区，也迎来了创建省、市级红十字示范校的良好机遇。"红杏枝头春意闹"，区教育红十字会着力加强各镇中心中小学、区直学校和三星级以上学校创建示范校工作，会长经盛瑞和副会长兼秘书长张金坤等班子成员敢想敢干，凭着现代化的教育理念和开拓创新的精神，负重自强，科学规划，明确"做优知名校、做强中心校"两个工作重点，使全区各级各类学校红十字创建工作得到了快速的发展。盐城市第二小学、龙冈中学、秦南小学等6所学校首批跨入全区重点创建行列，大冈中学等学校定为生力军板块。

2004年12月，在区教育系统红十字会第三届理事会暨总结表彰大会上，区教育局局长、教育系统红十字会名誉会长张瑞卿同志明确要求，全区各级各类学校要保持争先进位的良好精神状态，抓好宣传发动、强化红十字教育、积极开展红会救助活动，加快红十字示范校创建。首批创建的学校主动创新，其他各学校积极争取，全区教育红十字会系统在思想上形成了真干实干的共识，示范校创建工作已成自觉行动。

缘于信念执著，工作扎实有特色，当年首批6所学校顺利通过了市级红十字示范学校验收。此后，"百花齐放香满园"，全区创建工作氛围越来越浓，创建活动集聚的效应不断显现。

二、对照标准，以真实的行动开展学校创建工作

1. 健全的组织网络

在区教育系统红十字会指导批准下，全区每所中小学都建有由校长任会长的红十字会理事会和红十字青少年志愿服务队，每个班级都成立了红十字会员小组。学校红十字会理事会成员由学校、共青团、少先队、年级组、财务科等领导组成，分工明确，每学年的工作计划、活动方案由秘书长制订并经会议讨论通过，按部就班并创造性地实施。对新生、新教职工转（入）会，由个人申请，经批准造花名册，集中学习《中国红十字会章程》和《红十字会法》，举行隆重的入会仪式，统一按规定及时办理手续，增强了会员的组织意识和法律意识。

2. 扎实的基础管理

学校重视红十字会的工作，每学年初坚持做好新会员发展等相关工作，各校在区教育红十字会统一指导下结合学校实际制定并执行了各项规章制度（如组织、宣传、会议、活动、社会服务、会费管理、评比、奖励制度等）。本着"规范化、特色化、实用性"的原则，各学校设有规范的红会活动室，配有标准的会旗、会徽、会员标志，并结合会员年龄特点，设计了红十字募捐箱、志愿者服务队服装，还开辟了红十字宣传专栏，在班级设有红十字角，通过板报、橱窗、广播、征文、演讲、知识竞赛、新会员入会、学校升旗仪式等多种形式，让会员学习了解《红十字会法》，牢记"人道、博爱、奉献"的红十字精神。市二小红十字会还成功创办《小号手报》，在会员心灵播撒"善良、友爱、互助、文明"的种子。

为提高创建管理水平和组织功效，便于经验交流，各校注重总结，"三簿"（活动记载、好人好事记载、大事记载）内容具体，各种计划、总结、录像、图表、照片及时归档管理。全区各学校会费和互助金收缴率一直为100%，按时按规定上缴，会费管理设立专门账户并建立会费台账，由专门人员管理会费及活动经费等开支，并每年向理事会报告一次。

3. 丰富的青少年活动

在学校开展内容丰富、符合青少年特点的红十字活动，成为推进学校德育和素质教育的有效途径与载体，教育红会结合全区红十字工作部署，从盐都教育系统实际出发，坚持每年把小学三年级集体入会、每学期举行两次红十字班会、困难学生帮扶与救助、会费缴纳与管理、防灾减灾知识普及、红十字运动知识传播、避险及演练、"涉红"纪念日活动的参与与组织，以及红十字校创建等作为常态工作来开展，让红十字运动与教育工作融合。区直学校每年还举办夏令营或冬令营活动，让红十字积极分子参与其中，培养互相关心、团结协作的品质；列入创建名录的学校还组织体现红十字宗旨的假期社会活动，加强学生服务社会的责任心，树立正确的人生观。此外，积极参与全国性的竞赛活动并保持优势，也是盐都红十字青少年工作的亮点。2008 年 5 月，区教育红会精心组织小学五年级和初一学生 12000 人参加"红十字青少年与奥运同行"——自救互救知识竞赛活动，1200 名中小学生参加全国无偿献血知识竞赛活动，均受到上级表彰；2012—2015 年，连续 4 年参加全国红十字防灾减灾知识竞赛都获最佳组织奖，2015 年为最佳组织奖一等奖。

4. 及时的救灾救助

"救死扶伤，扶危济困，敬老助残，助人为乐"十六字工作方针，既是红十字精神的集中体现，也是学校红十字会活动的重要内容。各创建校积极开展形式多样的人道服务活动：定期组织会员到敬老院慰问孤老、与智残学生开展联谊、帮助身边的残疾学生、为贫困生捐款捐物、探视重病教师和学生等。乡镇以上学校组成志愿者队伍，定期到社区、敬老院为弱势群体开展"三定一包"等形式的服务活动。这些关爱活动，让博爱之花在孩子们的心田绽放，使孩子们体验到助人的快乐，感受到社会的责任。

各学校还切合实际在校内开展爱心帮扶活动，全区"大手拉小手、倾情助学子"活动，结成助学对子 3000 多对。为了让每一名学生不因贫困而辍学，部分学校向同学提出：让我们携手同享生命绿卡，向社会献一片爱心，给家庭留一份安宁，让我们拥有更多的笑容。之后出现了市一中"博爱班"、龙冈中学"阳光工程"、市二小"手拉手"、中兴初中"慈善爱心基金"等特色活动品牌，成功地为贫困学生撑起了一片蓝天。

多年来，体现"我为人人，人人为我"互助共济精神的区教育红十字会博爱互助金得到了所有会员的支持，参加的会员每年缴纳6元钱，一旦生病，受伤住院，可按规定进行救助，最高每人可获得8万元的基金支付。全区利用互助金每年慰问、资助贫困学生达到1000余人次，救助重特大病师生费用达数十万元，被人称赞为学校意外伤害和大病重病患者的"保护神"。2013年起，按照省、市红十字会的要求，取消红十字青少年互助金制度。为不影响对因特殊疾病和意外伤害造成困难的学生进行救助和资助，推动学校正常开展红十字关爱行动，区教育红会多方协调，将国家助学金、财政支付的困难学生补助和助学金贷款划归教育红会实施，发挥2007年成立的"学生资助管理中心"作用，8年来共资助贫困学生36600余人次，发放助学款物4700余万元，建立起惠及各级各类学校困难学生的大资助体系。

5. 经常的应急救护和保健

为了加强应急救护和保健工作，各学校都安排体育教师和班主任参加省、市级应急救护师资培训，针对学生会员年龄特点，在小学和初中结合学校健康卫生教育课程普及卫生知识，培养学生讲卫生的良好习惯和救死扶伤的爱心奉献精神；在高中以红十字骨干会员为培训对象，重点进行应急救护培训，使学生掌握止血、包扎、固定、搬运和心肺复苏基本技术。从2012年起，把握将救护培训工作上升为省政府为民办实事公益项目的契机，区教育红会推行高中毕业生《毕业证书》和《初级救护员合格证》的双证合格制度，将全区高一新生全员初级救护员培训纳入军训内容，并推行在小学五年级、初中一年级开设防灾减灾备灾和应急技能"生命安全"课程，提高在校学生应对突发事件的能力。部分学校在做好"规定动作"的基础上，还聘请专业讲师、武警官兵和资深医疗专家来学校开设讲座，把红十字现场急救知识培训与安全教育结合起来，把红十字精神宣传与健康教育结合起来，体现了"四健"（健体、健心、健学、健美）、"一强"（自我保护能力强）的要求。部分创建校还组织学生参加心理咨询、心理测试活动，对个别心理有问题的学生提供自我控制、自我保健的治疗方案，进行跟踪调查与心理治疗，使个别性格内向、孤僻的学生转进稳定期。目前，各学校都建有应急救援队，配备急救箱，每个红会活动小组都有接受过区级以上培训的教工救护员，能及时为师生服务。

6. 深入的宣传工作

各校每年以"5·8"世界红十字会纪念日、"5·18"世界残疾日、"6·1"国际儿童节、"6·14"世界献血者日纪念活动为契机，以广播、录像、板报、主题班会和团队活动为载体，组织开展以宣传红十字精神为内容的征文、漫画、禁烟知识竞赛，对优秀的同学颁发证书和奖品；定期评选优秀红十字青少年和优秀会员。通过参观禁毒展览、观看有关艾滋病知识的录像和社区人道服务活动，积极传播人道主义思想，从小培育青少年会员"博爱"之心和奉献精神。多种形式的活动既宣传了红十字会，扩大了社会影响，又促进了学校各项工作的开展。

各学校建有红会通讯报道小组，积极向新闻媒介投稿，每年在全国各类报纸杂志上发表文章数十篇，市二小红十字会2008年一年就在各类报刊登载图片100余幅。区教育红会宣传工作连续19年被总会表彰为先进集体。

三、确保质量，让多彩的特色提升学校创建内涵

一直以来，各校高度重视红十字工作的规范化管理和创新突破，贯彻《学校红十字会工作规则》，以市二小获得"全国红十字模范校"为标杆，结合自身特点，加大红十字示范校创建的力度。

2004年，各镇中心中小学、区直创建和转评的三星级以上学校，都结合学校工作实际，搞特色、抓效应、争创建，有18所学校提出申请。其中市二小"小会员、活雷锋"特色活动、龙冈中学阳光工程、秦南小学"大手拉小手"活动、马沟中学捐资助学热潮、北龙港和鞍湖小学春雷助学行动亮点纷呈，这6所学校被表彰为全市首批红十字示范学校。

2005年，学富小学、大纵湖小学、马沟小学、尚庄小学、大冈中学等5所学校立足示范校创建标准，进一步拓展工作领域，提升工作内涵，表现在各项工作中都渗透着关爱生命的浓郁内涵，被表彰为全市第二批红十字示范学校。

2006年，楼王小学、义丰初中、北蒋小学、大冈初中和新区实验学

校让学校红十字会工作与学校团组织、学生会、德育、体育卫生工作相结合，充分利用校园文化传递空间，在学生学习文化知识的过程中开展比较系统的红十字知识教育与社区精神文明建设，创建成第三批市级红十字示范学校。市二小和龙冈中学在"健康教育课"中着重对学生进行救护常识教育，在"社会课"中融合红十字运动基本知识的传播，在"思想品德课"中结合敬老助残、助人为乐、人道奉献教育，完成创建省级红十字示范校的申报工作。

2007年，市二小和龙冈中学被表彰为首批省级红十字示范校。大纵湖初中、郭猛中学、龙冈初中、市一中等学校，重点开展适合青少年的各项志愿服务活动，努力促进学校的精神文明建设，当年被表彰为全市第四批红十字示范学校。市二小实行提档升级工程，力主"凝聚向心"的教师文化，大力推行"凝聚向善"的家长文化和"凝聚向红"的在校学生文化，让学生成为红十字运动的合作者、受益者、监督者和宣传者。学校扎实开展"小号手自主教育""四点半特色训练""红十字博爱教育"等工作，培养了学生独立思考、自主判断、善于选择和敢于担当的本领；小号手科技苑、文学苑、书画苑、法学苑、健体苑、与经典同行诵读班，挖掘了学生潜能，培养了学生的爱心，也锻炼了学生的能力；当年顺利完成了申报国家级红十字模范学校的相关材料整理工作，并于2008年接受中国红十字会总会常务副会长江亦曼的视察，通过国家评审，成为苏北地区唯一的全国红十字模范校。

2008年，中兴初中、大冈小学、葛武小学和潘黄实验学校，主动向区教育红十字会提出创建申请，将红十字青少年工作与学校民主法制教育、美育、劳动技术教育密切结合起来，鼓励青少年参加公益劳动，参与讲文明、树新风活动。这4所学校有健全的红十字志愿服务网络、丰富学生的课外生活、基础扎实的各项台账资料，当年经市红会评审验收全部合格。

2009年，时杨中学、泽夫中学、冈中初中、龙冈小学和水上小学开展市级红十字示范校创建。

2010年，盐都区实验学校和大冈小学申报江苏省红十字示范校。

2011年尚庄中学、张庄初级中学、楼王中学、义丰小学，2013年冈中小学、市聋哑学校、北龙港初级中学市级红十字示范校验收及龙冈初级中学申报江苏省红十字示范校均顺利通过。

为推进红十字示范校的创建工作，区教育红会十分注重全员参与的宣传活动。每年"5·8"世界红十字日，专门下发宣传资料，定期将红十字会知识、卫生救护知识、青少年心理健康、教育红会大事记、校内外交通安全规定、疾病预防等相关内容，以文字、图片的形式在学校网站上发布，先后出版《我们播种爱心》《爱在心间流淌》两本征文集，编印了中小学生自救自护读本《让意外伤害远离孩子》，为红十字示范校创建营造了氛围。

在示范校创建过程中，各学校红十字会集中推进捐献造血干细胞和无偿献血工作，把广大师生爱心关怀的感性认识，引导到救助生命的理性行动上来。全区每年都有500名以上教师会员参加无偿献血，造血干细胞捐献志愿者多达400多人。寒暑假、双休日以及"五一"劳动节、中秋节、国庆节等期间，部分会员深入社区，探望慰问社区的军属、低保户和敬老院的孤寡老人，为他们打扫卫生，整理环境，举行文艺演出。2008年汶川"5·12"特大地震发生后，全区92所中小学校唱响了"援助灾区，奉献爱心"的爱心曲，短时间内共筹集捐款1316243.11元，营造了师生支持、参与、关注生命工程的良好氛围。

部分创建学校积极拓展关爱互助工程，提升示范校创建内涵。市一中自2006年起设立博爱班，对品学兼优而家境贫困的学生进行有力的资助。区教育红会连续24年开展送温暖献爱心活动，每年为千名中小学贫困学生送衣送物、送费送书。区政府近几年实施的"圆梦大学行动"，每年为百名贫困大学生每人送上4000元生活费。丰富多彩的扶贫助学活动，构建了和谐的校园环境。

为丰富发展校园文化内涵，构建校园文化特色，让博爱文化点燃激情，兼济天下，创造奇迹，盐都区部分学校特色校园博爱文化建设也是精彩纷呈：

北龙港小学地处盐都西南边陲，远离县城100多里地，交通闭塞，经济落后。但其博爱文化创意独特，富有浓郁的地方元素。它传承剪纸文化，塑创育人品牌，把民间剪纸艺术引进课堂，大胆提出"剪纸育人"构想，让孩子们在动手动脑中释放潜能，接受爱的教育。学生剪纸作品不仅在江苏省首届未成年人才艺大赛暨第十一届全国推新人大赛中捧回 16 个"十佳"奖,亮相第二届中国(深圳)国际文化产业博览交易会(文博会),还漂洋过海,传承大爱,成为市、区政府馈赠嘉宾的特色礼品。

马沟小学以"写字育人、书写真爱"特色建设为突破口,培养学生坚忍不拔的毅力、挥洒豪迈的气魄,造就了一大批书法特长生。学生参加各级各类书法竞赛先后有 1000 多人次获奖,学校被授予市"写字育人特色学校"、省"中国书法(写字)特色学校"称号,被中央教科所确认为中国特色教育理念与实践项目学校。

盐都区实验学校开展以"学礼仪、有礼貌"为特色的礼仪教育,学校的过道、走廊都用来介绍中国的文明礼仪历史、现代文明礼仪的要求,图文并茂,通俗直观,是校园文化一道靓丽的风景线,是一幅"主体的画",是一首"无声的诗"。

毓龙路实验学校小学部博爱文化丰富多彩。学校先后邀请了曹文轩、曹文芳、秦文君、田俊等教授、作家到校传经讲学,让孩子们从小亲近大家,亲近经典。《盐城晚报》小记者站成立,"图书漂流市场"开市、"采蜜本"展评,"童话故事大王"和"英语故事大王"评选等丰富多彩的活动,让孩子们在书海中含英咀华,尽情遨游。原创少儿节目舞蹈类《字母精灵》、曲艺类《少年三字经》获第六届江苏省少儿艺术节金奖。

此外,楼王小学的莲湘团舞、尚庄小学的腰鼓群舞、义丰小学的舞龙队舞,地方特色浓郁,充分融合红十字博爱元素,充满文明、健康、积极向上的正能量。

展望未来,任重道远,希望与挑战同在,成功与艰辛并存,盐都区教育系统红十字会人将继续高举红十字这面爱的大旗,在校园这片沃土上播种爱心,放飞希望,明天一定会更加美好!

(作者为盐都区教育红十字会原副会长兼秘书长)

奔涌不息的生命源泉

——盐都区教育红十字会连续15年无偿献血工作纪略

张金坤

　　盐都——黄海之滨一片宜人的沃土、苏北老区一颗璀璨的明珠，秀美的蟒蛇河水孕育了老盐城丰厚的历史文化底蕴，强劲的改革春风更折射出新盐都与时俱进的活力光华。这里，曾经是抗击日本侵略者的根据地，我们的父辈带着抗日战争胜利的辉煌和祖国解放的荣耀，将汩汩热血洒在这片燃烧的湿地之中。今天，有这样一群可爱的教育工作者，他们正带着对共产主义的理想与激情，用汩汩热血汇集成一条奔涌的生命之源，用执著奉献谱就着一曲响彻盐城的生命之歌。

　　他们面带微笑，执著坚毅，有一种别样的激情在他们心中激荡；

　　他们情意融融，自愿无悔，有一种特殊的旋律在他们心中回响。

　　无偿献血，捐髓救人；传递爱心，挽救生命。

　　他们就是一群可爱可敬的教育工作者，在构建社会主义和谐社会的进程中，引领时尚、倾情付出，不断创造一种内心快乐、他人温暖、社会和谐的新生活！

　　1993年3月，盐城市郊区教育系统红十字会正式成立，有251个基层组织，124807名会员（其中青少年会员116845人，成人会员7962人）。同年9月，建立红十字青少年互助基金会，由此掀开了全区教育系统精彩博爱篇章的扉页。1997年，在北京人民大会堂"达纳康杯"无偿献血知识竞赛颁奖大会上，教育系统红会的代表受到了中国红十字会总会领导的亲切接见。2001年，对于区教育系统红十字会的干部、会员来说，是一个特殊的年份。这一年，他们选择了将推行献血捐髓与推动教育红会事业发展相结合，以品牌创建推动红会工作，连续15年来，共组织教育红会会员 9500 多人次无偿献血，累计献血总量超过 270 万毫升，有 300 多名成人会员捐髓采样进入中华骨髓库，连续多年受到国家和省、市红会的表彰嘉奖，实现了品牌创建与红会发展的和谐共振。

一、转变一个观念，让无偿献血丰富学校道德教育

1. 让无偿献血理念成为挽救他人生命的一种高尚行为

1998 年 10 月 1 日我国实施《中华人民共和国献血法》，1999 年 8 月 3 日我市出台《盐城市公民无偿献血暂行办法》，2000 年我省颁布《江苏省献血条例》。为了认真宣传上述法律、地方法规和行政规章，我们先后从市红会和市中心血站领回《献血法规汇编》《血液生理与献血知识》等一批宣传材料，及时发到全区各学校供师生员工学习，让师生员工知晓无偿献血不仅有益身心健康，而且也是人与人之间爱心的交流、相互扶助的文明体现。只要我们一起走到无偿献血的队伍中，让脉搏一起跳动，就能在同一片蓝天下携手托起生命的绿洲。

为进一步提高广大教育工作者对无偿献血工作重大意义的认识，加快推进全区教育系统无偿献血工作，区教育红会积极研究红十字宣传工作的新特点、新内容、新热点、新方式，利用教育局网页和盐都校园网，发挥各校广播站、宣传画廊橱窗作用，借助培训和专题讲座等方式，抓好无偿献血科普知识、政策法规及相关医疗卫生知识的宣传普及，定期张贴无偿献血光荣榜，为献血总量超过 1000 毫升的个人颁发荣誉证书、结合专项工作在相关媒体进行事迹介绍等，激发了广大教职工对无偿献血工作的关注和参与热情，并形成无偿献血利己利人、神圣光荣的崇高理念。

2. 将无偿献血工作作为学校精神文明建设和师德教育的重要内容

多年来，区教育红会将无偿献血工作列入重要工作议程，成立了无偿献血工作领导小组，每年召开专项工作会议，部署落实无偿献血工作，要求各镇（区、街道）教育红十字会和各中小学把无偿献血工作当作打造平安盐都、构建和谐社会的重要内容，要求广大教职工明确无偿献血是社会文明进步的象征，是学校精神文明的具体表现，更是民族素质充分提高的表现。在每年的无偿献血活动中，教育局机关各科室工作

人员、各中小学校长以身作则，广大师生员工积极参与。每次活动区、局领导亲临现场并慰问献血捐髓的广大教师，区、镇和学校红会每年都拨出专款支持无偿献血工作，并对做出杰出贡献的先进集体和个人进行总结表彰。

二、确立"两个定位"，让无偿献血互补教育红会工作

1. 把献血工作作为提升红会内涵的一个着力点

区教育红十字会高度重视无偿献血工作，将其作为弘扬红十字精神、促进学校精神文明建设、培养教职工高尚道德情操的一项重要举措来落实。每年定期召开会议，布置落实献血工作。为了扩大献血者队伍、完善应急队伍、巩固稀有血型队伍，区教育红十字特别注重把献血工作融入学校红会工作，结合全区教育实际情况，切实加强领导，促进事业健康发展。为了给每一位献血的教职工提供优质的服务，区教育红十字会紧紧依托 67 个基层组织，由基层教育红会会长、秘书长牵头，着力在各学校建立一支得力的无偿献血志愿者队伍，努力为每一位参加无偿献血的教职工进行优质的后勤服务，如提供献血营养品、赠送献血纪念品、提示献血注意事项等，保证一个完整的全方位的爱心联动与服务的献血过程，使每个人每次献出的不仅仅是一袋热血，更是一份值得鼓励的宝贵的精神财富。

2. 让献血行动成为表达盐都教育精神的一道风景线

一是领导率先垂范。区四套班子主要领导对教育红会教师会员的无偿献血工作非常重视，多次到献血现场看望参加献血的教职员工，称赞他们用爱心为"博爱盐都、厚德盐城"建设添上了浓墨重彩的一笔，相关领导还现身说法，以参加献血的实际行动表达对献血事业的支持和教师行为的肯定。2007 年 5 月 10 日，盐城市副市长、原盐都区区长崔浩在北龙港献血点与老师们同时献血；2013 年 5 月 10 日，盐都区委书记羊维达、副区长张云云在龙冈镇献血点与老师们一道献血，极大地激发了教职工的参与热情。在教育局机关，从局长到科室干部、普通员工，都踊跃参与无偿献血。原教育红会经盛瑞会长连续 5 年带头参加无偿献血，针对一开始部分会员对无偿献血认识不够、心存恐惧、报名不踊跃

的情况，他说："只要我们自己挽起袖子献血，比什么都有说服力。"2012年5月8日是第65个世界红十字日，区教育局全体符合条件的党员干部以带头参加无偿献血的实际行动，充分展示了局机关党员干部高尚的思想境界和良好的精神风貌。副局长戴军一边献血一边还和旁边的同志打趣说："能参加献血，说明我身体还很健康嘛！"在中小学，校长带头、父子同台、夫妇同献已屡见不鲜。2009年度教育系统教职工无偿献血活动中，北蒋实验学校领导带头无偿献血，教职工报名踊跃，热情高涨。其中，校长陈国斌、王再超累计献血已达5次，教导主任蒋海累计献血已达6次。"献血光荣，利人利己"已经成为校园一种爱心的表达方式。

二是经费保障有力。区教育红十字会平均每年投入5万多元，用于无偿献血工作的宣传、补助和表彰。每年"5·8"世界红十字日、"6·14"世界献血者日等重大纪念日，专门印制无偿献血相关宣传资料分发到基层红会和每一所学校。经过几年的科学宣传和广泛动员，现如今，只要校园内有无偿献血的消息，符合条件的教职工都会自觉踊跃报名参加，甚至很多在校外活动的老师获悉后，也能尽快赶回学校献出自己的一份热血。

三是理念深入人心。在特殊日子的集中献血，各校和合乎条件的教职工已形成统一思想，每年无偿献血工作已成为盐都一道亮丽风景。"校长，我愿意献血！""校长，献血报名单给我一张！"2009年5月8日，在全国红十字模范校——盐城市第二小学会议室里，校长王立昌刚宣读完献血的有关事宜，老师们就争着从他手中抢走了献血报名单。会议室内顿时响起了雷鸣般的掌声，这是理解的掌声、是友爱的掌声、更是支持的掌声！"前年和去年我都献了，没什么特别感觉，身体也挺健康的。"连年参加无偿献血的王校长用朴实无华的语言表达了对无偿献血的理解与支持。2009年4月29日下午，作为我区一所普通的乡镇初中——大冈初中，从班子成员到中层干部，从女教师到年逾五旬的老教师，符合条件的教职工都踊跃报名参加无偿献血，出现了父子、夫妻同时无偿献血的感人场面。全校32名教职工集体参加区教育红十字会组织的无偿献血活动，刷新了去年28人参加无偿献血的纪录。2013年6月13日，教育红会在北龙港设点开展无偿献血活动，郭猛中学教师吴建权错过了学校组织的献血专车，为按时赶到献血现场，他驾驶摩托车行驶了 30 多公里，献完血后顾不上休息，又驾车回到了工作岗位，像吴建权这样的爱心教师在盐都区还有很多。

三、强化三项措施，让无偿献血成为教育红会品牌

15 年来，我们在不断形成的"特色"中规范操作，不断强化三项措施，继续探索新的工作思路。

1. 让无偿献血组织化程度在优质服务中提高

15 年的努力，15 年的实践，区教育红十字会无偿献血工作形成常规，有章可循，每年预先统一规划和部署，认真组织无偿献血工作的宣传动员，并且将工作具体细化到每一所学校，保证了工作的流畅性，得到各基层红会和学校的真心拥护和大力支持。无偿献血是践行人道博爱的高尚之举，理应受到尊重与爱戴。对参与无偿献血活动的会员，我们与他们打成一片，为他们提供优质服务，并且开展形式多样的联谊活动，宣传他们。在先进典型选拔上坚持做到"三性"：一是广泛性，只要与无偿献血有关的人员都要关注；二是现场性，收集典型材料与活动过程同步；三是及时性，活动一开展，行为一发生，及时记载，不搞补做或复制。每一次活动都是一次"评先树优"优质服务的过程。全区教育系统无偿献血工作已由自愿参加、自觉行动走向组织化发展程度。

2. 让无偿献血深层次理念在宣传氛围中升华

多年来，我们采取多种途径宣传、造浓无偿献血氛围，在定期举行无偿献血知识讲座基础上，每年创造性地组织各校开展无偿献血知识竞赛活动。特别是在 2007 年 5 月，大规模集中组织了全区小学五年级和初中一年级的 13000 名同学参加无偿献血知识竞赛，组织 1200 多名高中学生参加全国无偿献血知识竞赛。各学校还配合校园宣传活动，开辟橱窗专栏，发放无偿献血宣传单，专门安排老师对学生进行相关知识指导，形成了学校、老师、学生家庭"三位一体"的参与无偿献血大宣传模式，展现了当代学生友爱互助、关心社会、关心他人的精神风貌。每年 5 月参加无偿献血已成为我区教育界工作者的习惯。2006 年 6 月 14 日是第三个世界献血者日，主题为："献血赠送生命的礼物，谢谢你们！"活

动当天，全区近 400 多名教职工分别在秦南、大冈和市中心血站采血，区人大常委会副主任武进甲等区领导到现场看望了无偿献血者。献血的老师当中，有年纪很轻的小姑娘，当问及她们抽血怕不怕时，老师们都回答得很坚决，"不怕，我是一位人民教师，能把流淌在自己体内的鲜血献给别人，给予他人一线生的希望，这是一件很有意义的事!"有些老师已经是多次参加无偿献血了，这次一听到特殊纪念日无偿献血消息后，又二话不说就赶到了献血站。报社的记者也前来采访，受采访教师没有豪言壮语，只是朴实地回答："200 至 400 毫升鲜血，对一个身体健康的人，它微不足道。可对生命垂危的病人来说，它意味着生命。无偿献血利己利人，是公民的义务，更是我们的责任! 作为一名人民教师，更应该起到表率作用!"这是给予无偿献血的最好诠释。尽管老师们献出的血是有限的，但是献出的爱是无限的……

2009 年 5 月 12 日上午，滂沱大雨中，在区教育红会会长姜洪年、副会长张金坤的高度重视下，以"关爱生命、献血捐髓"为主题，在盐城市中心血站开展纪念四川汶川地震一周年无偿献血和造血干细胞捐献采样活动。近百名志愿者闻讯冒着风雨从四面八方赶来参加，一起用滚烫的热血为在地震中遇难的生命祈祷，为地震受灾的同胞祈福，为灾区重建加油，共同弘扬"人道、博爱、奉献"的红十字精神。当天，教育局机关干部带头参加，盐城一中、龙冈中学等 10 多所区直学校的老师积极参与，其中有参加工作不久的，有无偿献血长达十载的，也有第一次专程前来的。现场博爱气氛浓郁，爱的暖流，在参与活动人员的心里、血液里，悄悄地、尽情地流淌着。

3. 让无偿献血的品牌在特色活动中彰显

15 年来，区教育红十字会的无偿献血工作逐渐形成了由组织向自愿转变，由教师群体向广泛公民转变，献血数量由 200 毫升向 400 毫升转变; 15 年来，区教育红十字会的无偿献血工作从小到大，从城市到农村，逐步发展壮大，走出了一条具有教育特色的新路子。经过 15 年的探索和努力，区教育红十字会的无偿献血工作已经形成了不下指标、不派任务、以教师为主、百分百自愿的"盐都经验"。"长江奔腾是因为有滔滔江水! 生命运行不止是因为有浓浓鲜血! 爱心育人和治病救人是人类灵魂的工程师的神圣使命"的观念深入人心，盐都教育系统成功发展了一支500人的无偿献血志愿者服务队伍，有教育局机关领导，也有农村普通教师，还有不少学生家长和社会爱心人士。毓龙路实验学校党总支书记徐正洲还被选为盐都区红十字无偿献血志愿者工作委员会主任委员和无偿献血志愿服务队首任队长，长期战斗在无偿献血一线。他们以志愿为乐、以志愿为荣，他们用自己的汩汩热血汇集成一条奔涌的生命之源，有效地促进了全市由"无偿献血与计划献血相结合"向"全部无偿献血"的转变。

"一枝独秀不是春，百花齐放春满园。"值得骄傲的是，在无偿献血工作不断取得新成绩的同时，在捐献造血干细胞方面，区教育系统红十字会也有了长足的进步。因为宣传到位、认识到位，越来越多的18—40周岁、身体健康、无任何传染病和遗传病的教职工知道捐献造血干细胞其实也就是一次更高层次的无偿献血，不少人积极加入援助行列，捐献爱心、参加捐献造血干细胞采样活动，志愿捐献造血干细胞，为白血病患者送去生命之源。截至目前，全区有300多名教师会员捐髓采样进入中华骨髓库，有力地推动了全区献血捐髓工作。大家还坚信：纯爱流芳，真情可贵。在爱心荡漾的盐都，无偿献血、造血干细胞捐献这朵文明之花，一定会越开越艳！区教育红十字会连年被评为盐城市"无偿献血先进集体"，多名同志被表彰为先进个人。

15年发展，15年成就。区教育系统红十字会的无偿献血，用浓浓的爱意浇灌出累累果实，走在了全市无偿献血的前列，教育战线无偿献血的志愿者也用自己的真心、真情谱写出一曲曲爱的赞歌。

热血激越，大爱无声，一袋袋爱的输出，一次次新的超越，一次次用生命的承诺书写出了盐都教育红会的博爱。

这一切，来自全区教育工作者不怕困难、锐意创新、至真至善的信心和决心。

这一切，来自全区教育工作者顾全大局、不计得失、积极配合的奉献精神。

未来的盐都区教育红十字会，定然像一颗璀璨的红宝石，必将焕发更加夺目的博爱光彩！

（作者为盐都区教育红十字会原副会长兼秘书长）

新形势下整合各方资源
创新贫困学生资助工作

应文忠

盐都教育在几代人的艰苦努力下，经过 10 多年的改革发展取得了显著成效，数以万计的学子通过奋斗获得了改变一生命运的机会。但与此同时，日益庞大的家庭经济困难学生群体也愈发受到社会各界的广泛关注。"不让一名学生因为家庭经济困难而失学"是区政府做出的庄严承诺，在现实中我区认真实施了这一政策，但要进一步做好家庭经济困难学生（儿童）的资助工作，就需要我们从实际出发，不断探究资助工作面临的新情况、新问题，整合各方资源，创新适应新形势下的资助体系与工作机制。

一、目前我区家庭经济困难学生资助工作现状

1. 我区家庭经济困难学生基本情况

目前，我区家庭经济困难学生数约占在籍在校学生总数的 20% 左右，西部乡镇（街道）由于生源等原因，这个比例还要高些，基本情况可以概括为"农村留守儿童多，家庭经济困难学生数量大"。同时，我们还应该清醒地认识到，家庭经济困难学生的资助工作不能够仅仅局限于经济资助，要从受助学生实际需求和学校培养目标出发，在经济帮扶的同时还应该注重思想素质、理想信念、竞争能力、心理素质等方面的帮扶。

2. 我区家庭经济困难学生资助情况

我区共有学校（园）129 所，其中普通高中 4 所、中等职业学校 4

红十字青少年与校园文化

所、初级中学 23 所、小学 26 所、幼儿园 72 （含办园点）所。根据国家、省、市下发的各项对家庭经济困难学生资助的政策文件，结合区政府 2005 年出台的《盐都区扶贫助学长效机制实施办法》、2014 年印发的《盐都区社会救助工作实施细则》，我区制定并完善了学前教育资助政策配套制度、义务教育资助政策配套制度、普通高中资助政策配套制度、中职教育资助政策配套制度、生源地学生信用助学贷款工作制度。各学校成立以校长为组长，政教处主任、总务主任和红会秘书为成员的学生资助管理工作领导小组，具体负责本校家庭经济困难学生资助管理工作。另外，各学校在社会各界的帮助下还建立了很多资助基金，已经形成了一个多元混合的资助体系。

3. 我区家庭经济困难学生资助工作中的不足

从资助家庭经济困难学生的工作来看，主要存在以下不足：（1）资助总额度和资助面还不够。由于农村学校留守儿童多，家庭经济困难学生数量大，尤其是患重大疾病的学生多，这方面的矛盾始终存在。（2）资助工作与人才培养结合不够。资助工作不能就资助而资助，要不断创新资助工作理念，站在实现教育公平、实现科教兴国、全面落实人才培养目标的高度来完成，要围绕家庭经济困难学生实际需求和学校培养目标来拓展资助工作。（3）资助资源效能发挥不够。应该充分发挥资助资源功能，丰富资助工作内涵，不断创新资助工作机制，进一步梳理各项奖励、资助政策，确保政府、学校和社会设立的各类奖助学金、助学贷款和其他资助政策及措施相互协调，相互补充，形成合力，确保各项资助资金发挥最大效用。只有结合实际情况不断探索新问题，寻找解决问题的新办法，不断创新资助体系与资助机制，才能办好人民满意的教育。

二、创新家庭经济困难学生资助体系

1. 树立资助体系的创新理念

从当前家庭经济困难学生的实际情况、资助工作现状和家庭经济困难学生的真正需求来看，他们需要的帮助不仅仅是经济上的援助，要彻底解决经济困难问题，在做好经济资助的同时，必须从根本上提高家庭经济困难学生的综合素质，这就需要不断创新完善家庭经济困难学生资助体系的理念。

（1）多轨资助理念。目前，经济困难学生约占在校学生总数的20%左右，这是一个不小的数字。要完成对他们的资助，没有一个相匹配的资助总量是不可能实现的。这就需要我们树立多轨资助理念，建立以国家、社会、学校、家庭、学生自身为渠道的多轨资助体系。我们与区红十字会开展了19次春节前"送温暖、献爱心"活动，共资助困难学生2万多名，资金800多万元；与区慈善会组织8次"献爱心·圆梦想"活动，累计资助困难大学生692名，资助金额达到380万元；开展了4次"金秋助学"活动，出资40多万元救助1500名中小学特困学生；组织实施"胡友林基金"方案，资助市一中高二学生10人，计6万元；组织社会各界与困难学生结对帮扶，有500多名困难学生得到了社会各界的长期帮助。市二小、大冈中学、中兴实验、龙冈教育红会、北蒋实验、神州路初中学校红会，组织师生为患白血病、大病的学生筹捐善款近130万元，彰显了大爱情怀。

（2）多项资助理念。家庭经济困难学生不仅需要经济上的资助，更需要素质提升、技能增强、心理辅导等帮扶。学生这些多样化的需求，又总是交织混杂在一起的，采取简单的处理方式，就可能造成"只扶贫，不扶志"。这就需要我们树立多项资助理念，建立以经济支持、能力支持、目标（信念）支持、信息资源支持为主要内容的多项资助体系。

（3）资源整合理念。目前，对家庭经济困难学生的资助资源层次、数量、特点和效用都参差不齐。科学有效地进行资助资源整合，树立资源整合理念，更大地发挥资源整合后的效用是完善家庭经济困难学生资助体系值得认真研究和思考的。

2. 建立资助体系的创新措施

（1）多轨资助。多轨资助就是要求建立以国家、社会、学校、家庭、学生自身为渠道的多轨资助体系。我们加强与区财政部门沟通联系，及时将地方财政承担的配套补助经费纳入预算，完成国家对各级各类学校家庭经济困难学生生活资助工作。学校也可以利用自己的优势，积极争取各种社会资助，减轻学校的压力。要积极争取社会各界在学校设立各种助困奖学金，加强与政府、企业单位、科技转化合作单位及毕业校友的联系，争取让他们在学校设立助学金和奖学金。开展志愿服务，设立"服务契约奖学金"，使受资助者接受指定的培训，毕业后从事指定的工作，作为对出资者的回报。还可以建立校外勤工助学基地，鼓励学生通过自己的劳动获得社会的资助。把人才培养、就业服务与助困工作结合起来，实现学生、学校与用人单位的多赢。学校可以和政府、企业合作，在企业设立"贫困助学基地"，帮助部分贫困生亲属解决就业问题，同时为贫困生提供假期社会实践机会。这种资助方式受益面广、受益时间长、解决贫困本质，起到了使参与贫困帮扶工作各方多赢的效果。

（2）多项资助。家庭经济困难学生不仅需要经济上的资助，更需要素质提升、技能增强、心理辅导等方面的帮扶。原来的资助模式主要针对学生个体经济资助，没有涉及能力支持、目标（信念）支持和信息资源支持等，鉴于以上不足，应该在原有资助体系的基础上，尝试实行对学生团体的资助模式，以奖励来淡化经济资助、强化其他各项支持。首先，建立班级整体资助制度。我们建立的"博爱班"，就是对经济困难学生占多数的班级实施整体社会资金救助，鼓励整个班级奋发进取，整体进步。这样既有效地使用了社会资助，也扩大了社会资助的社会影响，同时也避免了社会救助过于分散、不能达到其本身预期的效果。其次，建立团队志愿服务制度。学校为经济困难学生搭建平台，利用课余时间，鼓励他们积极勤工俭学，形成志愿服务团队，同时对这些服务团队，学校给予适当的资助并进行指导，这样可使家庭经济困难学生走出自我封闭的圈子，融入集体，感受团队生活的快乐，提高自我评价能力，缓解自卑心理。

（3）资源整合。我区学生资助政策的实施要取得实质突破，必须从国家、社会、学校等多方面出发，不断优化资助体系内部结构，整合社会资助资源，扩大民间资助渠道，促进资助基金的可再生增长和利用率。同时，要进一步发展具有竞争性的奖学金、具有自主性的勤工俭学等积极资助方式，探索完善大学生国家助学贷款的途径和方法，扩宽学生贷款的种类和形式，拓展参与多元化的资助形式。

三、创新家庭经济困难学生资助机制

1. 树立资助机制的创新理念

科学有效地利用好对家庭经济困难学生资助资源是一项复杂而系统的工程。按照原来那种无偿资助、简单给予的方式只能解决面上的问题，容易使学生及家长形成"等、靠、要"的懒惰思想，带来很多负面影响，更发挥不了资助工作的效用，为此就需要创新家庭经济困难学生资助机制理念。

（1）阳光资助理念。任何一种资源，在对受益者进行分配时，必须要有一种值得大家信赖的方法和手段，否则适得其反。对于家庭经济困难学生资助资源来讲，树立阳光资助理念，实现公开、公平、公正原则，使受益学生、家庭得到的不仅仅是资助本身，还有政策与制度在实施过程中给他们带来的思想转变。

（2）教育激励理念。资助工作中蕴涵着丰富的教育和激励因素，从资助工作的单一经济功能向经济、教育和激励功能转变，是当前资助工作必须树立的新理念。

（3）造血理念。"既要扶贫，更要扶志"是我们在长期的资助工作中达成的共识。在做好家庭经济困难学生资助工作的前提下，如何解决长期问题、治本问题是不容忽视的。树立"授人以鱼不如授人以渔"的理念，并将此贯穿到资助的整个工作中是非常重要的。

2. 建立资助机制的创新措施

（1）阳光资助。首先，各学校应该规范审核贫困生的程序和内容，审核内容可包括人品、学业、健康和家庭经济状况等方面，通过查阅家庭经济调查表、经济困难证明、班级民主评议等，多层次、多角度地了解每个困难学生的实际情况，综合他们的就餐消费、穿衣打扮、购买奢侈消费品、娱乐消费等方面的情况，在实际生活中进一步核实其困难程度。确保每学期或每学年定期对贫困生资格进行复核，以确定困难学生数量和学生家庭经济情况的动态变化，公开、公平、公正地使用好各项资助。从2011年度起，我区建立了各级各类学校家庭经济困难学生的档案，对所资助的对象进行调查摸底，发文要求全区所有学校（园）印发《告家长通知书》，认真宣传国家的有关资助政策法规，严格按程序要求，做好学生的资助工作。各学校组织教师、学生认真解读国家的各类资助文件，对照要求，认真填写资助申请表。在收到学生的申请后，按照公开、公平、公正的原则对申请学生进行评审，并将拟资助学生名单以适当方式在校（园）内公示5天，最后上报区学生资助管理中心审核。每学期结束前一个月将资助经费汇至各学校行政账户，各学校按上报总表、名册造表下发给每一位家庭经济困难学生，学生签字，班主任、校长签字加盖公章，交学校会计入账，复印一份上交区学生资助管理中心，以便核查。学前教育家庭经济困难补助由各镇（区、街道）社会事务办公室负责分发至各幼儿园，监管各幼儿园发至家长，发放单由家长签字领取、保教人员签字、园长签字，交会计入账备查。从2015年春季学期始，通过银行卡的方式发放资金，保证资助经费按时足额发到家庭经济困难学生手中。我区按上级部门的要求，组织学生进行资助绩效评价网上问卷调查，并设有举报电话，接受社会各界的监督。同时，按照我区"三重一大"事项申报要求，及时将发放情况向纪检监察部门报告备案。

其次，学校可建立家庭经济困难学生个人信息库，实时记录困难学生的奖惩情况、家庭变故、资助情况等，并对学生毕业后的信息进行追踪调查。这不仅可以更好地使各项补助资金用来资助真正需要帮助的学生，而且也为这些学生进入大学学习、毕业后制定合理的个人偿还助学贷款方案提供相应的信息平台。同时，明确的数据信息也有利于银行、社会经济实体和机构选拔资助贫困学生，以及跟踪反馈学生情况。

第三，对家庭经济困难学生资助的制度、程序、操作必须做到公平、公开，真正实现阳光资助。这本身也是对广大学生的一种思想教育，让学生懂得制度的严谨、操作的规范，懂得感恩。

（2）教育激励。经济资助过度会带来一定的负面效应，使少数学生、家长滋生"等、靠、要"的消极思想，甚至认为得到资助是理所当然的，一旦没有得到资助就抱怨社会、抱怨学校、随意发帖举报。因此，家庭经济困难学生的资助不仅仅是经济的资助，如何在不断拓展助学渠道的过程中，利用这些机会实施思想教育，激励广大贫困生树立崇高理想、培养自己的综合技能，是我们需要认真思考的问题。

以国家助学贷款为契机，培养大学生的责任意识。高校现行"有偿的"国家助学贷款，有利于培养学生的信用意识、责任意识、风险意识和自强精神。大学生在经济上遇到困难时，必须树立自立、自强的精神，以自己的信用为担保申请助学贷款，再通过自己的努力学习、勤奋工作还清贷款。

强化勤工助学的资助功能和育人功能，提高学生的综合素质。勤工助学是培养学生劳动理念、自立意识、吃苦耐劳精神和良好的社会适应能力的有效途径。学校要设法转换勤工助学模式，吸纳贫困生参与，这既可以帮助学生解除经济上的困难，又可以培养学生服务社会的意识，减少无谓的支出，实现双赢，有利于提高学生的综合素质。

树立贫困典型，弘扬"自信、自强、自立"精神。充分利用学校各种宣传阵地，挖掘、宣传在校贫困学生积极进取、拼搏奋进的事迹，在社会、学校营造关心支持他们自立自强、健康成长的良好氛围，对展示和塑造当代学生勇于承担责任、勇于面对困难的良好形象，引导更多的困难学生诚信做人、感恩进取有积极正面的作用。

（3）变输血为造血。各学校要创立和实行"立体式"的助人模式，构建"政府主导、学校为主、社会参与"的全社会助学格局，改变救济式资助方式，发展开发式资助方式，通过提高学生的能力，变"供给型"为"经营型"。各种助学方式，如勤工俭学、设立助学基地、提倡团队服务等，都能有效减少单一的"输血"，进而从"少输"变为"造血"。

党的十八大报告指出，"教育是民族振兴和社会进步的基石"，要"大力促进教育公平，合理配置教育资源，提高家庭经济困难学生资助水平"，"办好人民满意的教育"。党中央、国务院从改善民生、促进教育公平、构建社会主义和谐社会的高度，对家庭经济困难学生资助工作指明了方向，提出了新的更高的要求。我们要整合各方资源，不断创新资助体系，使真正需要帮助的家庭经济困难学生能够得到实实在在的帮助。

（作者系盐都区教育红十字会副会长兼秘书长）

红十字青少年工作在教育优质均衡发展中的定位与作用

应文忠

青少年是中国特色社会主义事业的接班人，关系到国家和民族的未来。红十字青少年工作是红十字会工作的重要内容，加强学校红十字会建设，开展红十字青少年活动，在教育优质均衡发展中显得尤其重要。习近平总书记指出："青年最富有朝气、最富有梦想，青年兴则国家兴，青年强则国家强。用中国梦打牢广大青少年的共同思想基础，用中国梦激发广大青少年的历史责任感，为每个青少年播种梦想、点燃梦想。让更多青少年敢于有梦、勇于追梦、勤于圆梦，让每个青少年都为实现中国梦增添强大青春能量。广大青年要坚定理想信念，练就过硬本领，勇于创新创造，矢志艰苦奋斗，锤炼高尚品格，在实现中国梦的生动实践中放飞青春梦想，在为人民利益的不懈奋斗中书写人生华章。"这就要求我们紧密结合红十字青少年工作特点，准确定位，把体现红十字精神的各项活动融入教育的优质均衡发展之中，融入学习和生活中，充分发挥独特的作用。

一、要牢固树立社会主义核心价值观

党的十八大报告指出，倡导富强、民主、文明、和谐，倡导自由、平等、公正、法治，倡导爱国、敬业、诚信、友善，积极培育社会主义核心价值观。这"三个倡导"分别从国家、社会、公民层面，提出了现阶段社会主义核心价值观。对于"人道、博爱、奉献"的红十字精神，红会九届五次会议做了深刻精辟的阐释："人道，就是关爱人的生命、关怀人的幸福、尊重人的人格、保护人的权利；博爱，就是泛爱，关爱我们这个社会所有的人，尤其是最困难的群体；奉献，就是忘我、无私，把自己的东西恭恭敬敬、态度虔诚地献给需要帮助的人，而不是高高在上施舍他人。"在我区创建成省第一批教育优质均衡发展区的工作中，如何开展红十字青少年活动，适应时代的发展，对我们提出了新的要求。我们认为应将开展红十字运动知识、国际人道法传播与弘扬中华传统美德、社会主义核心价值观紧密结合起来，通过讲座、授课、课堂活动等形式，促进红十字知识和国际人道法在学校的深入普及和广泛传播，促进"人道、博爱、奉献"的红十字精神的传播，促进中华民族传统美德的传播，促进社会主义核心价值观传播，使更多的青少年学生了解红十字运动和国际人道法的相关知识，让他们从小懂得热爱和平、助人为乐、扶危济困、珍惜生命，认识到"只要是人的生命，就应该保护；只要是人的尊严，就应该尊重"的深刻内涵。

首先，开展红十字青少年活动，就是要倡导爱国、敬业、诚信、友善的道德规范。学校开展各项红十字志愿服务实践活动要在"均衡"上做文章，能够让每一个青少年都培养良好的道德修养，发挥红十字运动对青少年的引导作用，鼓励青少年参与志愿服务实践活动。志愿服务实践活动培养红十字青少年具备爱国、敬业、诚信、友善的道德修养。这种修养和气质体现在他们今后的人生道路上，也体现在他们的日常生活中，在由"青年学生"向"社会人"的转变过程中，青少年能够在志愿服务实践活动过程中更快地找准"社会人"的角色。开展红十字青少年志愿服务实践活动，也为学生提供了弘扬和践行社会主义核心价值观的平台，为他们实现自我价值奠定基础。

其次，加强学校红十字会建设，进一步推进红十字青少年工作，把弘扬红十字"人道、博爱、奉献"精神和培育社会主义核心价值观结合起来。青少年思想活跃，富有朝气，充满活力，是红十字事业改革创新的不竭动力。学校要有计划地开展符合红十字宗旨、适合青少年特点的红十字活动，培养青少年自信、自立、自强的信念，树立关心社会、服务他人、乐于奉献的道德观和价值观，使他们具有品德优良、作风优秀、服务优质的特点，传播社会正能量，做实现"中国梦"和社会主义核心价值观的忠实践行者。

第三，开展红十字青少年活动，就是要培养青少年勇于担当、甘于奉献的精神。红十字会是道德教育的有生力量，学校在实施优质均衡教育的同时，应充分发挥学校红十字会的作用，积极组织青少年开展志愿者服务和社会实践活动，让青少年在实践中进一步了解国家和社会，明确自己所肩负的社会责任和历史使命，从内心深处增强对社会主义核心价值观的认同，并转化为自觉行动。宣传捐献造血干细胞、捐献人体器官和无偿献血等科普知识，树立青少年的科学意识，提高认识程度，在倡导自愿的基础上，鼓励和引导广大青少年参与捐献活动。通过这种形式来帮助那些需要帮助的人，引导红十字青少年用自己的实际行动弘扬人道主义精神，勇于担当起应有的社会责任，通过自己的实际行动来诠释"人道、博爱、奉献"的红十字精神，来弘扬和践行社会主义核心价值观。

二、要切实增强生命安全教育意识

人生是一座高楼大厦，安全就是这座大厦的基础保障。没有安全，生命就受到侵害，生活就不再有幸福。据统计，我国每年大约有1.6万名中小学生非正常死亡，中小学生因安全事故、食物中毒、溺水等死亡的，平均每天有40多人。也就是说，差不多每天将近有一个班的学生在"消失"！新时期对青少年进行生命安全教育显得尤为重要。

1. 要加强对青少年生命安全教育，就必须将生命安全教育纳入中小学课程

我区已从2015年秋季学期开始实施安全教育。安全问题重在预防，有80%的意外伤害事故是可以避免的。安全是教育优质均衡发展的底线。各学校要结合生命安全教育课程，教育青少年树立"热爱生命，关注安全"意识，把安全摆在学习、工作及各类活动的首位。要提高个人思想素质，团结同学，和睦相处，善于化解矛盾，争做文明的中学生。要关注课间安全，不要做剧烈的活动，上下楼梯靠右走，做到"右行礼让"，不嬉戏、打闹、攀高、拥挤、抢道，学校禁止学生进入施工地带。要严格规范操作，各项户外活动要严格服从老师指挥，严守操作规程。要遵守交通规则和交通秩序，过马路要走人行横道，做到"红灯停、绿

灯行，黄灯等一等"，放学回家一定要小心、慢走，做到直接回家。要讲究饮食卫生，养成良好习惯，拒绝"三无"食品、腐烂变质食品。要强化"防火灾、防触电、防侵害"意识。要加强自我防范意识，注意公共场所的人身和财产安全，遇事要冷静、机智，要敢于见义勇为，又要量力而行，及时拨打110。要远离网吧、游戏厅，不看不健康的书籍，不与社会闲杂人员交往。只有养成良好习惯，学会防范，珍爱生命，我们的生活才能更精彩。

2. 要加强对青少年生命安全教育，就必须让青少年学习救护知识和参与救护员培训

我们已将救护知识普及和救护员培训列入学校健康教育工作的内容。学校红十字会主要针对青少年的不同生理、心理特点，与少先队、共青团活动相结合，把救护知识普及和救护员培训，办成内容丰富、青少年喜闻乐见的活动。从2014年暑期起，我区对高一新生进行应急救护知识普及培训，9名培训教师全部参加过省、市集中培训。整个培训历时20天，7000多名高中学生接受了应急救护知识普及和心肺复苏等实践操作培训，初步掌握了应急救护的基本知识和方法。他们在校运会、夏令营、志愿服务和社会实践活动中，可以承担部分救护保障任务。这也是我区落实省"应急救护百万培训项目"安排的专项活动之一。

3. 要加强对青少年生命安全教育，就必须让青少年参加丰富多彩的活动

各学校利用重大节日对青少年进行生命安全教育。3月30日是全国中小学生安全教育日，各学校组织青少年紧紧围绕教育日主题，认真制定活动方案，借助"国旗下讲话"给孩子们阐明校园安全的重要意义，开展一次逃生疏散演练活动，组织一次"身边的安全"主题班会，出一期安全知识班级板报，收看一次安全教育电视节目，扎实开展安全教育活动。5月12日是国家"防灾减灾日"，其间我们组织青少年会员参加总会举办的全国红十字青少年各种自救互救知识竞赛活动，每年都有4万名教师和中、小学生会员参与，区红会及教育红会多次获最佳组织奖。各种活动的开展进一步提高了广大师生在遇到紧急事件时的自防自救能力，真正达到了"一个学生带动家庭，一个家庭辐射整个社会"的

目标。

4. 要加强对青少年生命安全教育, 就必须对青少年加强预防艾滋病和青年同伴教育

结合我国国情及有关政策, 积极开展艾滋病预防青年同伴教育等项目, 以举办培训班的形式向广大青少年讲授艾滋病、性病、毒品等方面的预防知识, 将通俗易懂的艾滋病预防知识传授给青少年, 使他们远离毒品, 远离不良行为, 远离艾滋病, 达到预期的传播效果。

三、要加强地区间的交流与合作

根据《学校红十字会工作规则》, 全国各级学校红十字会积极参加国际红十字青少年之间的友好交往活动。各地红十字会结合实际积极举办不同范围、形式多样、内容新颖的红十字青少年夏令营, 在活动中相互学习, 增进了红十字青少年之间的友谊和了解, 促进了红十字青少年运动的开展。

1. 每次红十字青少年活动确定一个主题, 收到良好的教育效果

各学校红会组织青少年会员开展了以"红十字精神伴我成长""生命之可贵在于珍惜""关爱留守儿童系列活动""红十字科技夏令营""可爱的家乡""珍爱生命 共享阳光""走进湿地 保护环境"等为主题的红十字青少年夏令营活动。

神州路小学开展"盐都美"红十字夏令营活动, 会员们游览了"全国文明村""江苏省生态村"——仰徐村。在仰徐村"北京庄园垂钓中心", 碧玉般的人工湖静静地躺在庄园的怀抱中, 湖面波光粼粼、千鲤腾跃, 湖岸两边皆是绿树、繁花、草坪、廊桥……同学们被这美丽的景色迷住了。孩子们来到了神奇的南瓜园, 形状各异、色彩斑斓的南瓜一下子就吸引了同学们的眼球, 这真是"仰徐绣瓜有奇香, 我以鼻嗅代舌尝"。同学们又来到了仰徐葡萄园, 这个园创建于 2007 年, 是盐城市最大的优质葡萄生产基地之一。同学们钻进园中, 寻找最大最红的葡萄。看着饱满硕大的青提、红提, 闻着诱人的果香, 有的同学都忍不住先尝了起来。南宋大诗人陆游曾经赞叹道: "露浓压架葡萄熟, 日嫩登场罢亚香。"这次活动不仅让同学们亲近了大自然, 增长了许多知识, 还增

进了同学之间的友谊，增强了班级的团结精神和凝聚力，更让同学们感受到了盐都新农村的新面貌、新成就。

2. 红十字青少年活动要不断适应新的时代要求，更加贴近实际、贴近生活、贴近青少年成长的需要

要加快创新和不断丰富工作内容，示范构建红十字青少年活动平台，建立红十字青少年工作长效机制。组织红十字青少年积极参加总会各项活动，让他们走出去，耳闻目睹，亲身体验，亲历亲为，在活动中增长见识，在实践中增长才能。市二小红会组织师生会员多次参加香港、澳门红会举办的各项活动，通过信件、作品、微信平台交流互动，增进友谊。

3. 红十字青少年活动要注重培养、引导、锻炼红十字青少年骨干

红会组织的各项活动就是提供他们学习、锻炼的机会，要使他们从适应形势任务发展变化上深刻认识学习的重要性，从自己肩负的重大责任上认识学习的必要性，从自身能力素质与履职尽责的客观差距上认识学习的紧迫性；不断激发青少年学习的内在动力，增强他们学习的责任感和自觉性，引导他们积极为实施教育优质均衡做贡献，在学习、工作上争一流。勇争一流是干好工作的不竭动力，要在学习、管理上争一流，重点要做到"有条理、上规范、提效能"；要在工作实绩上争一流，进一步强化争先进位意识；要在服务水平上争一流，以"三服务三满意"为载体，服务基层组织、服务广大师生和人民群众，做到领导满意、师生满意、群众满意。

（作者系盐都区教育红十字会副会长兼秘书长）

爱 在 相 加

马 丽

从小我们就唱"我们要做雷锋式的好少年,歌声嘹亮,步伐矫健",从小我们就听"只要人人都献出一分爱,世界将变成美好的人间"。可是,不知从什么时候开始,人与人之间少了信任,多了猜疑;少了关爱,多了冷漠……这样的社会人人喊累,人人厌倦,人人哀叹世风日下,人人谴责人心不古。这样的社会——冷漠,这样的人情——淡薄。博爱互助、无私奉献的精神人们已渐渐淡忘。但作为人民教师,人类灵魂的工程师,我们又怎能不担起这份责任——把爱传播!

自豪的二小人,以"有了爱就有了一切"作为自己的座右铭,坚信以"人道、博爱、奉献"为精神的红十字会是凝聚社会人道力量的广阔平台,它可以让我们将这份大爱相传。多年来,二小人是这样想的,也是这样做的。学校以养成教育为切入点,以红十字活动与德育整合为突破口,针对不同年级学生会员的特点,赋予不同的目标要求,精心设计教育活动,引导学生主动感受红十字文化的魅力,自觉接受红十字文化的熏陶,逐步形成了深化"爱心教育"、打造"爱心课堂"、构筑"爱心通道"的局面,全面提升了学校办学品位。

一、深化爱心教育,营造育人氛围

1. 制度建设凝聚合力

学校始终坚持把红十字工作列入整体目标管理体系之中,健全管理网络,推进各项工作有序进行。学校领导的重视,是我校红十字会工作长期得以顺利开展的重要保证。学校始终由校长担任红十字会会长,把红十字工作看成是学校整体工作的有机组成部分，并将这一工作纳入学校工作的年度计划中，时间上给予保证，经费上给予保障，物质上给予支持；支部副书记任副会长，分管学校的红十字工作，形成了领导重视、师生共识、全员参与的良好氛围。为使红会工作规范有序地开展，我们认真修订了组织、宣传、会议、活动、社会服务、会费管理、档案、评比等制度，使各项工作有章可循。

2. 环境建设彰显魅力

（1）校园文化主题鲜明。走进盐城市第二小学富有现代感的优美校园，首先映入眼帘的是用汉白玉雕刻而成的冰心塑像，塑像底座上镌刻着冰心老人的至理名言——"有了爱就有了一切"。对于广大师生而言，与其说这里是一个点缀、一方风景，还不如说是一种精神、一种氛围，它感染激励着每一个从其身边走过的二小人，学校红会工作便是在这样的氛围和底色中展开的。

（2）长廊文化独具个性。每层走廊进行了精心布置，有宣传红十字知识的版面，有学生自己创作的红十字主题书画作品，有红十字主题活动开展情况的手抄报展示等，内容丰富，形式多样。这些可以使学生在课余休息时，随时受到教育和启发。

（3）教室文化异彩纷呈。班班设置了"爱心植物角"，由学生进行自主管理，从关爱植物开始推行博爱。还有各不相同的却又都能激人奋进的班风、班训，体现了不同班集体各不相同的特点，展示了他们积极进取的风貌。

二、打造爱心课堂，铸就特色文化

1. 明确育人目标，落实创建举措

我校根据《中国红十字会章程》《全国红十字模范校标准》的要求，详细制定学校红十字教育方案，明确青少年会员的认知情感目标，丰富学生会员的实践体验途径，针对不同年级的学生会员进行不同内容的培训、讲座和实际演练，从不懈怠。

2. 注重课程改革，加强学科渗透

学校红会把健康教育纳入学校课程，做到授课时间、任课教师、教材"三保证"。各班班主任为健康教育课教师,每周五晨会课定为健康教育课。学校还大力提倡教师要在各学科教学中,结合教学内容分层次、分阶段,适时、适量、适度地对学生进行生动活泼的生命教育,有意识地在教学中融入红十字教育的人道、博爱、奉献的精神。

3. 开展主题教育,促进道德内化

学校利用班会、团队活动课时间,举办红十字主题班会、感恩主题班会和以禁毒、救死扶伤为主题的团队班会等专题教育,以故事、朗诵、演讲、小品、知识竞赛等同学们喜闻乐见的形式宣传红十字精神,介绍英雄事迹,引导学生珍视生命,深悟生命的价值、焕发生命的光彩。

三、构筑爱心通道,彰显人文关怀

1. 与促进精神文明建设相结合,构建幸福家园

学校的精神文化是学校德育工作的精髓和灵魂,也是红十字校园文化最核心的部分。为此,学校坚持把红十字会倡导的"人道、博爱、奉献"红十字精神和"人道为本、博爱为怀、奉献为荣"的红十字文化与素质教育主张的"以学生发展为本"的核心理念,以及"爱、礼、责、勤、信、善"的德育文化相融合,从而极大地丰富了精神文化的内涵,营造了浓郁的红十字校园文化氛围,为学生树立正确的人生观、价值观提供了精神滋养,为师生构建了一个共同成长的幸福家园。

2. 与加强行为文化建设相结合,构建生态校园

学校的行为文化是学校德育工作的抓手和枢纽,也是红十字校园文化最关键的落脚点。为此,我们努力创设和谐健康的心理环境,弘扬良好的行为文化,积极构建利于师生成长的生态校园。

(1) 传播红会知识,宣扬人道精神。学校充分利用校报《小号手报》、小号手广播站、橱窗、爱心角等宣传载体,开设《红十字消息》等栏目;在元旦、春节、"5·8"红十字日、全国助残日、世界急救日、敬老日等重大节日期间,通过张贴标语、分发传单、开设讲座等形式,宣传普及红十字知识,大力弘扬博爱文化。学校红会每年都征订《中国红十字报》《江苏红十字报》和《博爱》等报刊,每学期都举行红十字

知识竞赛、红十字有奖征文等活动，不断增强师生的红十字意识。

学校红会多次组织广大师生走进社区进行居民健康调查，参加播种文明、计生、禁毒、环保、卫生、安全等内容的宣传。在环保日、节水日、爱牙日、爱鸟周等期间，还分别进行了有关环境和健康方面的宣传活动。学校红会曾积极组织红会会员进行预防禽流感的宣传教育活动，建立防治预案。一系列活动体现了学校红会对生命的关注，培养了学生的生存能力，提升了学生的生命价值。

（2）注重卫生保健，强化习惯养成。为了表达对生命状态的关怀，促进肉体生命的强健和精神生命的形成，学校红会为每一名学生建立了健康档案，认真做好传染病防治工作，及时处理学生在校期间的各种意外损伤事故，组织学生学习正确的刷牙方法和用眼保健知识。同时，在各班设立卫生员加强晨检，由卫生老师和卫生员每天对各班的清洁区卫生进行检查、评比，并当天公布结果。为了进一步关心师生身体健康，学校还会对学生及时进行各种疫苗接种，安排师生每年进行一次体检。

（3）加强救护培训，提高救护技能。每学期，我校都会举行应急疏散逃生演练活动。全体工作人员根据《学校应急疏散演练方案》《学校消防应急疏散逃生演练方案》的职责要求，各就各位，使得整个疏散逃生演练过程安全、迅速、有序。活动提高了师生防震减灾意识，树立了"安全第一"的思想，增强了师生在非常情况下的自救互救能力，培养了学生的责任感。

（4）开展志愿服务，延伸家庭社会。为了将温暖传递、让爱心远航，我校红十字会员永不停止前行探索的步伐，广泛开展志愿服务。学校教导处、团委、德育处、医务室以五四青年节、"5·8"世界红十字日、"12·1"艾滋病日、"12·5"志愿者日等节日为契机，积极开展红十字博爱周活动，组织学生走出校园，走进社区、阳光之家和街头，进行义务劳动、文艺演出；带领学生参观戒毒宣传栏，举行"珍爱生命，远离毒品"师生禁毒宣誓仪式，以实际行动将红十字"博爱·奉献"的精神折射到了生活的每个角落，加强了与社区、家庭进行健康信息的交流与沟通，密切了学校与社区、家庭的关系，营造了一个共建、共管、共育的健康社会大环境。

（5）奏响生命音符，传递爱心火种。人道是人与人之间的互相关心、互相帮助，人道既是一种价值观，又是一份实际行动。

近年来，学校红会每年都要组织"送温暖，献爱心"活动，为贫困家庭的学生送去棉衣、棉被以及各种学习用品，采取有效措施保障这些孩子顺利完成义务阶段的学业。学校还向水上小学、聋哑学校赠送了教学用品，向龙冈小学贫困生捐助 1 万余元的学习用品，并向该校培智班捐赠了两台电视机。党员干部都有定点帮扶对象，教职工会员每年都参加"慈善一日捐"活动。2013 年 1 月，我校四（5）班孙靖威同学被确诊为白血病，同学们自发建成募捐小组，短短半天时间，全校师生就捐出了近 6 万元。学校自 1984 年建会以来，共救助学生 2000 多人次，累计献血 60000 毫升。

爱的脚步不仅仅只在学校周围，红十字会员的爱无关地域。陕西东方红小学地处偏远、房屋简陋、办学条件差，学校红会得知这些情况后，立即组织会员给他们寄去了钱物和慰问信。东方红小学特地千里迢迢地寄来了一大包颗粒饱满的大红枣，以答谢学校红会的一片真情。四川、新疆等地区发生地震后，我校红会立即组织师生员工向灾区捐钱捐物。

正是因为广大师生的这种无私奉献，以及上级红十字会领导的支持，校红十字会工作取得了可喜的成绩，多家媒体报道了我校红会工作的经验和成果。由于成绩显著，学校红会先后被评为区先进教育红十字会、市红十字先进集体、江苏省红十字模范校、全国红十字模范校。

人道为本，博爱为怀，奉献为荣。看，人道的沃土正在二小校园里培植，博爱的情怀正在这里传遍世间每个角落！看，爱在相传，爱在相加……

（作者系盐城市第二小学教师）

博 爱 之 歌

应文忠

　　厚德盐都，博爱盐都，凡人善举不断涌现，文明新风吹遍校园。真情执著的盐都教育人，努力实现着办好每一所学校、发展好每一位教师、培养好每一名学生的盐都教育梦。他们兢兢业业，勤奋工作，在平凡的工作岗位上做出不平凡的事，涌现出许多关爱学生、奉献大爱、绽放人性光辉的感人事迹。一花一草皆生命，一枝一叶总关情。

乐于奉献，倾注大爱扬美名

　　"作为老师，只要对学生爱得越深切、越真切，学生的学习积极性就会越高。"江苏省特级教师、全国模范教师、盐城市毓龙路实验学校仇海云老师如是说。在同事们的眼里，她是个工作狂；在学生们的心中，她是个充满大爱的老师。

　　陈子安是仇海云教过的 2004 届学生。当时，他性格比较孤僻，学习也跟不上趟。仇海云看在眼里，急在心上。通过家访，细心的她得知这个学生的爸爸因患心脏病而丧失劳动能力，仅靠妈妈一人做临时工的微薄收入维持家庭生活，经济十分拮据。仇海云主动接近、关心他，陈子安患有严重的营养不良症，仇海云就在每月工资中支出一定的钱给他买营养品，并多次找他谈话，开导、鼓励他在逆境中奋发图强。

　　仇海云的关爱、鼓励，让陈子安重拾勇气。他树立信心，克服自卑，刻苦学习，顺利考进了盐城市第一中学的强化班，3 年后考上了东南大学。初中毕业前，陈子安拉着仇海云的手，激动地说："谢谢您，仇老师。要不是您的关心和鼓励，我不可能考得这么好！"

她敬业、爱生的先进事迹，传遍校内外，先后被评为盐都区师德标兵、盐城市最美女教师。

爱生如子，春风化雨铸师魂

盐城最美教师大纵湖初中的刘堂林老师，总是从细微小事入手，以慈父般的胸怀去呵护学生，以诚挚的情爱关爱每一个学生，以朋友的情怀去欣赏每一名同学。他用火一般的热情为学生服务，倾听学生的心声，体会他们的感受，包容他们的缺点，分享他们的喜悦，在这个平凡而神圣的工作岗位上，默默地挥洒汗水，为爱奉献。

2009年10月的一天晚上，值班的刘堂林在检查宿舍时，发现留守儿童姜广周同学脸色不好，便询问孩子哪里不适，同时用手触摸其额头，热得烫人。他二话没说，随即背起孩子送往医院。经医生诊断，这孩子患的是病毒性急性心肌炎，幸亏及时送来，否则后果不堪设想。直到把孩子的一切安顿好，刘堂林才给孩子的父母打去电话。多年来，他不知有多少次，在夜里十一二点还出去处理学生的突发事件，他不知为学生垫付了多少这样那样的费用。

刘堂林的心中始终把学生放在第一位，对学生始终奉献春天般温暖，他对待学生充满爱心、耐心、细心。关爱学生，始终是他乐为人师的不懈追求。

默默无闻，大爱撑起幸福天

"我当了20多年特教老师，没有教出一个上北大、清华的学生，学生中既没有文化巨子，也没有商界名流，甚至我一辈子都不能听到他们清楚地称呼我一声'老师'。但我觉得，我很富有，也很自豪。能让我教的孩子们幸福成长、自强成才，就是我执著追求的人生价值。"这是市聋哑学校蒋丹林老师躬行特教二十四载的心声，也是他用爱温暖无声世界的真实写照。

在第30个教师节前一天的上午，一名20多岁的年轻小伙子来到蒋丹林老师的办公室。蒋老师抬头看见这个小伙子，如同见到自己阔别多年的孩子刚从外地回家一般，连忙起身迎上前去。师生俩互相微笑，然后握手，紧紧拥抱，互拍肩膀。

这个叫涛涛的小伙子，曾是蒋丹林的学生。学烹饪专业的他，已在市区一家知名饭店做厨师多年，通过自食其力，现在生活得非常幸福。

"涛涛刚来学校时，十分自卑、孤僻，而且有随便拿别人东西的不良行为。我通过多方了解，得知他父母又生了一个健康的小孩，妈妈把大部分时间和精力都用在小女孩身上了，爸爸长期在外打工，很少关心涛涛的学习和生活。先天的听力障碍，本来就让涛涛很难与他人正常交流，再加上缺少家庭关爱，接触面狭窄，因而性格孤僻。这孩子，总认为别人有的他都应该有。所以在残酷的现实面前，他渐渐变得自卑起来。"涛涛走后，蒋丹林说起了当年的故事。

"我把涛涛当成自己的小孩，告诉他生活上少什么东西告诉老师，千万不要拿其他同学的。有一年寒冬，他没有带棉衣，我就把买给儿子的新棉衣拿给他穿。星期天，我把他带到家里，为他改善伙食，还经常给他一些零花钱。就这样，我和涛涛成了好朋友，他也逐步向我敞开了心扉，彻底改掉了随便拿别人东西的不良行为，还主动关心、帮助其他同学。每年的教师节前后，他都要回学校来看看我。"平静的叙述里，透露出蒋老师与学生之间的深厚情谊。

爱心接力，求学路上无止境

7月8日上午，盐城市高职园区阜宁高等师范学校门口，一群人正带着一个略显腼腆的女孩子忙前忙后地办理报名入学手续。他们不像孩子的亲人，但对孩子的关心、关爱胜似亲人。这个女孩叫施扣琴，是个孤儿，帮助她办理报名手续的是盐城市中兴实验学校的副校长张勇和她的原班主任虞龙林。事情还得从暑假开始的家访活动说起。

7月3日，是中兴实验学校教师走村串户，走进学生家庭，了解学生在家情况，指导家长合理安排学生暑期生活，开展家访活动的时间。学校九年级（1）班班主任虞龙林老师首先想到的是刚刚毕业的孤儿学生施扣琴。在社会各界的帮扶与关爱下，她顺利完成了初中学业。盐城电视台《情感树》栏目曾以《寒门学子有志向》报道过她的成长经历，今年参加中考她被阜宁师范录取。这个孩子几乎就没离开过家乡，她认识师范学校吗？怎么去报名？带着一连串的问题，虞老师走进孩子的家。攀谈中，孩子向老师道出自己的顾虑和想法，想要继续得到母校老师的帮助和关爱。虞老师当时就表态，没人送你开学，老师送你去，你放心。

虞老师将这一情况汇报给学校领导，他们商定 7 月 8 日派人和小扣琴到新学校办理报名手续，同时将她的特殊情况告知就读学校，将爱的接力棒传递下去，帮助孩子完成学业，实现梦想。

报名结束，回家的路上，小扣琴略带羞涩地笑着说："我选择师范，就是要做老师，做像你们一样有爱心的老师。"小扣琴虽然孤单，但不寂寞，因为有许多热心的人惦记她；她是孤儿，但她拥有一个有无数孩子的大家；爱心接力没有句号，她的选择就是最好的感恩回报；她怀揣美好的生活梦，她的未来一定会更好！

"好老师"应该有仁爱之心，"在严爱相济的前提下，晓之以理、动之以情，让学生'亲其师''信其道'"。因为人间有爱，所以世间才那么美好，校园才更艳丽。

（作者系盐都区教育红十字会副会长兼秘书长）

拾金不昧展美德　传递社会正能量

应文忠

拾金不昧是中华民族的传统美德，也是一个人良好道德风尚和崇高社会责任感的具体体现。盐都教育红十字会的会员们，用实际行动谱写着一曲曲拾金不昧展美德、传递社会正能量的华彩乐章。

世上还是好人多

晚上9点50分，北龙港公交车站值班室里，一位中年汉子紧紧地拉着盐城市北龙港初中教师、红会会员陶建春的双手，激动地说："要不是遇到你这样的好心人，我不可能再找到这笔钱的，我真要好好地感谢你啊！"

陶建春今年41岁，是北龙港初中的一名语文教师。他爱人在集镇开店，9日当天去盐城进货，晚上乘K9末班车回家。因爱人晕车，陶建春就去车站接她，因为是终点站，加上又是末班车，车上已经没有其他人了。陶建春上车帮爱人拿东西时，看到她身边有一个手提纸袋，以为是她的，就一并拿回了家。

回到家清点所进货物时，陶建春爱人发现这个纸袋不是她的。陶建春打开一看，发现里面放着一个大信封，信封里装着三沓总计3万元的崭新的人民币。看到这么多钱，他爱人顿时慌了神。陶建春手捧大信封，毫不犹豫地说："我是个教师，不能要这笔钱！人家失主不知有多焦急呢，我们一定要还给人家！"听到陶建春说这话，爱人点头表示赞同。于是，陶建春就查看这纸袋，看看有没有失主的信息。他从纸袋里找出一张名片，忙按名片上的号码打电话，可对方是盐城小海路上做油漆生意的刘老板，这钱不是刘老板的，他也不知道失主是谁。陶建春又仔细翻看大信封，发现这信封是楼王一家公司的，他又按上面印的电话号码打过去，可是无人接听。这可怎么办？陶建春心想，这丢钱的人一定在四处寻找，不知有多着急。于是，他骑车径直来到车站。刚到车站，他就遇到 3 个神色慌张的中年男子，似乎在寻找着什么。陶建春便上前询问，其中的一个男子说自己把钱袋遗忘在公交车上了。陶建春在问清钱袋的特征、钱的数目后，就带着这名中年汉子来到车站值班室，当着工作人员的面将装钱的纸袋还给了他。

这位中年汉子是义丰人，因为第二天要出去打工，心里想着事情，下车时竟把钱袋忘在车上了。在家人陪同下，他开着三轮车，心急火燎地找了一个站头又一个站头，一直找到北龙港。看到失而复得的钱袋子，这位中年汉子激动不已，紧紧握住陶建春的手，连声说了几遍感谢的话，他先是要拿钱、后又要买礼物，说非要感谢"陶老师"，但都被陶建春婉言谢绝了。他动情地对众人说，这个世上还是好人多啊。

一封感谢信

4 月 30 日，盐都区教育局收到一封从山东滨州市寄来的信，信封上注明要"主要领导亲收"。这封信迅速转到局长宋金洪手上，拆开一看，原来是写信人请求盐都教育局领导帮助他寻找一位在义丰初中工作的俞姓老师，并恳请教育局表扬这位拾金不昧、品质高尚的好教师。后经多方打听才得知，这位俞姓教师就是盐城市义丰初中红十字会的副会长俞永涛。

4 月 24 日早上 5 点多钟，俞永涛在途经 S231 省道时，捡到了一只钱包，发现里面有 3000 多元现金，还有身份证、加油卡、银行卡和一些票据。俞永涛心想，丢失钱包的人一定非常着急，赶忙掏出手机，根据钱包内一张购买家具的订货单上留有的手机号码，随即拨通了失主的手机。俞永涛告诉他说，自己姓俞，是盐城市盐都区义丰初中的一名教师。这位失主接到俞永涛打来的电话后，才知道自己的钱包丢了。而此时，他驾驶的大卡车早已过了连云港，正行驶在前往山东的高速上。这名失主万分惊喜，但想到自己难以返回，就跟俞永涛协商，要以钱包里的现金作酬谢，请"俞老师"将卡、证等物寄给他。俞永涛当即谢绝酬金，并和失主商定，通过邮政快递将钱物邮递给失主。

过了几天，这名失主在山东收到失而复得的钱包后非常感动，就写了一封信给盐都区教育局领导表示感谢，并请求对这位拾金不昧、高尚品质的"俞老师"进行表扬，通过宣传"俞老师"的凡人善举，聚集更多的社会正能量。

少年标兵

首届江苏省"十大美德少年标兵"获得者、盐城市第一中学红十字会学生会员吴涵拾金不昧，美名传扬。他在放学回家的途中，捡到一只拎包，在寒风中苦苦等待了一段时间未见失主后，考虑到第二天还要上学，于是就将拎包带回了家中。经清点，内有现金近万元，银行卡若干张。随即，吴涵同学便根据包内的有关线索设法和失主取得联系，并将拎包归还了失主。接过装有近万元现金和存额达 10 万余元银行卡的拎包，失主姚先生万分激动，当即拿出 8000 元人民币以示酬谢，但被吴涵同学婉言谢绝。姚先生被吴涵同学拾金不昧的高尚品质深深感动，几经周折才打听到了吴涵同学的身份，并将一封感谢信送到了盐城市第一中学，以表达自己的感激之情。

吴涵拾金不昧的事迹这才被大家知晓，人们对这位老师眼中品学兼优、全面发展的好学生，同学眼中热心助人、积极进取的好榜样，父母眼中生活俭朴、懂事明礼的好孩子有了更进一步的了解。随后，盐都区文明委向吴涵发放了"美德少年"荣誉证书和 2000 元奖金，吴涵随即将奖金捐作学校阳光工程基金，用于资助家境困难的其他同学。他的事迹广为流传，成功荣登"中国好人榜"，成为"诚实守信好人"。

盐城市冈中初级中学于日前收到盐都区大冈镇岐山村村民史有勤一面绣有"拾金不昧"的锦旗和一封感谢信。史有勤对该校九（1）班红会小会员尹雨同学拾金不昧的高尚行为表示感谢。

3 月 22 日晚，尹雨同学在大冈某超市门口捡到一个鼓鼓的钱包，发现包内有 1 万多元现金、银行卡和身份证等贵重物品。尹雨心想失主肯定非常着急，于是他毫不犹豫来到大冈派出所，将钱包交给值班警察，

红十字青少年与校园文化

请他们帮忙寻找失主。经派出所同志的多方查找，联系到了失主，当心急如焚的失主史有勤匆匆赶到派出所，接到了丢失的钱包，他才放心离开。史先生欲将部分现金赠送给尹雨作为酬谢，被尹雨婉言谢绝。为表达感激之情，史先生特意做了一面锦旗，写了一封感谢信，来到学校，交给值班校长，表达对尹雨同学和冈中初级中学的由衷谢意。

在社会主义核心价值观中，爱国、敬业、诚信、友善，是公民个人的道德准则。这些盐都教育红十字会的会员们，用无声的行动，全面诠释了其中的内涵。

（作者系盐都区教育红十字会副会长兼秘书长）